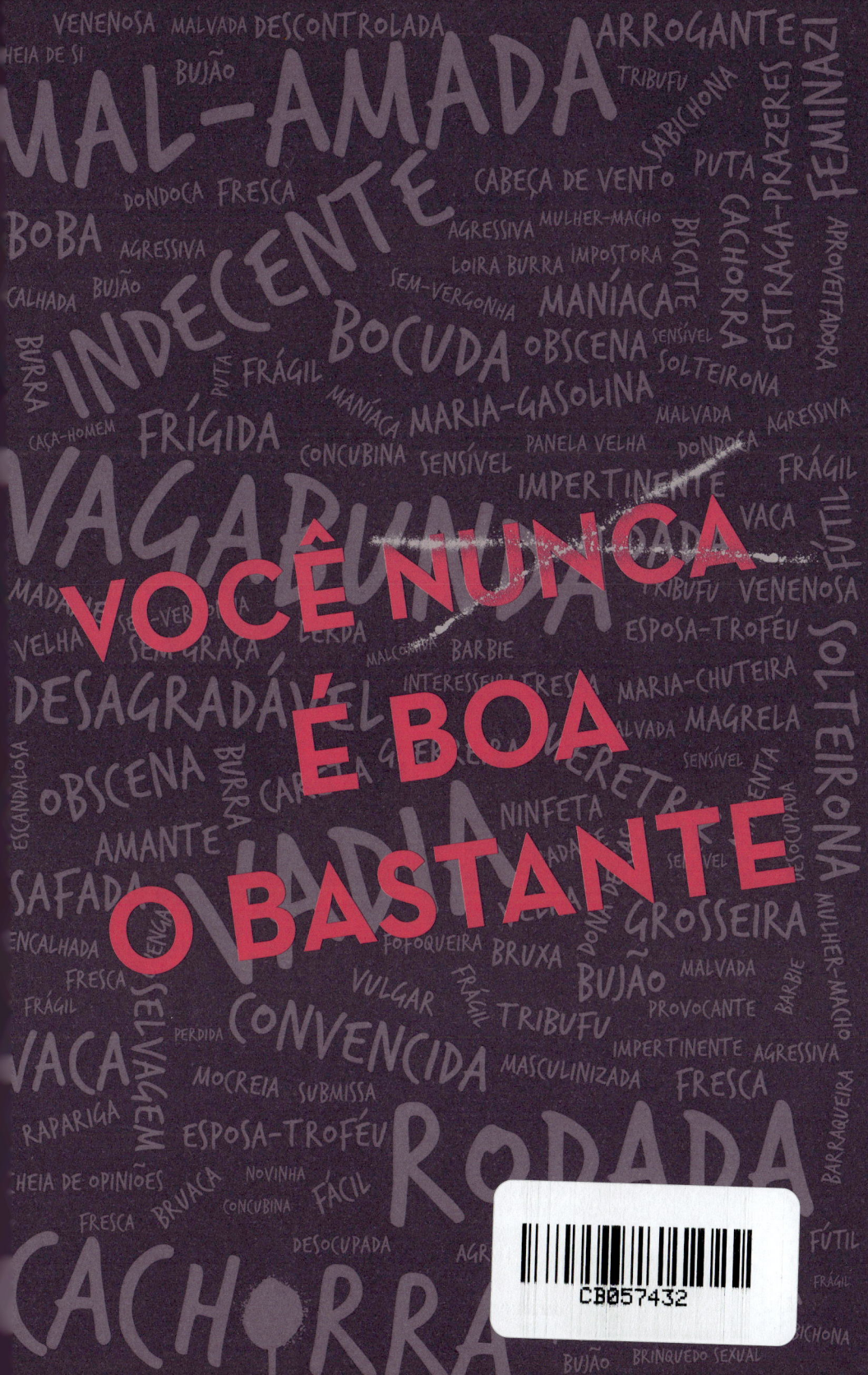

KAZ COOKE

MENTIRAS QUE CONTAM ÀS MULHERES

Os mais ultrajantes e absurdos conselhos
dados às mulheres ao longo da história

Tradução Carolina Cândido

Text Copyright © Kaz Cooke, 2021
Publicado pela primeira vez pela Viking Australia. Esta edição foi publicada por acordo com a Penguin Random House Australia Pty Ldt.
You're Doing It Wrong: *A History of Bad & Bonkers Advice to Women*
Tradução para Língua Portuguesa © 2023 Carolina Cândido. Todos os direitos reservados à Astral Cultural e protegidos pela Lei 9.610, de 19.2.1998. É proibida a reprodução total ou parcial sem a expressa anuência da editora.

Este livro inclui imagens de pessoas aborígenes já falecidas.
Foi pesquisado e escrito em territórios Ngunnawal e na terra de pessoas Wurundjeri Woi Wurrung.

Primeira edição (março/2023) **Papel de miolo** Pólen natural 70g
Tipografias Solitas Serif, Good Pro e Verveine **Gráfica** LIS

Editora Natália Ortega **Editora de arte** Tâmizi Ribeiro
Produção editorial Brendha Rodrigues, Esther Ferreira e Felix Arantes
Preparação de texto Luciana Figueiredo e Pedro Siqueira
Projeto gráfico e adaptação de capa Anderson Junqueira
Revisão Alessandra Volkert e Luisa Souza
Capa Sandy Cull, Kaz Cooke e Adam Laszczuk **Imagem de capa** adaptada de "Sir Thomas Mansel and his wife Jane", 1625, artista desconhecido
Foto da autora

Dados Internacionais de Catalogação na Publicação (CIP)
Angélica Ilacqua CRB-8/7057

C787m

Cooke, Kaz
  Mentiras que contam às mulheres : os mais ultrajantes e absurdos conselhos dados às mulheres ao longo da história / Kaz Cooke ; tradução de Carolina Cândido. — Bauru, SP : Astral Cultural, 2023.
  336 p. : color.

  ISBN 978-65-5566-306-8
  Título original: You're doing it wrong

  1. Feminismo 2. Mulheres – Conduta I. Título II. Cândido, Carol

23-0532   CDD 158.12

Índices para catálogo sistemático:
1. Feminismo

BAURU
Av. Duque de Caxias, 11-70
8º andar
Vila Altinópolis
CEP 17012-151
Telefone: (14) 3879-3877

SÃO PAULO
Rua Major Quedinho, 111
Cj. 1910, 19º andar
Centro Histórico
CEP 01050-904
Telefone: (11) 3048-2900

E-mail: contato@astralcultural.com.br

Para Vi.

Nota da editora:
Trechos deste livro trazem luz à realidade em que viveram as mulheres aborígenes na Austrália ao longo dos séculos. Qualquer semelhança com o modo como mulheres negras e indígenas escravizadas foram tratadas no Brasil durante a colonização

NÃO É MERA COINCIDÊNCIA.

SUMA
MÁRI
ÁRIO

SUMÁRIO

Contaram-nos um monte de baboseiras   10

1. Sente-se e fique quieta   18
2. Sua saúde não importa   58
3. Encontre um homem e faça sexo após se casar   98
4. Faça todas as tarefas domésticas   144
5. Trabalhe duro, receba menos   192
6. Seja uma mãe perfeita, o que é impossível   218
7. Seja mais bonita   242
8. Seu corpo não tem o formato certo   266
9. Seja formal, seja casual   300

Isso é tudo, por enquanto...   326

CONTARAM-NOS UM MONTE DE BABOSEIRAS

BOM, VAMOS LÁ. PRECISAMOS FALAR DE COMO AS MULHERES ainda têm que lidar com conselhos como "se acalma, garota" que recebem em todos os campos que atuam — arte, religião, política, vida doméstica, medicina, ciência; e das hordas do clero, de governos, anunciantes, influenciadores, colunas de leitores, monetizadores de bem-estar, filósofos machões e praticantes de *mansplaining* de bigode? Acho que deveríamos. É hilário e assustador; é ruim e uma maluquice; e continua acontecendo.

Durante séculos, absorvemos baboseiras que diziam que mulheres são inferiores e devem seguir mais regras que homens, mas quando essas baboseiras assumem novas formas, por vezes se torna mais difícil reconhecê-las. Somos criadas para olhar para outros humanos como modelos de como devemos ser, então torna-se fácil perpetuar conselhos sem nos questionarmos.

Ao crescermos, e durante a vida adulta, estamos tão ocupadas, cansadas e ligeiramente furiosas que, por vezes, nos esquecemos de perguntar *por que* estão nos dando conselho, de onde eles vêm, quem está aconselhando, se são úteis e o que "correntes filosóficas" significam. (Jean-Paul Sartre injetava mescalina e passava semanas pensando que estava em um coral com insetos de Moreton Bay; Sigmund Freud só retirava o cigarro fálico de sua boca franzida por tempo o suficiente para errar em tudo que falava, de orgasmos vaginais à inveja do pênis.)

Há muito tempo me interesso pelos conselhos que são dados às mulheres. Um dos meus trabalhos mais divertidos como jornalista era recuperar a ideia de uma coluna de "conselhos da titia", que se tornou a *Keep Yourself Nice*, no jornal *The Age*, no final dos anos de 1980. O meu primeiro "grande" livro, *Real Gorgeous: The Truth about Body and Beauty* [O encanto real: a verdade sobre o corpo e a beleza], tentou desmistificar os conselhos dados à mulheres a respeito de sua aparência; e meus outros livros foram projetados para dar à meninas e mulheres confiança e tranquilidade com informações confiáveis, interpretando conselhos de saúde pública para mulheres grávidas (*Up the Duff*), pais de primeira viagem (*Babies & Toddlers*), meninas pré-adolescentes (*Girl Stuff 8-12*) e meninas adolescentes (*Girls Stuff 13+*).

Como atualizo esses livros anualmente, estou quase sempre preocupada de que possa perder uma importante mudança nas orientações médicas ou algum outro conselho. Perco o sono quando alguém diz que está lendo uma cópia usada porque sei que lerão conselhos ultrapassados a respeito das posições de sono mais seguras para mulheres grávidas e bebês. Sei que uma cópia antiga não dirá para mulheres de descendência do sul da Ásia ou da África que a duração normal de sua gravidez pode ser de 38 semanas em vez das 40 semanas atribuídas a outras.

Isso me fez pensar em quais conselhos dados a mulheres ao longo dos anos podemos acreditar, quais mudaram e quais permaneceram os mesmos. Um espartilho do século XIX é realmente diferente de uma cinta de marca famosa, se deixarmos de lado o debate entre barbatanas e látex na cor bege-hospital?

A etiqueta, a hierarquia e as instruções para mulheres na

Sigam em frente, mulheres. Victoria Market, 1970s. (John Collins, Biblioteca do Estado de Vitória)

Austrália são fruto de atitudes impostas pelos aristocratas britânicos que palestravam alegremente sobre vulgaridade para quem quisesse ouvir, enquanto desciam saltitantes para o jantar em suas coleções tilintantes de colares de pérolas e diamantes com tiaras combinando e sete broches que custavam tanto quanto um navio; então latiam instruções aos empregados por cima do ombro, sobre o qual pesavam dragonas que não mereciam.

Há muitos temas explorados neste livro, mas o fundamental é: muito do que nos foi dito sobre como agir, o que falar e o que sentir não se relaciona de forma alguma com moralidade e ajuda prática; trata-se de manter mulheres quietas e desequilibradas e sendo julgadas como inferiores e fazendo as coisas chatas para que homens pudessem fazer as coisas interessantes. E claro que o ódio subjacente e a exploração de mulheres são sempre intensificados quando cruzados com o racismo e a luta de classes. Atitudes e leis coloniais brutais ainda são usadas contra aborígenes e nativas das ilhas do estreito de Torres, e vou falar a respeito do papel que minha própria família desempenhou nisso.

Recebemos conselhos ruins da igreja e do governo, e então durante o *boom* de publicação de livros dos séculos XIX e XX, das campanhas de saúde pública, políticas e mídias sociais. Disseram-nos como fazer galinhas botarem ovos no lugar certo e fazer reverência à rainha (não ao mesmo tempo). Muitas vezes, recebemos instruções de quais produtos de limpeza devemos usar ao esfregar as golas e camisas alheias, em qual velocidade colocar o vibrador e sobre andar em sapatos de salto baixo.

Disseram-nos que nossos seios não deviam balançar, qual a distância que o garfo deve ficar da faca na mesa e para nos afastarmos discretamente quando homens colocam a mão por dentro da nossa saia no transporte público. Fomos informadas de que não podemos pilotar aviões, de que pular faz o útero cair e de que tipo de instrumento enfiar pela vagina para acabar com uma gravidez.

Fomos relembradas de que temos que ter boa aparência (uma definição que muda com o tempo) da hora em que nascemos ao dia em que morremos; de que temos que mudar nossas formas; comprar coisas que não cumprem o que prometem; tudo isso para nos tornarmos moralmente melhores, mais bonitas, mais valiosas. Políticos nos disseram para ter mais filhos se formos da classe social certa, e menos se formos pobres.

Este livro está cheio de conselhos terríveis — todos os títulos são mentiras que mulheres já ouviram. Conselhos ruins foram dados pelos mais variados motivos por diferentes pessoas: o evangélico falacioso, o desinformado, o arrogante, o mesquinho, aquelas que querem parecer "conscientes" ou serem admiradas como um líder por revelarem teorias de conspiração. Um conselho pode até representar muitas motivações em seu caminho até nós: de uma companhia de cosméticos guiada pelos lucros com um "creme anti-idade" se esquivando das leis do consumidor a uma recomendação de "editora de beleza" patrocinada e uma menção de uma "influenciadora" de redes sociais que quer mais curtidas.

Seres humanos não lidam bem com mudanças. O conselho boca a boca pode perdurar por séculos. Como um todo, somos ruins em ouvir cuidadosamente e em desafiar nossa forma de pensar. Temos sido ruins em dizer "Oi, você é diferente, gostaria de uma xícara de chá? Me conte uma história", em vez de "Você é esquisita, fique parada enquanto eu bato em você com uma vareta". Espero que estejamos melhorando nisso.

Este não é um livro acadêmico, sobretudo porque eu queria me acabar de chorar a cada vez que pensava em lidar com o *software* que organiza as notas de rodapé, mas também porque tenho experiência como jornalista, e não como acadêmica. Admito que, enquanto fazia a pesquisa, a quase onipresente frase "como observou Michel Foucault" me fazia soltar um grito agudo de angústia e querer atacar um sanduíche.

Com frequência, usei aqui exemplos de mulheres do meu próprio histórico familiar, tão emblemáticas quanto suas eras. Sarah, da era dos condenados, era minha avó de seis gerações atrás e fez o primeiro acordo pré-nupcial da Austrália, e minha mãe, que viera da fazenda para a cidade e se tornara mãe e estudante madura durante a era da libertação das mulheres de 1970.

De certa forma, estive trabalhando neste livro minha vida inteira (todos dizem isso, não é?), coletando milhares de imagens e lendo centenas de livros e teses, especialmente durante os últimos anos; primeiro acidentalmente, enquanto participava de um projeto na Biblioteca do Estado de Victoria alguns anos atrás; e mais recentemente em uma pesquisa focada neste livro na Biblioteca Nacional da Austrália, durante doze semanas. No fim das contas, dei uma guinada e bati de frente com a história da misoginia, gritei para a lua um pouco, escrevi palavras o suficiente para três livros e tive que encontrar meu caminho de volta para a estrada com cortes afiados e um editor.

Cada um dos assuntos aqui poderia ser expandido para formar seu próprio livro e é claro que, em muitos casos, alguns já são tema de obras extraordinárias. Leitoras são encorajadas — não, importunadas — a procurar pesquisas antigas e recentes e comentários de mulheres informadas e *experts* em livros, blogs, documentários, filmes e *podcasts*. A lista vai pela história de Christine de Pizan nos anos de 1400 a multidões mais recentes de feministas historiadoras e ativistas LGBTQIA+; pelas centenas de escritoras emblemáticas, como Jacqueline Huggins que pesquisou a servidão forçada de mulheres aborígenes; por outras pesquisas sobre violência e abuso; e pela pesquisa de Ginger Gorman sobre *trolls* e pela de Caroline Criado Perez sobre como conselhos de saúde e políticas públicas colocam as mulheres em perigo ao não incluí-las em pesquisas ou decisões.

Usei os degraus construídos pelos trabalhos dessas mulheres para escrever este livro. Os temas sobre os quais mulheres recebem conselhos são muitos: fique quieta; não ria; você não tem o corpo certo; faça quase todas as tarefas de casa; encontre um homem, faça o que o homem manda, faça os homens se sentirem inteligentes e importantes (não pesquise por aí, lésbicas não são reais); se você é uma mulher racializada, não tem os mesmos direitos que mulheres brancas; seja sensual, mas não queira sexo; sua educação não lhe dará oportunidades iguais; se for bem-sucedida na sua carreira, você será uma esquisita; você deve ser uma "mãe perfeita", apesar de isso ser literalmente impossível; tente parecer com um lindo robô; se não segue a moda, você é desleixada e desprezível, e, se segue, é uma menina fútil.

Quis escrever este livro para todas nós. Para dizer às mulheres mais velhas: não é coisa da imaginação de vocês. Há um motivo pelo qual você está cansada e furiosa — ouvimos essas baboseiras a nossa vida inteira. E para dizer às mulheres mais novas: você vai ouvir uma enxurrada de mentiras cujo objetivo é fazer você sentir-se mal consigo mesma. Às vezes, vai parecer que elas vêm até você com a pressão de uma mangueira de bombeiro. Mas, quando perceber que isso está prestes a acontecer, pode se desviar, ou fazer um buraco na mangueira com a faca da cozinha, gritando.

Para explicar de outra forma, é como se todas as mulheres recebessem o mesmo panfleto por cerca de 600 anos, mas de pessoas diferentes que batem à sua porta, uma atrás da outra; a cada vez o panfleto fica maior. Primeiro havia um sujeito com um corte de tonsura balançando uma Bíblia, e depois a rainha Vitória, e então outro sujeito com um chapéu, aí uma boneca Barbie de 1950 com um penteado bufante platinado e saia lápis, agora aquele cara do anúncio que atuou em *Mad Men*, e mais recentemente uma influenciadora do Instagram usando um *cropped* e sacudindo um pedaço de manga.

Talvez seja melhor trancar a porta por alguns instantes, ou ao menos gritar "Quem é você, porra?" antes de abri-la. Porque essas pessoas não vão parar.

Nós temos que parar de *acreditar* nisso.

Quero que paremos de nos perguntar "O que preciso fazer para ser considerada uma boa mulher?" e, em vez disso, passar a dizer "Ah, entendo o que está acontecendo. São, na verdade, mentiras gigantescas, cabeludas e históricas com um novo disfarce". E, então, fechar a porta na cara delas. Elas vão cambalear em vestidos envelope e saltos assustadores e, é claro, baterem em outra porta, mas ao menos não será na sua casa, na sua cabeça.

Conselhos para mulheres geralmente são uma maneira de dizer "Se você é mulher, está fazendo errado". Dizem que você não é importante o suficiente, que sua aparência não está certa, que você não tem o direito de ter seus próprios pensamentos, sentimentos, dores e alegrias, e que deveria passar um "creme anti-idade" nas rugas do interior da sua vagina.

Este livro é meu modo de dizer: não deixe nenhum desses conselhos de merda entrar no seu coração. Seu coração, e sua vagina apropriadamente enrugada, merecem coisa melhor.

CADA TÍTULO NESTE LIVRO É UMA MENTIRA.

SENTE-SE E FIQUE QUIETA

1

VOCÊ SE LEMBRA DA PRIMEIRA VEZ QUE SENTIU ISSO? TALVEZ VOCÊ tivesse dez, doze ou treze anos. Agora, eu ainda estremeço quando me lembro: a compreensão doentia de que eu estava nas garras de uma autoconsciência intensa, paralisante e visível, e de que não havia nada que eu pudesse fazer para impedir isso. Corei tanto que o rubor pareceu se espalhar e consumir todo o meu corpo. Parecia que meu rosto estava literalmente queimando; minhas orelhas pulsavam tão quentes que me perguntei se elas iriam explodir, como nos desenhos animados.

Era uma agonia de mortificação que se autoperpetuava: quanto mais eu queria parar, mais eu ficava parada e desejava desaparecer, e mais o rubor continuava. Décadas depois, não consigo nem dizer por que estava ruborizada. Só me lembro da sensação de me sentir desesperadamente envergonhada.

Em algum momento, todas nós paramos de ser menininhas bobas e alegres para nos tornarmos hiperconscientes de que não aguentamos nem mesmo escrutínios imaginários. Cada uma de nós, meninas com coração bondoso, deslumbrantes e inteligentes, começa a transição para a juventude sentindo que não é capaz de fazer isso. E quando foi que se tornou normal que mulheres vivessem em tempo integral com uma espécie de versão desses momentos de auge da autoconsciência mortificante? Quando foi que começamos a pensar que estamos, o tempo todo, ao menos parcialmente — embora "em grande parte do tempo" e "o tempo todo" sejam mais prováveis —, erradas?

"Ah, Deus, não olhe para mim (e faça o que fizer, não olhe para meus pais dançando). Eu provavelmente sou gorda demais, ou magra demais nos lugares errados, ou vesti acidentalmente algo horrível. Minha risada soou como um latido? Estão todos olhando para mim? Como posso me tornar invisível e ao mesmo tempo ser uma peça de decoração? Mas sem ser vaidosa. Eu já deveria ter seios mesmo e, caso a resposta seja sim, eles têm o tamanho certo? Eu falei essa palavra errado, não foi? Não sou *expert* nesse assunto, então não deveria dizer nada. E, se eu for uma *expert*, seria melhor ouvir a explicação vazia de algum cara, só para ser educada."

Ouvimos tantas regras estúpidas e contraditórias e definições inalcançáveis de perfeição, que acertar alguma coisa se torna literalmente impossível. Não é de se admirar que com frequência nos sintamos como se tivéssemos entrado em uma briga de facas usando um uniforme de jogador de basquete.

Mas, se todas as religiões e cada suposto filósofo no mundo inteiro nos dizem, há centenas de anos, como somos horríveis e estamos erradas, então deve ser verdade, certo? Bom. Respire fundo.

Aristóteles era um idiota. Ele disse que o cérebro e o corpo das mulheres eram versões pioradas dos de homens — em uma época em que todo o pensamento científico era baseado na ideia desconcertante de que mulheres eram frias e úmidas, enquanto homens eram quentes e secos: "Nós deveríamos considerar o estado feminino como se fosse uma deformidade, apesar de acontecer no curso ordinário da natureza".

Escrever em latim não fez Virgílio, por exemplo, soar mais inteligente: "A mulher é sempre algo esquivo e mutável". Esperava mais de você, Platão, dizendo que as genitálias femininas são a versão atrofiada da genitália masculina. E honestamente, Galeno, você acha legal dizer que mulheres são a reencarnação dos homens que não conseguiram controlar suas emoções?

Como Nancy Tuana disse em 1993, em seu livro *The Less Noble Sex* [O sexo menos nobre], quase nenhum entre os famosos intelectuais reverenciados publicamente pelos desnecessários filósofos ao longo dos séculos, nem nenhum texto religioso, poderia aprovar a ideia de mulheres serem seres humanos iguais. Todas as teorias eram distorcidas para fazer as mulheres parecerem piores. O fato de as mulheres terem bebês foi usado para provar que elas são fisicamente mais fracas e não podem ser, ao mesmo tempo, inteligentes e férteis. Os "espertinhos" de barbas não dedicaram tempo a pensar em como sobreviver ao parto mostrava imensa resistência e força física, ou que as mulheres poderiam ser intelectuais se tivessem uma chance.

As contradições foram ignoradas. Mulheres eram fracas demais para tomar suas próprias decisões ou ter opiniões, então precisavam saber o que fazer — mas eram fortes o suficiente para fazer todo o trabalho pesado de carregar água, lavar roupa e cuidar dos doentes.

A menstruação tornava as mulheres tão fracas que elas não deveriam receber educação, se exercitar ou fazer qualquer coisa física, senão enlouqueceriam, de acordo com um livro de Edward Clarke reimpresso pelo menos dezessete vezes em 1800. E assim, para serem categorizadas como fortes o suficiente para serem escravizadas, foi contada e aceita a mentira de que mulheres indígenas e negras não menstruavam, ou não tinham a mesma fisiologia nem a mesma capacidade de pensamento ou sentimento... Ou o que mais fosse conveniente concluir. Havia uma divisão controlada entre damas e mulheres.

A primeira e mais rápida maneira de nos reprimir é controlar nossa conduta. Nossa sexualidade, nosso trabalho e nossa procriação eram controlados pelas regras dos clérigos, reis, pais e maridos, legalmente livres para bater nas filhas e esposas à vontade. Chaucer, escrevendo em 1300, entendeu que havia regras diferentes para as mulheres, e que nem todas as mulheres as obedeciam: ele escreveu sobre uma viúva, uma categoria de mulher considerada perigosa por sua independência e, provavelmente, por sua insaciedade sexual.

No livro fabulosamente informativo lançado em 1983, *The Lady in the Tower: Medieval Courtesy Literature for Women* [A mulher na torre: literatura de comportamento medieval para mulheres], Diane Bornstein examinou os manuais de conduta dos séculos XII ao XV, em francês, inglês, alemão, espanhol e italiano. Apenas um desses livros de antes de 1500 foi escrito por uma mulher, a antepassada feminista Christine de Pizan, que provou que as mulheres poderiam se sair tão bem quanto os homens se tivessem independência financeira e oportunidade de trilharem seu próprio caminho no mundo.

O que os manuais de conduta mais fizeram foi falar sobre virgindade, porque foram escritos por homens obcecados por sexo, como grande parte dos fanáticos religiosos costumam ser. Tertuliano, escrevendo por volta de 207 d.C., foi um dos primeiros a dizer que as mulheres eram "o portal para o diabo", um conceito que se tornou bastante popular — mais de 1500 anos depois, o bispo careca de rosto fino da cidade de Adelaide chamava as mulheres aborígenes de "escravas de Satanás". Santo Agostinho aceitava que mulheres pudessem se casar, mas dizia que era melhor que se mantivessem virgem por toda a vida.

Christine de Pizan, que Deus a abençoe, não se importava muito se alguém era virgem, mas achava que não ser casada, isto é, praticar a castidade, significava ser independente e escapar de décadas de trabalho hediondo, abuso e gestações sem fim que destruíam o corpo. (Pode ser que você tivesse que viver em um convento, mas ao menos tinha vinho.)

Conselhos sobre a castidade não eram o suficiente, é claro. Bornstein diz:

> Livros de cortesia aconselham as mulheres a serem humildes, mansas e obedientes. Dizem que elas devem ser doces e gentis e cumprir todos os desejos do marido [...]. Em relação ao comportamento, são instruídas a andar de modo delicado, manter os olhos baixos e o corpo imóvel. Em relação à fala, são instruídas a manter a voz baixa, não falar muito e não rir, brincar ou xingar.

Como Margaret Hallissy, especialista em Chaucer, apontou em referência àqueles tempos, os homens acreditavam que o estado natural das mulheres exigia constantes repreensões e mudanças. Elas eram basicamente rabugentas, irritantes, teimosas, fofoqueiras, ninfas sedutoras e gastadoras que precisavam ser mantidas longe da ociosidade (o que é conveniente quando precisa-se de alguém para lavar as roupas e fazer o jantar). O termo "dona de casa" nos tempos medievais significava "ocupada". Todos os textos sagrados e seculares conspiravam para negar às mulheres o direito a qualquer autoridade.

O futuro noivo pedia permissão ao pai de sua pretendente antes de pedir a mão da filha em casamento. No dia da cerimônia, o pai caminhava com a filha e a entregava ao marido no altar, simbolizando a transferência de propriedade e supervisão que garantia a virgindade dela. Essa tradição provou ser bastante persistente, ainda que suas origens tenham se perdido.

> *O teu desejo será para o teu marido, e ele te dominará.*
> — A Bíblia cristã

"FAÇA O QUE OS HOMENS MANDAM"

Por volta de 1639, um sujeito francês chamado Jean Puget de la Serre escreveu um livro extremamente impertinente dando conselhos à rainha da Inglaterra. Traduzido para o inglês como *The Mirrour Which Flatters Not* [O espelho não lisonjeador], foi "dedicado à rainha da Grã-Bretanha". A curadora de livros raros, Anna Welch, me mostrou uma cópia original dele na Biblioteca do Estado de Victoria. (É um prazer dar um tapinha gentil em um livro com quase 400 anos.) Ela explicou que Serre era o historiador oficial de Maria de Médici, rainha da França e mãe da rainha da Inglaterra, Henrietta, que havia se casado com Carlos I. Talvez Maria estivesse usando o historiador que pagava para continuar dando ordens à filha.

O autor começa o livro com elogios a Henrietta: "*Todas* as qualidades divinas que você possui de supereminência *em todas* as coisas [...] qualidades adoráveis [...] o esplendor de *sua* virtude é *deslumbrante*". Você pode imaginar Henrietta murmurando, enquanto folheava as páginas, "Sim, sim, sou estupenda e, ainda assim, sinto que um 'mas' se aproxima". E de fato estava lá. Serre adverte que Henrietta se lembre de Deuteronômio 32:29 — como todo mundo, ela vai morrer e ser julgada por Deus, então é melhor se comportar ou irá para o inferno.

Para enfatizar seu ponto de vista, a ilustração do livro é bastante assustadora mesmo para os padrões da época, tão fami-

A macabra ilustração criada para um livro de 1639 que aponta um dedo acusador para a rainha. (John Payne, Biblioteca do Estado de Victoria)

liarizada com a morte: um esqueleto esquálido e de cabelos compridos usa um manto e uma coroa e segura um cetro, cercado por diversas caveiras e ossos. E há uma ampulheta pela qual a areia corre. Sim, sim, nós entendemos.

"PUNA AS BRUXAS (QUE COM CERTEZA EXISTEM)"

Mulheres velhas, mulheres indesejadas, mulheres desprotegidas, mulheres independentes e mulheres difíceis, mulheres inconvenientes, mulheres cujos bens são cobiçados por outros, todas foram acusadas de e condenadas por serem bruxas como parte da moda dos "julgamentos" que começou na Europa em 1400 e chegaram até as Américas. O pânico e as perseguições por bruxaria duraram cerca de 500 anos, atingindo o pico por volta de 1500, com as últimas execuções ocorrendo nos anos de 1700. Das dezenas de milhares de pessoas acusadas de "bruxaria", a grande maioria mulheres, foram mortas.

A maioria foi torturada, psicológica e fisicamente, e seus corpos nus foram inspecionados por homens da acusação. O diagnóstico de comportamento de bruxa incluía: o conhecimento de ervas tradicionais e respeitadas ou de obstetrícia, a fabricação de medicamentos, escolher com quem fazer sexo, olhar feio para alguém, falar sozinha, ter animais de estimação, dar indícios de ser mais velha (como ter pelos faciais ou pintas), ser secretamente solteira ou viúva ou ser uma mulher vulnerável que poderia ser culpada por colheitas ruins ou doenças.

Muitos funcionários da cidade e clérigos eram a favor, colocando "bruxas" em troncos e correntes, jogando-as em lagoas congelantes e colocando fogo nelas. É bom saber que algumas pessoas não aguentaram a situação: quando uma médica de uma vila francesa chamada Françoise Bonvin foi denunciada por bruxaria em meados de 1400, os moradores a protegeram e depuseram a seu favor. A ideia geral era de que ela talvez fosse um pouco fofoqueira, mas e daí? Bonvin foi absolvida após ter causado confusão. Foi novamente acusada, presa mais uma vez, torturada e, por fim, libertada, de acordo com o The Oxford Handbook of Witchcraft in Early Modern Europe and Colonial America [Manual Oxford de bruxaria do início da Europa moderna e da América colonial], editado por Brian Levack. Muitas mulheres reagiam, abrindo processos por calúnia depois que as acusações eram retiradas.

É um tanto quanto engraçado ver, hoje, homens que são acusados de agressão sexual no local de trabalho afirmarem que são vítimas de uma "caça às bruxas". Os paralelos são difíceis de enxergar mesmo se usarmos um microscópio eletrônico, capaz de ver reações químicas do tamanho de átomos (igual ao que Pratibha Gai aperfeiçoou em 2009, após vinte anos como pesquisadora principal).

De acordo com as notas de uma exposição de 2016 de obras de arte relacionadas a bruxas na coleção do Musea Brugge, na Bélgica, foi o pintor Pieter Bruegel, o Velho, que fixou a imagem de bruxas com um caldeirão, um gato preto e uma vassoura. Séculos antes do chapéu pontudo, pintores como Hieronymus Bosch aumentaram a aposta: cenários bizarros dignos de delírios em que ocorriam cenas de sexo grupal e bacanais desonrosos entre velhas voadoras com vaginas de tartaruga com presas e mordazes morcegos monstruosos com pernas de cavalo.

Em 2016, o ministro da Imigração da Austrália, Peter Dutton, acidentalmente enviou uma mensagem de texto a uma jornalista do Daily Telegraph em que a chamava de "bruxa maldita".

Simon Birmingham, colega de gabinete de Dutton, o defendeu: "É claro que ele assumiu o que fez e declarou ao público que fora ele que enviara a mensagem, para evitar que houvesse uma caça às bruxas". Em 2019 e 2020, após uma campanha da Mad Fucking Witches, um grupo que se autodenominou dessa forma em homenagem ao insulto de Dutton, quinhentos anunciantes boicotaram o programa de rádio de Alan Jones.

Na época em que a peça *Macbeth* de Shakespeare foi encenada, em 1606, havia bruxas brincando em torno de um caldeirão, e no século XXI tivemos a "bruxa boa" em *O Mágico de Oz* e no musical *Wicked*, e um interesse renovado pela religião wicca e pelo conforto psicológico de feitiços e rituais.

As mulheres ocidentais que se dizem bruxas geralmente se divertem mais agora — embora muitas escolas religiosas sejam conhecidas por proibir livros de bruxaria, alguns programas de TV e fantasias com esse tema. Enquanto isso, ainda temos que lidar com desconcertantes fantasias de Halloween de "bruxas safadinhas".

E, no entanto, em todo o mundo, da África à Papua-Nova Guiné, mulheres e crianças ainda são acusadas de serem bruxas e submetidas a violência física, incluindo rituais de "exorcismo". Novamente, os alvos são mulheres mais velhas, algumas com demência, e pessoas consideradas diferentes, incluindo aquelas com albinismo.

> *A maioria dos acusadores são homens, porque se você acusar sua colega mulher, então amanhã será você.*
> *— Ghanaian Adamu Mahama, acusada de ser uma bruxa quando o filho morreu depois que eles discutiram, citada pela jornalista do The Guardian, Tracy McVeigh, 2020*

"VOCÊ DEVE SER PERFEITA"

Em 1722, um inglês, no hoje extinto cargo de coreógrafo de dança de salão, chamado John Essex escreveu *The Young Ladies Conduct; Or, Rules for Education, Under Several Heads; with Instructions Upon Dress, Both Before and After Marriage; and Advice to Young Wives* [Condutas para moças; ou regras de educação criadas por muitas cabeças; com instruções sobre como se vestir antes e depois do casamento; e conselhos para jovens esposas]. Ele não tinha experiência em nada disso, mas seus escritos resumiam os conselhos dados na época.

Grandes falhas de caráter incluíam curiosidade, raiva e "gula, embriaguez, concupiscência (uma palavra chique para luxúria), loucura, malícia, tolice e extravagância". Em vez disso, toda mulher deveria mostrar "modéstia, obediência, complacência, respeito, humildade, temperança, castidade e diligência", tudo ao mesmo tempo. (Nada fácil, a não ser que você tivesse permissão para fazer uma dança interpretativa, o que não ocorria.)

Em suma, fomos obrigadas a ser anjos.

"NÃO FALE"

O livro de John Essex também instruía as mulheres a não sentirem orgulho de nenhuma de suas realizações: melhor não abrir a boca. "Na companhia de outras pessoas, evite falar muito; quanto menos palavras, melhor."

Uma leitora das problemáticas colunas da *The Girl's Own Paper* [O jornal da menina],, na década de 1880, recebeu o conselho de "falar devagar e parecer o mais quieta e calma possível", enquanto caminha. Na mesma página, uma jovem lê que cometeu um triste erro ao falar o que pensava. "É uma desculpa muito comum para fazer comentários impróprios e desnecessários e chamar os sentimentos que guiam tais comentários de 'franqueza.'"

As mulheres do século XVIII condenadas ao silêncio (e muito entediadas) recorreram a listas de mensagens míticas codificadas ao posicionar seu leque de seda para expressar seus sentimentos, de "venha cá" a "seu cafajeste fedido". No século XIX, era possível usar a "linguagem das flores" e deixar um narciso falar por você.

Quando resolvem falar, mulheres são aconselhadas a tomar cuidado para não perturbar a sensibilidade masculina. Mais recentemente, começaram a nos encorajar a ser mais assertivas e remover "modificadores" de nossa maneira de falar, como "eu acho", "talvez se nós só…", "se eu pudesse acrescentar…", "isso faz sentido?", "só uma observação" e "pode ser que eu não esteja conseguindo explicar". Algumas mulheres usam um aplicativo chamado *Just*

Ao andar, não vire a cabeça; ao falar, não abra muito a boca; ao sentar-se, não mexa os joelhos; quando estiver de pé, não sacuda o vestido; quando estiver feliz, não ria alto; quando estiver com raiva, não grite.
— T'ang Dynasty Courtesans, Ladies and Concubines [Cortesãs, senhoras e concubinas da dinastia T'ang], manual chinês do século IX, tradução para o inglês de Howard Levy

Not Sorry para destacar modificadores em e-mails e mensagens de texto, para que prestem mais atenção ao seu uso.

A ideia de que as mulheres devem ficar quietas e ouvir o que os homens dizem é a base de diversos fenômenos modernos: o vil atrevimento de *trolls* que abusam e ameaçam jornalistas e comentaristas mulheres sempre que estas expressam suas opiniões ou são citadas — e quando as pessoas sugerem que a solução é que elas ignorem as ameaças de estupro, de morte e os abusos explícitos ou que deletem seus perfis nas redes sociais. Reconhecemos quando homens roubam a ideia de uma mulher em uma reunião e levam o crédito por isso, quando praticam *mansplaining* e fazem longos discursos sobre assuntos em que mulheres são especialistas, além da intrigante característica dos primeiros encontros, em que o homem não faz pergunta alguma.

As mulheres são até hoje colocadas no papel de plateia, estudante, empregada ou subordinada a um homem — em festas, em reuniões e em pesquisas.

28 "CUIDADO COM SEU TOM"

As mulheres também foram desqualificadas a falar, não apenas porque não têm o direito de fazer isso, mas porque são "estridentes". Homens que comandavam as rádios comerciais nos anos de 1990 e no início dos 2000 ainda diziam que "o público" não gostava de ouvir vozes femininas no rádio. (Como eu estava na sala quando o mesmo tipo de homem tentou convencer minha amiga comediante Judith Lucy a comandar uma competição chamada "Celebrity Sperm", na qual a ouvinte vencedora seria fecundada, não posso dizer que os achava, por regra, persuasivos.)

Em 1869, ao argumentar contra o direito das mulheres de votar, o clérigo Horace Bushnell escreveu que elas não causavam estrondos dignos de um trovão. Em vez disso, produziam um "coro de agudos, como flautas, na metade do tempo". Se conseguissem o poder de votar,

> *Eu suspeito que a definição de 'louca' no show business é uma mulher que continua falando mesmo depois que ninguém mais quer transar com ela.*
> — Tina Fey, *The New Yorker*, 2011

suas vozes mudariam, se tornando "mais fortes e estridentes"; elas ficariam mais altas e musculosas e teriam mãos e pés maiores, além de um "cérebro mais pesado".

Um cantor viajante chamado Garin lo Brun cantava, nos anos de 1100, conselhos para as meninas, aparecendo em vilarejos com sua calça de couro e um *banjolele* (imagino eu) e dizendo que mulheres deviam manter o rosto livre de maquiagem, usar sapatos que faziam os pés parecerem menores, aceitar o lado emocional do marido, ter uma voz bem modulada e andar devagar, dando passos pequenos (algo mais fácil de fazer se seus sapatos idiotas e pequenos demais machucam seus pés).

Não há nada de sexista na rádio comercial. Eu adoraria uma mulher que atraísse a audiência [...] eu contrataria Jack, o Estripador, se ele fosse capaz de fazer isso.
— Ian Grace, gerente da estação de rádio 2GB, 1996

"SORRIA"

Segundo aquele velho tolo do John Essex, devemos evitar expressões demais para que nosso rosto não tenha rugas. Assim, manteremos sempre o que é considerado um "rosto agradável", porque até mesmo os sentimentos de desagrado ou raiva arruinarão nossa aparência.

É de se imaginar que surgiriam rugas em seu rosto por passar todas as noites da sua vida curvada ao lado de uma vela crepitante, com os olhos apertados para enxergar o que costurava, ou se passasse todas as horas do dia trabalhando no campo ou sobrevivendo ao parto de doze crianças antes dos trinta anos, talvez fosse melhor você e seu rosto enrugado se jogarem de um penhasco.

Eu me lembro de Hazel Hawke, esposa do ex-primeiro-ministro Bob Hawke. Depois de fazer *lifting*, ela disse que não gostava do fato de que as linhas de seu rosto a faziam parecer que estava franzindo a testa. Tinha passado todos aqueles anos criando os filhos sozinha, sorrindo com dignidade em eventos de caridade e aparições públicas, enquanto o marido alcoólatra e infiel era elogiado como um herói.

Se alguém tinha o direito de ter o rosto que quisesse, esse alguém era Hazel Hawke.

Até mesmo um catálogo de moldes de costura — o boletim informativo de madame Weigel de julho de 1942 — nos dizia: "Um semblante alegre é a moda".

"VOCÊ TEM CARA DE POUCOS AMIGOS"

Mulheres que quando estão sérias parecem não esboçar um sorriso ouvem que isso é um problema. "Entre a grande quantidade de ícones da cultura pop que dizem sofrer com a chamada cara de poucos amigos", relatou o *The Washington Post* em 2016, "a grande maioria são mulheres". Zero pessoas surpresas.

"NÃO RIA, E, SE RIR, NÃO RIA ALTO"

No início dos anos de 1300, Francesco da Barberino escreveu (porque era um advogado que não tinha o que fazer) que as mulheres não deveriam mostrar os dentes quando rissem com gosto. O riso das mulheres era considerado perigoso e errado.

Os livros de etiqueta que se seguiram no próximo século raramente falhavam em repreender as mulheres: elas riam alto demais, riam com muita frequência, em um tom muito agudo e — difícil imaginar outra forma de fazer isso — com a boca aberta.

O livro *The Lady's New Year's Gift or Advice to a Daughter* [O presente de Ano-Novo para mulheres ou conselhos para uma filha] de George Savile, falecido marquês e conde de Savile, impresso em 1688, adverte particularmente contra "rir alto, o que é um som não natural e que em muito se assemelha ao do outro sexo, de modo que poucas coisas podem ser mais ofensivas". De acordo com ele, "aquele tipo barulhento de alegria" era coisa de puta, "contrário à modéstia e à virtude".

Isso fazia com que meninas se sentissem constrangidas a rir, e uma delas, que escreveu para a sempre ácida e péssima conselheira de garotas em *The Girl's Own Paper* em 1881, sentia que tinha uma risada horrível. Ela foi aconselhada a "rir muito baixo e gentilmente" para que ninguém ficasse enojado.

Se você é mulher, já disseram que deveria sorrir — seja seu pai, seu colega de trabalho ou um cara aleatório na rua.
— Laura Johnston, repórter da The Associated Press, 2019

"FIQUE PARADA"

Desde os anos de 1800, nos dizem para ficarmos muito quietas, embora seja algo difícil de fazer a não ser que você fosse Pansy Montague, a artista do Music Hall que se apresentava como uma estátua humana (falaremos mais de Pansy depois).

"SEJA MEIGA"

As mulheres já estavam sendo avisadas em 1700 de que deveriam se precaver contra a paixão, a certeza, a veemência e outros pecados de entusiasmo ou volume, de se exercitarem e também de comerem moderadamente para não correrem o risco de engasgar ao consumirem chá, café, chocolate, vinho, picles e molhos apimentados. Desde então, praticamente todos os guias de conduta e etiqueta para ser uma menina ou uma mulher insistem na meiguice.

De acordo com o idiota do Alexander Walker em seu ridículo livro *Beauty: Illustrated Chiefly by an Analysis and Classification of Beauty in Woman* [Beleza: retratada principalmente por uma análise suprema e uma classificação da beleza nas mulheres], lançado em 1836: "Um único traço de grosseria, um ar severo, ou mesmo o caráter de majestade diminui o efeito da beleza feminina".

Muitos nomes de meninas, belos e tradicionais, costumavam focar em joias, flores e características de virtude: Grace, Constanctia, Prudence, Patience, Faith, Verity, Hope, Charity. Talvez seja hora de começar a dar nomes como Adventura e Wildy para as meninas. Sem querer pressionar.

O livro *Letters and Advice to Young Girls and Young Ladies: On Dress, Education and Marriage, Selected from the Writings of John Ruskin* [Cartas e conselhos para meninas e moças: sobre vestuário, educação e casamento, selecionados dos escritos de John Ruskin] apareceu em 1879, e dizia: "Uma mulher deve ser uma criatura agradável [...] o trabalho da mulher é agradar as pessoas, alimentá-las de maneira afetuosa, vesti-las, mantê-las em ordem e ensiná-las".

Sim, *aquele* John Ruskin, supostamente incapaz de fazer sexo durante cinco anos depois de descobrir em sua noite de núpcias

Ser capaz de sentar e ficar quieta é muito sensual.
– Helen Gurley, Sex and the Single Girl [Sexo e a mulher solteira], 1962

"Uma mulher deve esperar humildemente que um homem a convide para dançar", diz *The Ladies' Pocket Book of Etiquette* [Manual de etiqueta de bolso para mulheres], com gravuras de Hester Sainsbury, 1838. (Biblioteca Nacional da Austrália)

que o corpo nu de sua esposa era diferente das estátuas de mármore liso que ele tinha visto em museus (teria sido por causa dos mamilos ou dos pelos púbicos dela, de acordo com a fofoca, ou talvez ele estivesse aterrorizado com o fato de ela ter globos oculares...).

De qualquer forma, tenho certeza de que isso a fez se sentir maravilhosa. Parabéns, Effie Ruskin, por fugir com John Millais.

A instrução da meiguice é a base da forma tradicional de se dançar, em que o homem deve sempre "conduzir".

"O CÉREBRO DAS MULHERES É INFERIOR AO DOS HOMENS"

Uma das primeiras razões apresentadas por escrito para a "inferioridade natural" das mulheres foi a de que elas foram projetadas por Deus dessa maneira.

Médicos nos disseram que o sistema de "humores" das mulheres era "frio e úmido" (credo) e fraco; enquanto o dos homens era quente e seco, o que significava que eram sensatos e bons em inventar e pensar.

Em seguida, alegaram que existiam "partes" do cérebro da mulher que se desenvolviam de maneira diferente da dos homens, embora nenhuma pesquisa científica pareça ter estabelecido nada além do fato de que o cérebro dos homens tende a ser maior que o das mulheres, o que é bastante irrelevante já que corvos e polvos, por exemplo, são quase tão inteligentes quanto vários conhecidos meus.

A inventora do termo "neurossexismo", a professora Cordelia Fine, disse em seu livro *Testosterona Rex* que algumas das suposições modernas a respeito das diferenças inatas entre o comportamento humano masculino em comparação ao feminino, de acordo com as quais mulheres devem esperar para serem escolhidas por homens, foram baseadas em um estudo realizado durante a década de 1940 que falava a respeito de (melhor você sentar para ler isso)... moscas de frutas. Um dos problemas com as suposições levantadas a respeito de comportamentos inatos das mulheres e a ideia de um cérebro totalmente feminino é que algumas das características atribuídas tendem a ser completamente contraditórias.

Mulheres no período da pós-menopausa, por exemplo, já foram consideradas sexualmente insaciáveis, mas mais recentemente começaram a ser caracterizadas como estraga prazeres, pois colocavam freios nas perspectivas sexuais de seu marido na vida adulta.

Nosso cérebro feminino essencial faz com que cada uma de nós seja, ao mesmo tempo, uma sedutora delirante, que podia ser provocada pelo chá Earl Grey em 1882; um "bibelô" tímido e preocupado que precisa ser protegido; uma festeira com um vestido vermelho justo que atira em um detetive particular; *e* a esposa chata do herói em filmes de Hollywood, que só sabe reclamar que ele "nunca está em casa".

"MULHERES NÃO DEVERIAM DIRIGIR"

Os manuais de condução para mulheres lançados no período dos anos de 1930 à década de 1960 compartilhavam o tema "dirigir melhor que os homens".

O insulto "mulher no volante" era comum nos séculos XX e XXI, ainda que registros indiquem que o número de acidentes causados por mulheres seja menor e, portanto, o seguro para mulheres, mais barato.

As mulheres foram reprimidas nessa questão — menos oportunidades para alugar ou comprar um carro, e proibidas de dirigir sob a alegação de que isso poderia fazer com que mulheres sem supervisão criassem independência e se colocassem em risco.

Mulheres na Arábia Saudita receberam o direito de dirigir apenas em 2018, mas muitas ativistas dos direitos das mulheres que lutaram para que isso acontecesse continuam sendo espancadas e presas.

Ativistas reformistas continuam a defender a implementação de leis relativamente novas para que mulheres adultas

O livro *Let's Drive Better Than Men!* [Vamos dirigir melhor que os homens!], de Mary Arnold, publicado pela Vacuum Oil Company da Austrália e da Nova Zelândia, 1934. (Biblioteca Nacional da Austrália)

A alavanca de câmbio pode ser movida em quatro direções. Por favor, não fique nervosa.
— Mary Arnold, *Let's Drive Better Than Men!*, 1934

tenham liberdade de se movimentar e casar sem a permissão dos "guardiões" masculinos.

"SIGA UM ZILHÃO DE REGRAS DE ETIQUETA"

No século XIX, à medida que as mulheres na Europa e em suas colônias se tornaram mais alfabetizadas e as mulheres de classe alta foram liberadas do trabalho, surgiu um grande número de livros de etiqueta. (Obviamente, todo mundo tinha mais tempo livre após todas as bruxas terem sido queimadas.)

Conselhos de etiqueta elaborados para mulheres e que detalhavam até o ângulo das miçangas presentes em um manto de luto e a quem deveriam ser feitas as reverências, eram o requisito final para que se "mantivessem na linha". Ainda que mudasse de classe em uma América e uma Austrália mais igualitárias, você poderia não saber qual garfo usar no jantar e não ia querer passar vergonha.

Uma garota solteira da Filadélfia chamada Eliza Leslie escreveu seu *Behavior Book* [Livro de comportamento] em 1839. O livro era bem descarado, considerando que ela plagiou seu primeiro livro de receitas das aulas que teve na escola de culinária da sra. Goodfellow. Ele é mais longo do que o necessário, dando conselhos inesgotáveis a respeito de tudo, desde não mencionar percevejos na cama para um anfitrião até quantas folhas um ramalhete deve ter. (Não me lembro do número e nem vou verificar.)

Há muitos "nãos": "não tocar no piano apenas com o dedo indicador"; "não cantar enquanto você sobe e desce escadas"; "não segurar a mão de uma amiga o tempo todo enquanto ela está sentada ao seu lado, nem beijá-la e acariciá-la diante de acompanhantes" (sem lésbicas ou bissexuais por aqui, obrigada); "não bater em um homem com um lenço" ou "com o leque"; lembrar aos servos do "infeliz sangue africano deles". Ou do fato de serem irlandeses.

"OBEDEÇA AOS AUTORES DE MANUAIS DE ETIQUETA PORQUE ELES SÃO CHIQUES"

Um título sofisticado e falso é tão útil quanto um escritor de etiqueta: na penumbra, muitos parecem ser aristocratas menores. Lady Troubridge vendeu mais livros do que Laura Troubridge teria vendido.

Na década de 1920, Massey Lyon, autora de *Etiquette: A Guide to Public and Social Life* [Etiqueta: um guia para a vida pública e social] e editora da revista *Queen*, afirmou ser um contato social de vários membros da realeza e uma especialista nas joias que eles usavam e no que faziam durante as férias. Os editores da 47ª edição de *Manners and Rules of Good Society or Solecisms to Be Avoided* [Comportamentos e regras da boa sociedade ou solecismos a serem evitados] alegaram que o autor anônimo era um "membro da aristocracia".

Centenas de livros de conduta para mulheres foram escritos ao longo dos anos, quase todos por mulheres. A maioria das autoras não eram movidas pela experiência que tinham em apresentar cartões de visita ou pelo feroz interesse pessoal em saber se um contra-almirante jantava antes do filho de um baronete, mas pela necessidade de ganhar a vida em um mundo de homens, muitas vezes como mães solteiras, antes de existirem pagamentos de benefícios por parte do governo.

Enquanto diziam às pessoas como apresentar seus cartões de visita e não gritar com os empregados, elas estavam imitando autores ou escritores — a pequena aristocrata Nancy Mitford tinha credibilidade e inteligência e precisava de dinheiro quando escreveu sua famosa lista de regras para pessoas da classe alta se diferenciarem das pessoas da classe média no quesito linguístico. (Pessoas de classe alta diziam "enfermo", "toalete" e "guardanapo". Pessoas de classe baixa diziam "doente", "banheiro" e "papel".) A especialista norte-americana em etiqueta Amy Vanderbilt (parente distante dos ricos) começou como repórter aos dezesseis anos, na década de 1920. Lillian Pyke escreveu *Australian Etiquette* depois de ficar viúva repentinamente em 1914 com três filhos pequenos.

Emily Post publicou seu primeiro livro de etiqueta quando passou por momentos difíceis na década de 1920: suas obras são vendidas até hoje, atualizadas por suas tataranetas e um tataraneto. A srta. Manners também se tornou uma dinastia, com seus descendentes compartilhando a assinatura do jornal que ainda aparece sindicalizado em toda a América.

No início dos anos de 1980, a Austrália tinha Sheila Scotter, com seu forte sotaque inglês, que fora editora da *Vogue* e tinha a inteligente característica de sempre usar preto e branco. Ela era geralmente descrita como uma decana, ou, como em seu obituário, "uma grande dama de gosto impecável".

Ela era vil com os garçons e outros funcionários, e tinha uma longa lista de coisas que desaprovava, incluindo "vulgaridade, fazer muito barulho, discursos informais, padrões de vestimenta inaceitáveis e inadequados, saudações incorretas, esquecer de enviar cartas de agradecimento [...] e atrasos".

É um pouco surpreendente descobrir que, na autobiografia que lançou em 1998, ela dedicou uma página à lista de homens (muitos dos quais casados) com quem fez sexo — timidamente listados como "cavalheiros com quem tomei café da manhã".

Mas pobrezinha da Sheila: ela foi enviada a outro continente para estudar quando tinha quatro anos. No fim das contas, ela se encaixa no perfil da maioria das autoras de livros de etiqueta, que escrevem porque precisam trilhar seu próprio caminho no mundo enquanto apoiam todas as regras que as mantiveram fora de sua própria vida recatada de debutante para esposa.

Cada uma delas fez dinheiro ao aproveitar o desespero de outras mulheres quanto a conhecer as regras e evitar a vergonha de ser inferior aos outros. E talvez para subir na escala social, por dinheiro ou *status*. Todas as autoras australianas davam conselhos sobre o que fazer se você fosse "apresentada ao tribunal" no Palácio de Buckingham. Era provável que nenhuma das leitoras do livro fosse convidada; aquelas que *eram* convidadas não precisavam de um livro, pois recebiam informações de tias aristocratas e versadas.

O *Manual of Modern Manners* [Manual de maneiras modernas] de 1959, de Judith Listowel, foi escrito por uma condessa que encontrou uma forma de se sustentar após estudar na London School of Economics. Ela sobreviveu a um acidente de avião em Uganda aos setenta anos e a um assalto em Budapeste quando tinha 89 anos, e eu gostaria que tivesse escrito sobre *isso*.

"AS MULHERES ESTÃO ABAIXO NA SOCIEDADE"

O livro da condessa ecoa quase todos os guias de etiqueta vendidos no "Império Britânico" ao exigir uma confiança graciosa em "boas maneiras, boa educação e verdadeira cortesia". O cerne de tudo isso é entender a hierarquia: conhecer a "precedência" em qualquer ambiente. "Ela faz com que cada um saiba seu lugar." Os lugares eram atribuídos por famílias reais, que retribuíam favores ao longo de alguns séculos criando aristocratas e concedendo-lhes terras e títulos como duques, baronetes, condes, marqueses e viscondes.

Era importante saber as regras — sem nunca questionar. Porque, ao fazer isso, você perceberia a bajulação bizarra que é chamar alguém de "Vossa Majestade", "Vossa Alteza", "Vossa Graça" ou "Vossa Eminência" — quero dizer, por que não "Vossa Maravilha", ou "Vossa Superioridade" ou "Sr. Calça-Larga"? É parte de um sistema que literalmente coloca as mulheres abaixo, com mulheres indígenas e de pele escura ficando ainda mais abaixo. Você pode escrever as regras e fazer com que leis e políticas sejam baseadas nelas, mas ainda assim é uma mentira.

O sistema de etiqueta era a base de sustento do racismo, do sexismo, do colonialismo, da misoginia e do desrespeito aos outros, sob o disfarce de "maneirismos", de certezas e da grosseria geral, reforçada ao longo de décadas, muitas vezes por plágio. Listas de hierarquia foram publicadas. Para as mulheres, a rainha estava no topo, depois a rainha-mãe e as filhas do soberano, passando por várias esposas e filhas classificadas apenas pela posição que seu marido ou pai ocupavam na família (ou seja, o filho mais velho de um duque até o 11º filho de um baronete), antes de descer para "esposas de cavalheiros". Nenhuma mulher estava acima de um homem de sua própria posição.

"GAROTAS PRECISAM DE ESCOLAS DE BOAS MANEIRAS"

Sou obcecada por colunas de "problemas" e etiqueta desde que era uma adolescente desleixada e simples do subúrbio que lia livros britânicos durante o tempo ocioso no trabalho em um sebo, que de repente se percebeu sem noção alguma e empregada no escritório de um jornal de uma cidade grande. Na minha primeira noite com colegas de trabalho, me entregaram um cardápio em um restaurante e eu não tinha ideia do que aquelas palavras italianas significavam (exceto espaguete), ou de como pedir, quais talheres usar ou como pagar.

Como jovem repórter, eu pretendia escrever uma sátira ácida dos comportamentos arcaicos, elocuções e aulas de etiqueta na Elly Lukas School of Elegance, em Melbourne. Mas fiquei comovida com as meninas que frequentavam as aulas. Embora muitas das

Alunas da Canberra High School equilibram livros em sua cabeça para praticar sua caminhada durante o "curso de equilíbrio e personalidade" da Associação Cristã de Mulheres Jovens (Young Women's Christian Association – YMCA), 1965. (Jornal *The Australian*, Biblioteca Nacional da Austrália)

aulas fossem sexistas, e muito do que era ensinado fosse risível, percebi que eu era mais uma das meninas de classe média baixa e da classe trabalhadora tentando fazer o melhor que podia de sua vida. Eu zombava quando me ensinavam a sentar com uma panturrilha apoiada sobre a outra, a levantar e andar com graça ou a sair de um carro sem mostrar a calcinha. Na verdade, não mostrar a calcinha não é uma habilidade ruim de se ter. Você sempre pode decidir mostrá-la em outro momento.

Eu até mesmo comecei uma coluna de conselhos no *The Age* no final dos anos de 1980, uma versão irônica chamada *Keep Yourself Nice*. O editor, embora encantado com o sucesso, supôs que eu mesma estava escrevendo as cartas. Todas eram reais: uma mistura de perguntas genuínas, mas principalmente cartas que continham um feminismo divertido a respeito dos chapéus obrigatórios e qual garfo usar quando você era assediada sexualmente.

"AS REGRAS DE ETIQUETA INGLESAS SÃO ATEMPORAIS"

A ênfase na "etiqueta e dominação indiana" e em chamar governadores coloniais de "Vossa Excelência" mudou antes de Noreen Routledge lançar *Etiquette for Australians* [Etiqueta para australianos] em 1944, que, como seria de se esperar daquela época, contém uma lista de como se dirigir aos militares e identificar quais medalhas foram dadas para quê. Dada a dispersão dos homens durante a guerra, Noreen acrescentou que a tradição de pedir ao pai a mão da filha em casamento havia acabado.

Com a suposição de que iriam da casa da família, em que passavam a infância, para a casa do marido, noivas comedidas eram aconselhadas a fazer um "chá de cozinha, de roupa de cama ou de lavanderia" para garantir um bom estoque de latas, panos de prato e batedeiras de ovos para montar sua casa. Noreen imitou outros conselheiros ao explicar que cartas datilografadas eram vulgares; as mulheres foram finalmente autorizadas a fumar; e todos os mortais comuns eram apresentados a pessoas de sangue real, da mesma forma que se ofereceria enroladinhos de salsicha em uma bandeja.

Em 1930, "uma mulher solteira não pode ficar na casa de um homem solteiro, a menos que esteja devidamente acompanhada" contrasta, por exemplo, com a afirmação que o colunista Dan Savage fez em 2012 no *The Stranger*, de que casais lésbicos deveriam dividir por igual o custo de um novo dildo.

Até mesmo os conselheiros de etiqueta modernos acham desnecessário aconselhar que mulheres não enviem fotos não solicitadas de suas genitálias para funcionários ou conhecidos, ou se masturbem durante uma videochamada de trabalho.

No caso de Lady Troubridge ser republicada postumamente na década de 1980, dizia menos respeito à afirmação do subtítulo, "uma referência-padrão para cinquenta anos", do que para divertir os leitores com anacronismos, incluindo etiquetas automobilísticas, como não usar a buzina para assustar os pedestres nem jogar embalagens de sanduíche na rua.

Em 2014, o conselho para as mulheres "arrasarem" dado pela dublê Ky Furneaux em *Girl's Own Survival Guide: How to Deal with the Unexpected — From the Urban Jungle to the Great Outdoors* [Guia para sobrevivência de mulheres: como lidar com o inesperado — da selva urbana ao ar livre] incluía dicas de como iniciar um incêndio sem fósforos, como se guiar pelas estradas, dar nós úteis, evitar ser esfaqueada em uma briga e fazer cocô ao ar livre. Só consegui encontrar utilidade para uma delas: "Viajando sozinha? Use óculos com lentes escuras para que as pessoas não consigam fazer contato visual com você".

Aos noventa anos, a especialista em etiqueta e empreendedora da escola de charme June Dally-Watkins ficou encantada quando a coapresentadora de um documentário de comédia da ABC sobre mulheres e etiqueta apresentou a ela, em 2017, a expressão "*slut-shaming*", que pode ser entendida como "tachar alguém de vadia". "*Slut… Shaming*", disse em tom de aprovação, e com um brilho nos olhos, a mulher elegante e famosa por suas citações. "Amei isso… Não seja uma vadia." A era da srta. Dally-Watkins enfatizava a respeitabilidade, o asseio e seduzir os noivos com a pureza. A nossa era enfatiza a independência, o consumo e a sensualidade. Sentir vergonha por ser uma "vadia" ainda é mais comum do que levar uma bronca por *slut-shaming*.

"VOCÊ DEVERIA SER MAIS BRITÂNICA QUE OS BRITÂNICOS"

Era comum que as autoras australianas de manuais de etiqueta se agarrassem desesperadamente a velhas ideias para tentar conseguir "se manter inglesas". A maioria dos australianos brancos se via como súditos britânicos e queria parecer mais elegante do que os presidiários — ou talvez esconder possíveis origens carcerárias.

O eterno livro de Lillian Pyke, mãe solteira e com dificuldades, *Australian Etiquette: The Rules of Good Society* [Etiqueta australiana: as regras para uma boa sociedade], foi publicado pela primeira vez por volta de 1911, depois copiado e impresso por outros. Sua última edição foi nos anos de 1960, décadas após sua morte.

As primeiras críticas e menções da imprensa ressaltavam que Lillian afirmava, na introdução, que um mineiro podia se tornar político na Austrália. Isso criava uma nova classe que precisava de instruções. Havia um jantar na Government House, e a lista de prioridade que designava quem poderia frequentar tal jantar e em que ordem começava com o governador e sua esposa (ainda não havia governadoras) e passava por juízes e políticos até chegar a prefeitos.

O livro de Lillian recebeu nova reimpressão um ano antes da visita real de 1954, feita pela jovem rainha Elizabeth e seu marido, o príncipe Philip. As esposas dos prefeitos o compraram para descobrir a melhor forma de reconhecer fisicamente sua inferioridade na presença da realeza.

"APRENDA A FAZER UMA REVERÊNCIA"

Não são muitas as mulheres que precisaram de conselhos para entender como se comportar após se casarem com homens ricos (como a artista do século XIX Fannie Dango) ou da realeza (como a violinista e modelo Patricia Shmith, que mais tarde se tornou a condessa de Harwood). Mas milhares de australianas estariam na presença da família real durante sua visita, e era melhor estarem preparadas.

Houve uma grande procura pelas aulas de reverência durante o ano de 1953, algumas ministradas pela pioneira em escola de boas maneiras, June Dally-Watkins, e sua ex-aluna, a vencedora do concurso Miss Austrália e modelo Pat Woodley.

Em seu livro de 2015, *Royal Visits to Australia* [Visitas reais à Austrália], Jane Connors relata que as reverências no baile de Sydney de 1954 foram descritas no sarcástico e republicano *Bulletin* como uma "vergonha em grande escala". A Austrália enlouqueceu por causa dessa visita: a rainha afugentou moscas em 57 cidades durante 58 dias; inspecionou uma fila interminável de traseiros de ovelhas em Wagga Wagga; comeu sanduíches no formato do mapa da Austrália com as bordas cheias de pasta salgada de levedura em uma festa de boas-vindas em Rockhampton; e cumprimentou uma mulher enferma em Hobart que, acamada, foi levada por seis quilômetros até a reunião. Ao menos ela não teve que fazer uma reverência.

"SEJA GRACIOSA"

Muitos manuais de etiqueta falam de simpatia, tato e "graça", repetindo uma história ilustrativa a respeito de uma "velha senhora do alto escalão" que fazia pessoas mais humildes se acalmarem ao copiar seu ato desajeitado de colocar um lenço sobre os joelhos no Palácio, ou ao jogar folhas de chá por cima do ombro em um quarto chique; ou de um soldado sênior que colocou, de forma suave e silenciosa, um cubo de gelo que lhe foi oferecido na sopa em vez de na bebida, após um nervoso jovem soldado ter feito o mesmo. É um pensamento adorável.

Mas, na prática, a etiqueta foi muito mais usada para *afastar* as pessoas do que para incluí-las na sociedade. Um livro da década de 1920 escrito por um "membro anônimo da aristocracia" revela um truque muito deselegante que as mulheres esnobes empregavam: oferecer apenas dois dedos para um aperto de mão mole e úmido a "pessoas com quem não se importavam". O livro acrescenta que uma dama poderia expressar sua frieza ao se curvar em vez de apertar as mãos. Pode-se apenas imaginar a vergonha avassaladora de quem se via em uma situação dessas.

Basta apenas pronunciar "corretamente" Beauchamp como Beecham, Cholmondeley como Chumley (ou Nigel como Niiiiiijel) para esnobar pessoas sem que elas saibam. É como um código secreto. É de se perguntar se parte do código foi ser capaz de não rir ao ver, durante anos, cada um dos governadores e governadores-gerais da Austrália usando um chapéu cerimonial que mais parecia uma galinha deitada.

A cópia que tenho de *Ward, Lock and Company's Etiquette for Ladies* na edição de 1930 diz: "Sinceridade, simplicidade, cortesia e tato são as características marcantes da boa educação e carregam seu próprio charme, tanto em nobres quanto em camponeses […] ao longo da história houve impostores e até vampiros nascidos em púrpura (realeza ou aristocracia)". Infelizmente, não havia mais informações a respeito dos vampiros.

Uma verdadeira dama é invariavelmente cortês com os servos e aqueles que talvez sejam socialmente inferiores a ela.
– Ward, Lock and Company's Etiquette for Ladies: A Guide to the Observances of Good Society [Etiqueta para mulheres de Ward, Lock e companhia: um guia para a prática da boa sociedade], edição de 1930

"Púrpura" era um substantivo coletivo para a aristocracia, porque quando o corante roxo foi inventado apenas pessoas ricas podiam pagar por ele. A rainha Elizabeth I desencorajou oportunistas de criar outra versão ao proibir qualquer pessoa, exceto ela, de usá-lo. O que parece *muito* deselegante.

Ler um livro de etiqueta cria o raro efeito de ficar, ao mesmo tempo, aterrorizada e chocada. Intimidada com a impossibilidade de se lembrar de tudo — colocar luvas e gorro ao mesmo tempo, não colocar ou fazer uma combinação? Como *posso* comer geleia e sorvete com um garfo? E entediada à exaustão com a quantidade de regras listadas pelo *Book of Etiquette* de Lady Troubridge, criado para pessoas cuja vida gira em torno do lazer, de atirar em coisas e frequentar festas à fantasia em que você se veste de você mesma.

"NÃO COMA"

Harold Nicolson escreveu em *Good Behaviour* [Bom Comportamento] (1955) que sua avó, como uma menina na era vitoriana, não tinha permissão para comer queijo, carne ou alimentos "nobres" com sabor forte. Ela disse que fora informada quando jovem de que "Brummell havia rompido seu noivado quando descobriu que a esposa gostava de repolho e que [lorde] Byron havia mencionado que ver uma mulher comer o deixava doente". As moças ricas, dizia ele, faziam com que as empregadas levassem comida para seus quartos secretamente. Espero que as empregadas tenham conseguido comer um pouco enquanto subiam as escadas.

De acordo com um livro de boas maneiras publicado sob a permissão de impressão do The Ritz Hotel, foi apenas no final do século XIX, quando a amante do rei e as mulheres com títulos comiam em restaurantes, que as mulheres elegantes foram autorizadas a tirar as luvas e comer em público.

Hoje em dia, um livro de romance parece incompleto se não vemos uma cena em que uma mulher geme involuntariamente ao morder um pedaço de sua comida, enquanto um homem julga a cena sensual, contrariando lorde Byron.

"SEJA FEMININA"

Como você deve se lembrar, "ser feminina" tem sido amplamente definido como ser quieta e obediente, ficar parada e vestir roupas com babados. Não é à toa, então, que uma mulher que conseguisse se passar por homem fosse tão divertido.

Essa era uma prática muito popular no Music Hall e nas apresentações de *vaudeville* da década de 1850 até o início do século XX, em parte porque o choque e a transgressão de tal ato parecia engraçado ou impressionante. Parte do sucesso estava na ideia de que "não era possível perceber que era uma mulher", e parte devido às canções e piadas que remetiam à arrogância e ao comportamento de um certo tipo de homem. Era uma maneira de as mulheres rirem dos homens na presença deles, algo que não era seguro em quase nenhum outro lugar.

Cem anos após o apogeu do Music Hall, uma nova onda de mulheres artistas de comédia surgiu para incorporar a linguagem corporal e o comportamento masculino. Décadas antes de usarmos os termos *mansplaining* e *manspreading*, as mulheres na plateia reconheciam o arquétipo de imediato: as explicações barulhentas e não solicitadas, os olhares insultantes, a suprema confiança, a falta de consideração com o pensamento dos outros e a mania de ocupar o espaço alheio. Todas as coisas que as mulheres foram proibidas por séculos. Os resultados foram estrondosos.

Na década de 1850, o texto satírico *Hints to Gentleman on the Art of Fascinating* [Dicas aos cavalheiros sobre a arte de fascinar], de Lola Montez, foi incluído no final de seu livro para mulheres *The Arts of Beauty* [A Arte da Beleza]. Nele, Lola diz:

> Sempre fique à vontade na presença de uma dama, o que pode ser feito ao sentar na ponta da cadeira e permitir que seus ombros e corpo caiam para trás, enquanto suas pernas se projetam para a frente, no meio da sala, separadas como as pontas de um imenso forcado. Essa é uma posição elegante e tentadora.

Em 1981, quando estava grávida de seu terceiro filho, a escritora e também artista Sue Ingleton interpretou "Bill Rawlings, o Homem Grávido": arrogante, agitado, pulando nas pontas dos pés, uma mão no bolso, a outra gesticulando enquanto desfiava o seu monólogo.

Os homens na plateia apostavam se a pessoa no palco era realmente uma mulher. (Um cara alegou que ganhou trezentos dólares em uma das apresentações.)

Eu tinha uma forte lembrança de Bill na ponta dos pés e do traje de quem apostava em corridas no campo. Achei que minha memória estava me enganando e que ele segurava um cigarro (afinal, ele estava grávido), então perguntei a Sue sobre o personagem inesquecível que ela inventara havia mais de trinta anos. Qual foi o segredo para a criação dele? "[Como Bill] eu era superior a todas as mulheres na sala. Eu tinha uma atitude condescendente, e ficava feliz por ser gentil com as mulheres também."

"[A gravidez] foi duas vezes mais importante porque aconteceu com *ele*", ela lembrou. Bill não tinha tentado engravidar: ele falava sobre como entregaria a criança para aqueles que protestavam pelo "direito à vida" quando ela nascesse. Não conseguia acreditar que teria que visitar uma ginecologista.

"Não era um médico, era uma maldita mulher!" Sobre deitar na maca com as pernas afastadas, ele dizia: "Não há nada aqui [...] ela não olhou para mim uma única vez!". As mulheres na plateia *gargalhavam*.

> *Eu não vou ouvir uma aula sobre machismo e misoginia vinda desse homem. Não vou.*
> — Julia Gillard, a primeira mulher a se tornar primeira-ministra da Austrália, em resposta aos comentários no Parlamento do então líder da oposição (qual é o nome dele mesmo?), 2012

Por fim, encontrei uma foto de Bill na internet. O maldito está segurando um cigarro.

Um pouco mais tarde, na década de 1980, quatro mulheres interpretavam, na comédia de cabaré *The Natural Normans*, cantores bregas fazendo coreografias estereotipadas de *boy bands* adultas: cabelos penteados para trás, bigodes e cavanhaques feitos a lápis, lapelas enfeitadas com lantejoulas e postura que realçava seus genitais. Norman Denise Scott lembra:

Havia muito movimento com a pélvis e arrumávamos nossos genitais à vontade (embora eu nunca tenha feito isso), pés bem separados, jeito arrogante, mexendo a cabeça. De muitas maneiras, foi o enorme ego de *The Natural Normans* que fazia com que tivéssemos uma *vibe* masculina. Eu não fazia nada para esconder o fato de que tenho seios grandes e cabelos compridos. Não mudávamos nossas vozes para falar que nem homens.

Tal como aconteceu com Bill Rawlings, alguns membros da plateia estavam convencidos de que os artistas eram homens. Eles simplesmente não conseguiam processar a ideia de mulheres que não se comportavam da maneira que mulheres deviam se comportar.

"AS SUFRAGISTAS ERAM SENHORAS RICAS E RECATADAS COM CHAPÉUS GIGANTESCOS"

Bom, na verdade (você não odeia ouvir essa frase?), a União Cristã de Temperança da Mulher antiálcool e as organizações sufragistas afiliadas a ela eram conhecidas por destruir bares e gritarem com políticos. Seus pedidos educados, suas petições e seus protestos pacíficos foram totalmente ignorados ou ridicularizados pelos políticos e pela imprensa. As sufragistas — ativistas pelo direito de voto das mulheres, rebatizadas com o diminutivo *"suffragettes"* como forma de insulto — quebravam janelas com martelos, cometiam incêndios criminosos e danos criminais, atiravam pedras no primeiro-ministro britânico, eram alimentadas à força de forma brutal e torturadas durante greves de fome nas prisões e abusadas sexualmente por policiais e transeuntes homens durante suas manifestações.

Emily Wilding Davison, militante da União Social e Política das Mulheres na Inglaterra, desprezava até as táticas extremas aprovadas: ela foi assassinada em 1913 quando correu pela pista de corrida de Ascot com uma bandeira sufragista e foi pisoteada pelos cavalos. Emily obteve um diploma de primeira classe em Oxford, mas foi impedida de se formar porque era mulher.

O movimento sufragista e as ativistas da temperança entendiam que a luta por direitos e mudanças exigia sacrifícios e determinação. O que muitas não reconheciam era a hediondez de sua supremacia branca. Para outras pessoas do movimento, foi o começo da compreensão de que, para que o feminismo fosse real, ele deveria incluir todas as mulheres.

"Tome um espumante de morango, Dulcie, e não mencione nosso histórico de supremacistas brancas." Pôster da União Cristã de Temperança da Mulher dos anos 1950. (Arquivos da Universidade de Melbourne)

"ACOSTUME-SE A ESTAR EM PERIGO O TEMPO TODO"

Ao realizar uma busca nos arquivos do jornal *Trove* pelas palavras *meninas* e *perigo*, encontramos muitas correspondências: educação; flanela; hipnose; romances "ruins"; estupros se tiverem autorização para sair à noite (ou se ficarem em casa); "doença das virgens"; histeria; pouca moral; mães que permitem que alunas pequenas usem vestidos expondo os joelhos, passíveis de causar desejo nos homens e levá-los a atacar; coquetéis; homens que enrolam (não pedem em casamento) ou são atirados (assediadores); fotos de atrizes *pin-up* em vez de missionárias; falar com homens jovens em público; e mordidas acidentais de uma estola de raposa, o que pode ser fatal.

Uma estola de pele de raposa é feita com o cadáver taxidermizado do animal e usada como um lenço. Era um símbolo da

> É preciso ensinar às meninas que elas nunca devem ficar sozinhas com um menino ou um homem sem o conhecimento ou o consentimento da mãe.
> — Eulalia Richards, *The Ladies' Handbook of Home Treatment* [Manual de tratamento doméstico para mulheres]

respeitabilidade de classes sociais dos anos de 1930 aos anos de 1960.

"VOCÊ ESTÁ SEGURA EM CASA"

O que é seguido, é claro, pela ideia de que uma mulher que não se comporta de acordo com as regras — mesmo que as regras sejam erradas ou impossíveis de seguir — pode ser punida com abuso, controle e violência.

De acordo com a lei inglesa e a lei desenvolvida na América do Norte e em outras colônias, homens podiam bater na esposa, nos filhos, nos aprendizes e nos animais, ainda que causar a morte dessa forma não fosse bem-visto. A lealdade que uma mulher ou um servo devia a um homem significava que, se eles roubassem ou atacassem seu "mestre", a penalidade seria maior do que se a transgressão fosse infligida a um estranho.

As mulheres liberais — feministas da década de 1970 — criaram as primeiras casas de acolhimento para mulheres (se não contarmos os conventos medievais), lançaram campanhas publicitárias e pressionaram por mudanças legais. Antes disso, o abuso e a violência do parceiro eram motivo de piadas nos palcos, nas primeiras séries de televisão e nas tirinhas de jornais. A "violência doméstica" era considerada um estigma para a pessoa que era brutalizada; não se falava a respeito dela, e, quando os ferimentos eram visíveis demais para serem ignorados, referia-se a eles de maneira enigmática. "Bati com a cara na porta" era um eufemismo comum. Falar abertamente desse assunto foi algo revolucionário.

Qual é a lição que aprendemos com milhares de agressões relatadas por dia, e uma média de uma ou mais mulheres mortas a cada semana pelas mãos de seu parceiro ou seu ex-parceiro? As seguintes: "Se ele não bate em você, você é sortuda; e, se ele bate, você é sortuda por não morrer" e "Você não é importante o suficiente para de fato mudarmos isso".

Na Austrália, ao menos uma mulher por semana é assassinada por seu parceiro, ou pelo ex-parceiro de quem tentou fugir, e a maioria dos tribunais suburbanos dedica diversos dias da semana a casos de abuso e violência contra mulheres por parte de seus parceiros. Muitas mulheres vivem diariamente com medo e em situações de controle e coerção. Dizem-nos que o perigo estatístico é maior quando tentamos fugir para proteger a nós mesmas e aos nossos filhos. "Por que ela não fugiu?" Porque ele a ameaçou de morte, e aos filhos e/ou ao animal de estimação caso tentasse fugir. Mulheres podem literalmente ser mortas se o fizerem, e condenadas se não o fizerem.

Inquéritos após inquéritos chegam à conclusão que as mulheres precisam ter lugares mais seguros para ir, modos de forçar um parceiro a ir embora, ser mais protegidas pela lei e ter políticas e proteção policiais melhores; e escolas e campanhas de saúde pública precisam se concentrar em mudar a visão das pessoas a respeito da igualdade e do direito da mulher de comandar a própria vida sem medo.

As mulheres e seus aliados continuam lutando por programas melhores e mais formas de apoio para se sentirem mais seguras.

"VOCÊ ESTÁ SEGURA LÁ FORA"

Quando vão para casa à noite, os homens geralmente pensam em quanto tempo vão chegar lá e qual o melhor caminho. Sempre que saem à noite, as mulheres calculam possíveis riscos a cada vez que estacionam o carro, em cada ponto de ônibus, em cada rua que passam, com medo de serem atacadas, estupradas ou assassinadas. Elas tiram o salto alto, andam no meio da rua, seguram o chaveiro com as chaves para fora na mão, como uma arma, enquanto andam pelo estacionamento, e ficam ao telefone com um amigo enquanto caminham do ônibus para casa. Mulheres

Um retrato radical da violência familiar que dizia às mulheres que elas não estavam sozinhas. Mais recentemente, as mulheres pediram que imagens mais positivas da sobrevivência e força feminina fossem usadas para ilustrar artigos sobre abuso e violência. – Colleen Jones, Witchworks Posters, Wollongong Women's Centre, início dos anos 1980. (Museu de Artes e Ciências Aplicadas)

Elizabeth WYSE

Want to save my marriage

"OVER THE past few months my husband has hit me many times and hurt me far more than he knows. He works with his father and puts him first, before his family. He even hits our baby daughter for the slightest reason. I have been feeling so depressed lately I just don't know what to do. I am expecting our second child soon and love my husband in spite of everything and I do not want to make a mess of our marriage."

FIRST of all may I suggest that you do everything you can to avoid provoking this physical violence. I'm not saying you do, but simply asking, do you ever goad your husband? And are you tactful, no matter how boiling mad inside? If you still love him, I guess he also still loves you, and I don't think he really puts his father first. Don't look to him for emotional security. Look to yourself and your doctor. Have a good talk to him and ask him to help you cope in the months ahead. And show your husband you love him, make home as happy as possible, standing firm against the physical blows for yourself and your baby. Some things you can tolerate but others must not be tolerated. Remember, though, don't goad.

| 56 NEW IDEA, 29/1/72

Conselho indefensável da "tia agoniada" da revista *New Idea*, Elizabeth Wyse, para uma mulher cujo marido bateu nela e em sua bebê: "Demonstre para seu marido que você o ama, faça com que sua casa seja o lugar mais feliz do mundo", 1972. (Foto de David Johns)

que viajam a trabalho não saem para explorar o bairro e olhar as estrelas após o jantar em uma noite agradável. Quando vão correr, homens ouvem música alta e nunca olham para trás. Mulheres que têm o hábito de correr com frequência são alvo de gracinhas, propostas e são assediadas.

Homens não precisam pensar se é mais perigoso sair de um táxi um pouco antes para que o motorista não descubra seu endereço exato ou andar pelas ruas escuras. Homens têm medo de sentar no banco de trás do táxi e serem considerados esnobes. Mulheres têm medo de sentar no banco da frente de um táxi e serem assediadas pelo motorista. Mulheres são assassinadas em sua própria casa, no cemitério — ao visitar o local de descanso de seus parentes —, na rua, nas escadas de casa, em parques públicos, à beira de rios, ao lado de arranha-céus. Absorvemos a mensagem inegável: nenhum lugar é seguro. A polícia nos diz para não sairmos sozinhas. Dizemos às nossas filhas para ficarem juntas e não beberem muito. Estamos acostumadas a tentar chamar menos atenção quanto possível, sabendo que é impossível não chamar a atenção.

As mulheres foram afastadas de qualquer coisa que pudesse lhes dar mais independência: leitura, exercício, educação e "as ruas". Muitas meninas e mulheres corriam perigo em casa, meninas aborígenes e outras foram informadas de que haviam sido "retiradas" ou "levadas para serem cuidadas" porque corriam grande risco nas ruas. Muitas, então, passaram a ser abusadas com frequência em orfanatos, escolas técnicas, missões e "lares de meninas".

Um jornal antigo de Sydney, *The Australian Journal*, noticiou em 1848 que garotas consideradas "indecentes" que andavam pelas ruas sabiam que não podiam esperar ajuda dos respeitáveis colonos. Elas se juntaram para pagar o aluguel de uma menina que estava doente: "Essas pessoas marginalizadas, que não ganhavam quase nada e em quem homens costumavam pisar como se fossem inúteis [...] eram firmes em sua infinita bondade".

"AS MULHERES SÃO UM ALVO FÁCIL"

Mulheres têm sido alvo de assédio, comentários ofensivos e olhares no trabalho, e esperava-se que não falassem nada, antes de campanhas como a Time's Up e o movimento Me Too. Em 2019, os três principais partidos políticos estavam nas notícias por causa de denúncias de estupro e agressão contra funcionárias ou ex-funcionárias.

Em 2020, aconteceu mais uma vez. Na grande maioria das vezes, nada era feito a respeito, a não ser a promessa de que os casos seriam "investigados". Mulheres que faziam reportagens ao vivo eram agredidas e insultadas com gritos obscenos. O elo comum entre todas essas mulheres não é o que vestiam ou se os incidentes ficaram impunes. O que as ligava era o fato de que diziam não, de que eram submetidas a abusos e, na grande maioria dos casos, os perpetradores se safavam.

Em 2020, muitas mulheres contaram a jornalistas como receberam propostas indecentes e foram tocadas de forma imprópria pelo ex-juiz do Supremo Tribunal Dyson Heydon. A presidente do Supremo Tribunal, uma mulher, ordenou um inquérito independente e criou um caminho para denunciar tal comportamento. Nos relatórios, era dito que Heydon havia negado "veementemente" ou "enfaticamente" as acusações.

Exigências legais à parte, as ações das mulheres nunca recebem tais qualificativos por parte dos jornalistas, como "acusou bravamente" ou "relatou vigorosamente", mas eram com frequência denominadas "queixas", uma palavra que por si só já diminui o ato, em comparação com "relatou", "disse" ou ainda "acusou".

Mulheres em situações profissionais e representando seu trabalho são confrontadas com uma enxurrada de propostas e comentários inadequados a respeito de seu corpo, sua aparência e um provável interesse romântico. Homens costumam abordar mulheres em busca de sexo, em geral com mensagens diretas e por meio de sites profissionais de busca de emprego.

Mulheres que conheceram homens em aplicativos de namoro foram perseguidas e estupradas. Nós aprendemos que, no transporte público e no bar, devemos sorrir e dizer "obrigada, mas tenho namorado", porque dizer qualquer outra coisa, como "não estou interessada", pode resultar em uma enxurrada de insultos ou ameaças.

"INSULTOS E ATAQUES SÃO RAROS"

Um dos feitos mais importantes do movimento Me Too foi possibilitar ver a quantidade de homens chocados com o fato de que quase todas as meninas e mulheres já foram submetidas a algum insulto nas mídias sociais, assediadas publicamente, ameaçadas de forma velada, molestadas, agredidas ou estupradas.

É hora de meninas e mulheres compartilharem suas histórias, contarem a amigos, parceiros, irmãos e filhos: receber propostas indecentes não é um elogio, tampouco ter seu corpo enaltecido quando tudo o que você quer é chegar no trabalho, voltar para casa em segurança após a balada ou fazer seu serviço. O novo conselho para as mulheres é radical em comparação com o silêncio do passado: exponha.

"UM ESTUPRO NÃO ACONTECEU A MENOS QUE UM HOMEM DIGA QUE SIM"

Um livro jurídico inglês de 1655 chamado *The Country Justice* [A Justiça do País], de Michael Dalton, dizia que uma mulher não poderia conceber a menos que consentisse em fazer sexo, tornando a gravidez uma "prova" legal de que não havia ocorrido um estupro.

O estupro de crianças, na hierarquia católica atual, não é passível de denúncia se for mencionado em um pequeno espaço da Igreja católica chamado confessionário.

O estupro marital não se tornou um crime legalmente reconhecido em muitos países até o final do século XX. E, em muitos países, continua não sendo uma transgressão. Há lugares em que o estupro não é considerado crime se a mulher concordar em receber uma compensação monetária.

Nos anos de 1600, como observado pela historiadora Patricia Crawford, acreditava-se que as mulheres só concebiam caso tivessem gostado do sexo. Essa crença foi reaproveitada por alguns juízes e extremistas religiosos para propagar a mentira de que mulheres não podem ser estupradas a menos que estejam excitadas e não podem engravidar como resultado de um estupro. Essas crenças já foram desmentidas e são estúpidas e literalmente medievais.

"O ESTUPRO É CULPA SUA"

Ela estava bêbada? Estava na rua à noite? O que ela estava vestindo? As mulheres também foram informadas — por gerações de advogados de defesa e fofocas — de que o que vestem pode fazê-las ser alvo de assédio ou estupradas. Uma exposição de 2014, de Jen Brockman e Mary Wyandt-Hiebert, chamada *What Were You Wearing?* [O Que Você Estava Vestindo?], exibia roupas que diferentes mulheres estavam usando quando foram estupradas. A exposição incluía calças compridas e uma camisa de manga longa, um maiô de duas peças, um sári e um uniforme escolar.

Em 2015, após mais um estranho assassinar uma mulher, o chefe do esquadrão de homicídios, um homem de ideias vitorianas, aconselhou ao público: "Sugiro que as pessoas, principalmente as mulheres, não fiquem sozinhas nos parques". Depois acrescentou: "Lamento dizer que essa é a melhor solução".

A ministra da Mulher e Prevenção da Violência Familiar, Fiona Richardson, apontou que a intenção dele era proteger as mulheres, mas fez eco à reação da comunidade ao dizer que estava na hora de ele se concentrar em deter os infratores, e não apenas pedir às mulheres que parassem de viver suas vidas normalmente, trabalhando e se exercitando.

Quando uma mulher e seus três filhos foram queimados pelo ex-marido dela em Queensland em 2020, e morreram em decorrência disso, outro policial disse que a polícia manteria a "mente aberta" e investigaria se "o marido foi provocado até não aguentar mais". Após o alvoroço causado por sua declaração, ele se afastou da investigação, afirmando que ao prestar atenção no que dissera e ouvir seus comentários, se sentira "enojado" por pensar no possível efeito que suas palavras teriam em pessoas

O perigo dos vestidos curtos [...] Não é de admirar que meninas pequenas corram risco de serem atacadas [...] [O vestido] deve cobrir os joelhos.
— Artigo do jornal Adelaide Chronicle, 1924. Uma resposta recebida pelo editor concordava com a seguinte afirmação: "A beleza do rosto e das formas, junto com o desamparo e a submissão pelo medo, é o que torna uma criança vítima do desejo dos homens".

que sofreram violência familiar e marital, ou tiveram de lidar com as consequências disso.

Em 2019, o comissário assistente da polícia de Victoria, Luke Cornelius, quebrou a tradição em uma entrevista coletiva: ele se concentrou nos criminosos em vez de aconselhar as mulheres a restringirem sua liberdade de ir e vir. "O que acontece em nossa comunidade que permite que alguns homens pensem que ainda é correto atacar mulheres ou forçá-las a fazer o que eles querem? A violência contra as mulheres está totalmente relacionada com o comportamento dos homens [...] essas atitudes contra as mulheres precisam mudar."

Na Austrália, as campanhas se concentram em não dizer o nome dos perpetradores e usar o nome das mulheres que foram assassinadas. Jane Gilmore (@janetribune) usa o Twitter para corrigir manchetes antimulheres e anticrianças e relatos de violência e estupro com a hashtag *#fixedit*. "Homem teve caso com estudante", por exemplo, passaria a ser "Homem explorou e estuprou criança".

"GAROTA É UM INSULTO"

Insultos usados contra homens para acusá-los de serem parecidos com mulheres incluem afeminado, maricas, fazer algo "como uma menina" ou se comportar "como uma velha". Embora a etimologia seja complicada, gírias para os genitais femininos e para acusar alguém de ser covarde são as mesmas, como a palavra *pussy* [vagina] em inglês.

Elogios nunca dirigidos a homens incluem: "Você não é apenas um rostinho bonito", "Nada mau para uma mulher" e "Você não joga como uma garota". Não há equivalente feminino de *uxorious* — palavra que designa alguém bastante afetuoso com a esposa.

Slut era originalmente a denominação para uma criada humilde, e então passou a significar desarrumada e desleixada. "*Broad*" foi originalmente usado nos Estados Unidos para se referir a prostitutas, que ficavam vagando pelas ruas, e depois passou a ser uma palavra desrespeitosa para as mulheres (e provavelmente fez com que a modalidade de salto olímpico mudasse de nome no inglês, indo de *olympic broad jump* para *long jump*). É um termo tão antigo agora, que perdeu muito de sua força e foi reivindicado a nosso favor, assim como "*bitch*", que hoje é o nome de um site e de uma revista feminista.

Talvez um dos insultos mais relacionados apenas a mulheres seja: "Ela está muito largada". Na realidade, ela deixou de se arrumar para agradar aos outros. Não se incomoda em usar maquiagem. Não está mais toda apertada e enrolada em roupas chiques. Não conduz mais sua vida de acordo com regras que não se aplicam aos homens. Ela está livre.

É claro que, se ela *não* está largada, é vaidosa demais e digna de pena — como se achasse que virou adolescente. Não ia deixar você achar que quase escapamos ilesas dessa.

"Não é adequado que damas demonstrem raiva." Bom, se conseguiu ler este capítulo sem sentir uma raiva justificada, você não é uma dama — você está fora da realidade, amiga.

Veja, Sylvia pegou o revólver de novo. Os internatos ingleses para meninas eram o ambiente dos livros de aventura para adolescentes após a Segunda Guerra Mundial, *Cole's Great Girls' Book*, 1950. (Biblioteca Nacional da Austrália)

OS INSULTOS MAIS ABSURDOS (E COMUNS!) DITOS ÀS MULHERES

AQUI ESTÃO ALGUMAS PALAVRAS USADAS ESPECIFICAMENTE PARA insultar, silenciar, classificar ou intimidar mulheres ao longo de algumas centenas de anos.

Fácil, Sem graça, Arrogante, Cadela, Novinha, Papa-anjo, Vulgar, Desastrada, Convencida, Prostituta, A outra, Incapaz, Ninfeta, Pegadora, Perdida, Madame, Provocante, Baranga, Safada, Cara de poucos amigos, Selvagem, Cretina, Invocada, Histérica, Enganadora, Frígida, Cabeça de vento, Solteirona, Feminazi, Masculinizada, Sem-vergonha, obscena, Guerreira, Instável, Loira burra, Concubina, Matriarca, Gata, Peluda, Barraqueira, Bruxa, Puta, Exigente, Maria-chuteira, Excluída, Fofoqueira, Grudenta, Grosseira, Promíscua, Escandalosa, Malvestida, Biscate, Doida, Indecente, Mãezona, Imoral, Brinquedo sexual, Esposa-troféu, Submissa, Rodada, Megera, Peituda, Infantil, Desorientada, Impostora, Malcomida, Mandona, Maníaca, Magrela, Gorda, Lerda, Mal-amada, Mulher-macho, Fresca, Horrorosa, Bocuda, Malvada, Descontrolada, Relaxada, Égua, Caça-homem, Desocupada, Balzaca, Desagradável, Manipuladora, Meretriz, Dada, Desleixada, Dona de casa, Incompetente, Barbie, Feia, Bujão, Interesseira, Mulherzinha, Careta, Louca, Sonsa, Emocionada, Amadora, Panela velha, Nem parece mulher, Avarenta, Gostosa, Estraga-prazeres, Briguenta, Cachorra, Menininha, Piranha, Sabichona, Amante, Impertinente, Boba, Vadia, Cheia de si, Cheia de opiniões

SUA SAÚDE NÃO IMPORTA

2

COMO VOCÊ BEM SABE, É DEVER DA MULHER SER SAUDÁVEL PARA que possa ter mais filhos, ou ser mais atraente. Fomos ajudadas nessa nobre causa por médicos que queimaram vapores perto de nossa vulva para tentar fazer o útero se expandir em nosso corpo e, mais recentemente, por modelos que nos vendem "elixires de bem-estar" que mais parecem grama cortada e têm gosto semelhante, e é provável que tenham o mesmo efeito em sua saúde que consumir grama cortada, ainda que com certeza não sejam grama cortada. Um salve para a advogada da editora.

Tradicionalmente, as mulheres são responsabilizadas pela saúde da família, mesmo quando ouvem dizer que colocar alho em uma meia pode ajudar a curar um resfriado (não ajuda). Nos disseram que nossos problemas de saúde são: a) imaginários; ou b) causados por nosso corpo defeituoso, que é uma versão com falha de fabricação do corpo dos homens.

Tivemos muitas vitórias. Vacinas. Antibióticos. Anestésicos que não matam pessoas por acidente na metade dos casos. Conhecimento obstétrico. Mulheres que anteriormente teriam sido diagnosticadas com, digamos, histeria ou um "útero errante" agora têm muito mais probabilidade de serem diagnosticadas com histeria *e* endometriose.

Quando um novo medicamento é inventado e são feitos diversos estudos e revisões para que ele seja liberado, a prescrição médica muda imediatamente. Mas, e se a medicação não for devidamente testada em mulheres? E se houver uma forma não medicinal de tratar que seja mais barata e tenha um efeito melhor? E se um dispositivo que deve ser implantado for vendido em larga escala para médicos de mulheres, mesmo quando as evidências demonstram que ele pode causar problemas?

Desde que muitas das informações que as mulheres têm são passadas por suas avós, mães e trocadas na internet, com frequência leva-se muito tempo para que uma mudança real ocorra. As pessoas ainda aconselham "remédios" homeopáticos, ainda que não andem em velocípedes, apesar de ambos serem da mesma era. Os velocípedes podem funcionar quando nas condições certas, mas a homeopatia não. (Há outros perigos. Espere até você ouvir falar do "rosto de bicicleta".)[1]

"SEU CORPO É ESTRANHO"

Muitos corpos de mulheres não se comportam da forma adequada. Sem ajuda médica, milhões de mulheres terão distúrbios menstruais, dores e cânceres ginecológicos, morrerão no parto ou logo após devido a infecções e lesões.

A razão para isso, de acordo com médicos e filósofos durante séculos, não era que os médicos não soubessem o que fazer a respeito. Não. Era porque os corpos das mulheres eram estranhos e inferiores. Apenas os homens eram inteligentes e lógicos o suficiente para entender a ciência e a razão, dizia-se, o que era irônico, já que a ciência era muitas vezes baseada em opiniões malucas e a "razão" dos "filósofos eruditos" podia facilmente levar o título de "coisas que inventei e anotei enquanto outra pessoa lavava minhas roupas".

Os princípios subjacentes da medicina se resumiam a isto: as mulheres são naturalmente fracas e com pouca saúde. Isso foi posteriormente modificado para incluir: o.k., precisamos de alguém para fazer todo o trabalho doméstico pesado, então

---

1 (N. T.) Doença inventada por homens no século XIX para impedir mulheres de andar de bicicleta.

vamos dizer que mulheres não brancas são muito mais fortes; e, credo, tem coisas saindo da vagina delas, o que *é* aquilo, deve ser uma doença. Obrigado, matrona, *devo* tomar um copo de xerez.

"SEU ÚTERO É ERRANTE"

As mulheres foram informadas durante séculos de que seu útero vagava por seu corpo, causando mudanças de personalidade e doenças físicas. Platão, um grande ridículo, disse que o útero era uma espécie de animal que se movia em diferentes partes do corpo, o que poderia causar asfixia. A "cura", geralmente apontada, era casar e/ou engravidar.

As teorias do útero errante são agora um erro tão conhecido que se tornaram um clichê para se referir à falta de noção médica e à misoginia.

Hipócrates, um homem louco, escreveu em 440 a.C. que, para o "deslocamento do útero", a mulher deveria comer o máximo de alho que conseguisse, para fazer com que o útero "defumasse" — soltando vapores fétidos de ervas em sua vagina (suponho que fosse patchouli), a fim de dizer ao útero para se afastar do fígado —, e usar pessários perfumados. Se ficasse menstruada, devia parar de usar os pessários. Se não o fizesse, teria que "fazer uma bebida contendo quatro besouros-soldados sem pernas, asas e cabeça, quatro sementes de peônia escura, ovos chocos e um pouco de semente de salsa em vinho". Enquanto médicos diziam que o útero era como um animal que vagava, Hipócrates afirmava que o útero vagava porque estava à procura de sêmen, o que era *o suficiente* vindo dele.

Os médicos que faziam dissecações nos anos de 1400 a 1500 perceberam que era fisicamente impossível para um útero passear e se alojar em seu esterno, ou no seu cotovelo, porque ele era mantido no lugar por ligamentos e outros órgãos e *não tinha pernas*. Mas não importava, disseram alguns médicos durante séculos depois disso, a teoria do útero errante parece certa, então vamos mantê-la do jeito que é.

Os primeiros médicos culpavam o útero fugitivo pela anemia, pela "histeria", pela menstruação intensa, pela ausência de menstruação, por tudo. Eles eram muito parecidos com a Gwyneth

Um cinto com um acessório de copo usado na vagina para conter um prolapso uterino não causado por saltos de esqui. Do catálogo *The Wife's Guide and Friend* [O guia e amigo da mulher], 1898. (Biblioteca Nacional da Austrália)

Paltrow em sua atração pela ideia da vagina vaporizada. Naquela época, alguns colocavam cocô de animal ou humano na vagina, ou aplicavam um atiçador em brasa no colo do útero e sangues-sugas na vulva para atrair o útero de volta à sua posição correta.

Sem qualquer evidência, em 1900, os médicos ainda diziam que o esporte, o exercício e a dança poderiam causar a movimentação do útero. A verdadeira condição médica do prolapso — quando parte do útero desce para o espaço vaginal — está associada a um histórico de gravidezes e partos e alterações hormonais pós-menopausa, que podem enfraquecer os músculos e os ligamentos da pélvis. Os médicos não disseram às mulheres que poderiam prevenir o prolapso ao evitar a gravidez.

O presidente da Federação Internacional de Esqui explicou em 2005, que as mulheres foram proibidas de competir porque seu "útero poderia estourar ao aterrissarem". Ele então explicou que as mulheres não eram muito boas em saltos de esqui. A primeira vez que mulheres praticantes de esqui foram autorizadas a competir nas Olimpíadas foi em 2014. Os homens começaram em 1924 porque eram muito menos explosivos.

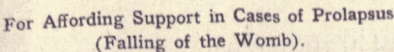

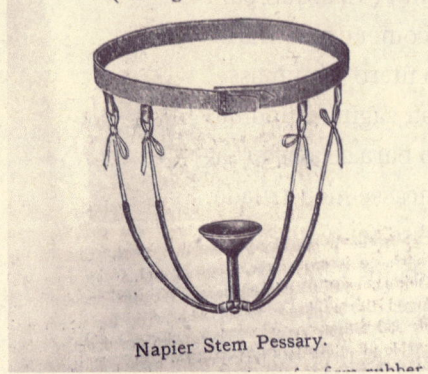

"VOCÊ ESTÁ HISTÉRICA"

A histeria ainda é um insulto quase exclusivamente dirigido às mulheres. As palavras "histeria" e "útero" vêm da língua grega. Por centenas de anos até meados do século XX, foi um diagnóstico médico oficial tratado com procedimentos torturantes e inúteis, para supostamente "curar" as mulheres.

Os sintomas atribuídos à histeria incluíam desejo sexual, dormência, evidência de possessão demoníaca, melancolia, ataque de nervos, ansiedade, mania, imaginação e psicose. Outras manifestações histéricas são hoje diagnosticadas como tétano, convulsões, anemia e fúria.

O dicionário de 1755 de Samuel Johnson definiu "histeria" como "ataques que acometem mulheres, supostamente decorrentes de distúrbios do útero", e citou um médico que achava que os úteros peidavam: "Muitas mulheres histéricas são sensíveis ao vento que vem do útero".

As mulheres diagnosticadas com histeria no século XIX e início do século XX foram instruídas a se submeter a cirurgias experimentais, prejudiciais e perigosas sem seu consenso: muitas vezes nem sequer foi pedido o consentimento delas. Homens com os mesmos sintomas mentais não foram diagnosticados com histeria, e seus testículos não foram considerados a causa.

Algumas mulheres com doenças mentais foram submetidas a operações de risco, incluindo histerectomias (retirada do útero), ooforectomias (remoção do ovário) e clitoridectomias (sim). Levavam meses para se recuperarem, se não morressem de infecção — e muitas morreram assim. Caso semelhante é o das primeiras cesarianas e cirurgias de cauterização do colo do útero: nas primeiras décadas ou mesmo centenas de anos em que foram realizadas, todas as mulheres morreram, depois a maioria das mulheres morreu, depois algumas mulheres morreram. O que nenhuma operação jamais fez foi curar alguém da "histeria".

Freud, o famoso e velho psicólogo do século XX, que não tinha nada para fazer além de fumar cigarro, inventou suas próprias teorias sobre a histeria, que disse ser causada por vários traumas passados, pela inveja do pênis, por não gostar de sexo o suficiente ou não ser casada o suficiente.

Finalmente, "histérica" tornou-se um insulto usado para repreender mulheres que estavam com raiva ou tentando ser ouvidas. Você ainda pode ouvir esse insulto ser proferido nos estranhos *panel shows* de atualidades ou quando um homem está tentando fazer uma mulher calar a boca no Parlamento.

> HYSTERIA is a disease due to a deranged state of the nervous system, affecting women in easy circumstances and torpid habits. It differs from Epilepsy, there being no insensibility, the patient falling not heedlessly but in some comfortable place. Frequently the disease exists only in the mind of the patient. Occasionally terrible pain is complained of. The shin bones are supposed to be diseased, but on examination are found to be healthy and well. The best remedies are plenty of fresh air, good food, exercise, and a dose of Sal Volatile or Red Lavender during a fit.
> This disease is much more frequent in single than married ladies. The bowels and menstrual functions should be carefully attended to and a cold or tepid bath taken every morning.
> Faulding's Quinine and Iron Tonic may be given to brace up the system and improve the general health.

Uma definição do *Medical Dictionary* de Faulding, 1891. Peço desculpas pela sombra da câmera do meu celular – acho que você descobrirá que foi causada pelo meu útero. (Biblioteca Nacional da Austrália)

O que quer que um grupo superior tenha será usado para justificar sua superioridade, e tudo o que um grupo inferior tiver será usado para justificar sua inferioridade.
— Gloria Steinem, 1983

"VOCÊ É UM SISTEMA REPRODUTIVO AMBULANTE"

O,k., só para constar: não gosto das expressões "sistema reprodutivo" ou "saúde reprodutiva" porque nem toda mulher quer usar seus órgãos para se reproduzir, ou, mesmo que queira, pode ser que não consiga — e "reproduzir" é uma forma estranha de se referir a ter filhos, como se fôssemos pequenos robôs criando versões novas de nós mesmas. Então, dizer "órgãos reprodutivos" soa um pouco presunçoso.

Uma outra questão que precisa ser dita é que esse é um ótimo momento para mencionarmos que mulheres trans (olá, e bem-vindas!) não têm úteros, nem algumas outras mulheres, devido a peculiaridades médicas.

Chamar úteros, ovários e o resto da coisa toda de "órgãos femininos" soa como órgãos de igreja gigantes baseados em gênero (pausa para um acorde dramático). Bem, de qualquer forma, vou tentar evitar dizer "reprodutivo", mas ainda vamos passar um tempo visitando a Terra do Útero, então prepare uma bebida e vamos lá.

"SUA VAGINA É REPULSIVA"

Palavras decepcionantes como corrimento e leucorreia têm sido usadas pelos médicos para descrever as lubrificações da vagina, que acompanham as variações do ciclo hormonal e nos protegem de infecções.

A vagina é um pudim que produz seu próprio caldo e nunca precisa de limpeza interna ou ducha. Há uma infecção que causa um corrimento diferente ou malcheiroso, ou um "crescimento bacteriano excessivo", nome deselegante para algo que pode ser causado por uma queda nos níveis de estrogênio após a menopausa: vá ao médico para obter a medicação correta.

Eu não consigo mensurar quantas garotas ficam aliviadas ao lerem meus livros e descobrirem que aquela "coisa branca" que pode secar na calcinha e ficar amarelada é completamente normal. São poucos os pais que mencionam isso na "conversa sobre menstruação" ou transmitem informações sobre o que mais a vagina faz no resto do mês.

Do final dos anos de 1800 até o final dos anos de 1920, o *The Wife's Guide and Friend* [O guia e amigo da mulher], e muitos outros livros de medicina e conselhos sobre cuidados caseiros, dizia às mulheres que isso era uma doença e que deveriam esguichar ou bombear água em sua vagina todos os dias, ou durante certos períodos. Os habituais banhos e emplastros frios (ou quentes, ou mornos) também eram prescritos.

O fluido vaginal normal era visto como um sintoma ou uma causa de doenças, incluindo histeria, "distúrbios uterinos", problemas respiratórios e exaustão. Na década de 1930, o livro bastante assustador de Thomas Faulkner para mulheres casadas dizia que esse fluido era causado por vermes na vagina, ou por excitação sexual, espartilhos, sentar no chão frio e aborto.

A mente dá um nó só de pensar em quantas meninas se atormentaram em um silêncio vergonhoso, preocupadas com algo normal que acontece com todo mundo.

As empresas que vendem "absorventes" e "produtos de higiene feminina" ou objetos de limpeza e supositórios, cujos slogans incluem palavras como *frescor,* operam no medo comum de que as vaginas tenham cheiro desagradável. Os produtos de "higiene" vaginais são duchas e sprays de perfume: não fazem nada de útil e são uma causa comum de coceiras, erupções cutâneas e reações alérgicas nas vulvas e vaginas. Especialmente preocupantes são os esguichos e produtos de ducha anunciados e promovidos para uso pós-parto: até que o colo do útero se feche por completo após o parto, o que pode levar cerca de seis semanas, esses produtos representam um grande risco de infecções.

Não há nada tão capitalista, explorador e misógino quanto vender às mulheres um produto cosmético que não funciona, não é necessário e pode ser prejudicial para uma parte invisível do corpo delas. Eu achava que máscaras de esfoliação para a bunda eram absurdas o suficiente, mas falhei em prever o produto "antirrugas" que um empresário lançou para ser aplicado *no interior da vagina.*

"A SABEDORIA ANTIGA É SEMPRE MELHOR"

Remédios à base de ervas e orações — também conhecidos como poções e feitiços — foram as primeiras armas das mulheres na batalha pela própria saúde e pela saúde de suas famílias. Até que surgissem as práticas de higiene relativamente recentes, as vacinas, os antibióticos e as pesquisas médicas, a sobrevivência dependia em grande parte da sorte. As mulheres eram as boticárias e parteiras de suas famílias e de suas aldeias, e transmitiam seu conhecimento. Sem uma cultura escrita, o conhecimento indígena e colonial ao redor do mundo era baseado no "boca a boca", em canções, rimas e até histórias e danças — que, sabemos agora, é a rota mais eficiente de conhecimento, pois ativa as áreas certas do cérebro para aguçar a memória.

Foram inventados remédios para tudo, desde feridas de batalha até problemas de saúde mental, incluindo "água melancólica" e "água histérica". As poções se tornaram tônicos e pílulas no século XIX, e mais tarde se transformaram, no século XX, em prescrições de antidepressivos, álcool e anfetaminas vendidas para mulheres.

As mulheres usavam argila da praia ou um banho no deserto para interromper o fluxo sanguíneo de uma ferida, uma parteira sênior era capaz de "virar" o bebê antes do nascimento, um dente de alho no buraco do dente ajudava a diminuir a dor. Elas fizeram o melhor que podiam, e, coitadas, esse melhor era, muitas vezes, terrível.

Quase todas as receitas de remédios ou tratamentos sugeridos em livros de limpeza e medicina caseira produzidos até a década de 1970 são inúteis, perigosos ou prejudiciais. Os médicos buscavam combater as herboristas e parteiras da cidade, além de qualquer pessoa que conhecesse as propriedades de cascas e folhas, mas seus tratamentos também não eram úteis; muitas vezes, eram mais perigosos, por serem mais invasivos e enfeitados. Os medicamentos continham ópio e veneno destilados, como mercúrio e arsênico.

Até recentemente, era costume, em todas as sociedades, que as pessoas doentes fossem tratadas em casa por suas mães ou esposas, a não ser que um médico pudesse ir até lá. As mulheres recebiam instruções para fazer primeiros socorros, quarentenas e tratamentos para doenças infecciosas. A *Household Encyclopaedia* [A Enciclopédia da Doméstica] da década de 1950, editada por W. H. Steer, diz que as queimaduras devem ser cobertas com vaselina ou amido em pó e ácido bórico, e sugere perfurar as bolhas e dar ao paciente uma bebida de aguardente forte. Tudo errado. As mulheres eram culpadas quando seus filhos contraíam doenças infecciosas: um "calafrio" causava herpes-zóster e elas eram repreendidas, mesmo após ter sido descoberta a conexão da doença com o vírus da catapora.

Receitas medievais, assim como as modernas *faça você mesma*, se baseiam em ingredientes comuns para pessoas ordinárias e ingredientes chiques para pessoas ricas. O alho é recomendado como cura para tudo, desde coqueluche até candidíase vaginal, não porque funciona, mas por ser fácil de ser obtido.

O que você acha do título desse livro de receitas médicas do início dos anos de 1600? *The English Hus-Wife Containing the Inward and Outward Virtues Which Ought to Be in a Complete Woman; As Her Skill in Physike, Cookery, Banqueting-Stuffe, Distillation, Perfumes, Wooll, Hemp, Flax, Dayries, Brewing, Baking, and All Other Things Belonging to an Houshauld* [A esposa e dona de casa inglesa que possui as virtudes internas e externas necessárias para ser uma mulher completa; como a habilidade em física, culinária, preparação de banquetes, destilação, perfumes, lã, cânhamo, linho, remédios, fermentação, assamento e todas as outras coisas que pertencem a um lar], escrito por Gervase Markham. (A única coisa maior do que o título do livro de um cara medieval era seu ego.)

Ele disse às mulheres que usassem a "urina de um filho homem" para fazer remédios, acrescentando "leite novo de uma vaca vermelha", açafrão (amarelo) para icterícia (porque "semelhante cura semelhante", lembre-se do princípio da homeopatia), e uma flor específica para problemas oculares.

Há fóruns on-line que ainda recomendam usar a tinta dessa planta para tratar de problemas oculares, sem saber que ela era originalmente usada apenas porque cada flor tem uma mancha preta no meio que fazia com que as pessoas pensassem na pupila do olho.

As mulheres foram as primeiras químicas. Elas destilavam e experimentavam e transmitiam suas pesquisas por meio de receitas. Os mais ricos tinham empregados para recolher e comprar coisas, e uma cozinha onde podiam ferver coisas — "queimadura de fogo e borbulhas do caldeirão", como diziam as bruxas de *Macbeth*, ocupadas com filé de cobra que viviam em fendas e olho de salamandra. O que soa mais como uma receita dada às mulheres daquela época para curar a tosse do que como uma maldição.

O maravilhoso livro de Lucy Moore, *Lady Fanshawe's Receipt Book* [Livro de receitas de Lady Fanshawe] é um livro manuscrito de recortes de remédios e receitas culinárias de Lady Fanshawe na Inglaterra dos anos de 1600. Um dos amigos de Lady Fanshawe era o maluco Sir Kenelm Digby, cuja cura para feridas exigia trazer a arma que causara a ferida (por exemplo, uma espada) para ser tratada com uma variedade de ervas, incluindo musgo do crânio de um homem retirado de sua sepultura, e talvez cocô de animal. A ferida da pessoa não chegava nem a ser tocada. Sir Kenelm também explicou que as cracas cresciam e se tornavam aves marinhas, voando para longe. Um gênio.

Lady Fanshawe copiou a versão que ele criara de um remédio que curava tudo chamado "pó de Gascoigne", que, para sua confecção, exigia pérolas pulverizadas, ervas, garras de caranguejo e partes de víboras.

A condessa de Kent, Elizabeth Grey, tinha um para curar "sífilis, varíola, sarampo, peste, infecções, febres malignas ou escarlatina" e "melancolia" em seu livro de receitas que foi impresso em 1664, quase quinze anos após sua morte, como um "manual" de "segredos raros da física e da cirurgia". Também tinha uma receita para fazer pirulitos.

"MÉDICOS SÃO HOMENS"

Mulheres herboristas não podiam frequentar a faculdade de medicina, ainda que suas famílias tivessem dinheiro para pagar as mensalidades. Os médicos eram assassinos que espalhavam infecções pós-parto fatais por não lavarem as mãos entre um parto e outro, além de usarem cocô em emplastros e pessários. Os principais tratamentos eram, em grande parte, expulsivos: sangria terapêutica, causando diarreia ou vômito. Muitas vezes, eles continuavam fazendo a mesma coisa (às vezes, de forma simultânea) até que o paciente melhorasse de forma milagrosa ou morresse em um ato de misericórdia.

Centenas de anos atrás, os cirurgiões estavam nas mesmas associações sindicais que barbeiros e outros profissionais que usavam tesouras e navalhas como ferramentas de trabalho. Com a ajuda de legisladores de sua própria classe e das igrejas (que queriam mais almas e suspeitavam que parteiras ajudavam a fazer abortos e registravam bebês em religiões rivais), os médicos conseguiram afastá-las do atendimento a gestantes e partos.

Existem treze faculdades de medicina especializadas na Austrália. Mais da metade tem um presidente chamado John ou Mark. Nenhum presidente é uma mulher.
— Karen Williams, 2020, no Twitter

Muitas de nós assumem que os médicos são homens e as mulheres, enfermeiras; que os homens devem estar no comando e as mulheres, assisti-los. Médicas e cirurgiãs realizaram campanhas com fotos nas redes sociais para tentar combater tais suposições, com a *hashtag* #whatadoctorlookslike.

Muitos termos médicos que refletem o patriarcado têm sido questionados ou deixados de lado. Não vou nem começar a falar nos termos de marketing criados para dar nome aos procedimentos de cirurgia plástica que exploram os medos e a repressão das mulheres: "realçar os seios", "reparar o hímen", "rejuvenescimento vaginal" e "ponto do marido".

Outros termos médicos censuráveis incluem a noção de pacientes "não compatíveis" e condições com nomes como "incompetência cervical" e "falha na progressão" no trabalho de parto.

Além disso, médicos têm concordado em usar outros nomes para partes do corpo feminino que médicos homens batizaram com seus nomes: saco de Douglas (septo retovaginal, apesar de que *vou* continuar sugerindo que o nome seja Bolsa Lateral de Mavis) e trompas de Falópio (tubas uterinas). Isso também vale para os diferentes fórceps usados no parto, que receberam nomes de homens, e o papanicolau (teste de triagem cervical).

O teste foi batizado em homenagem a Georgios Papanicolaou, que ocultou as contribuições de duas mulheres essenciais para a pesquisa do câncer de colo do útero. Henrietta Lacks era uma paciente afro-americana que, em 1951, tinha câncer cervical, cujas células foram retiradas e usadas sem permissão como base de análise de culturas celulares "imortais" usadas para pesquisa biomédica. A esposa do dr. Papanicolaou, Mary Adromachi, submeteu-se a esfregaços vaginais e cervicais diários por 21 *anos* para ajudar na pesquisa "dele".

Antes da revolucionária vacinação contra o HPV (papilomavírus humano), os programas de triagem que faziam uso de papanicolau eram a principal forma de prevenção da progressão do câncer de colo do útero, informando quando as mulheres precisavam de tratamento e reduzindo a taxa de mortalidade em 80%. Em países onde não há serviço de rastreamento organizado ou vacinação de rotina contra o HPV, a taxa de mortalidade feminina por câncer de colo do útero ainda é alta.

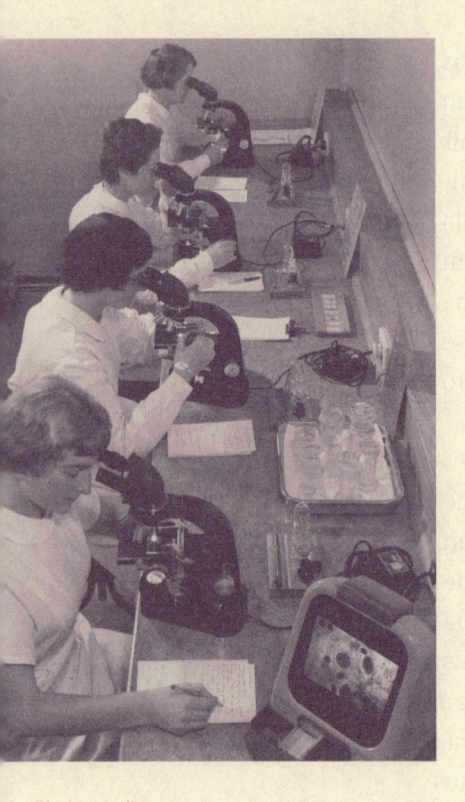

Técnicas analisam os primeiros exames de papanicolau no Royal Women's Hospital de Melbourne, 1959. De cima para baixo: Betty East, Ellen Rothbart, Pat Archer e Sandra Searle. (Biblioteca Nacional da Austrália)

"SEU MÉDICO MANDA EM VOCÊ"

A geração da minha avó usava a seguinte frase surpreendente: "Estou seguindo a orientação do médico", o que significava consultar um médico e ouvir as ordens do que fazer. Os médicos eram vistos como uma espécie de deus. Obter uma segunda opinião era considerado absurdo, pois poderia ofender o médico, de modo que a edição do final da década de 1920 do *Ward Locke's Etiquette for Ladies* [O Guia de Etiqueta para Damas] fornecia cartas-modelo delicadamente redigidas para enviar ao médico (quase sempre um homem) para informá-lo.

Há anos as mulheres se sentem desprezadas e menosprezadas pelos médicos. Minha mãe, junto com milhões de outras mulheres ao redor do mundo, foi informada por um obstetra de que seu "enjoo matinal" — náusea causada pela gravidez — era fruto de sua imaginação; outras foram informadas de que isso era uma manifestação de seu inconsciente para mostrar que, no fundo, elas não queriam estar grávidas. Agora, sabemos com certeza que está relacionado a níveis de hormônios específicos na gravidez.

Muitas mulheres aprenderam a não confiar nos médicos, devido à filosofia pessoal, ao comportamento inescrupuloso de algumas empresas farmacêuticas e ao histórico de misoginia, racismo e experimentação na indústria médica, e pelo fato de alguns médicos ignorarem a dor feminina (fora isso, eles têm sido ótimos). Mudanças de atitude e um muito bem-vindo *tsunami* de mulheres médicas assumindo postos de importância na medicina têm mudado as coisas.

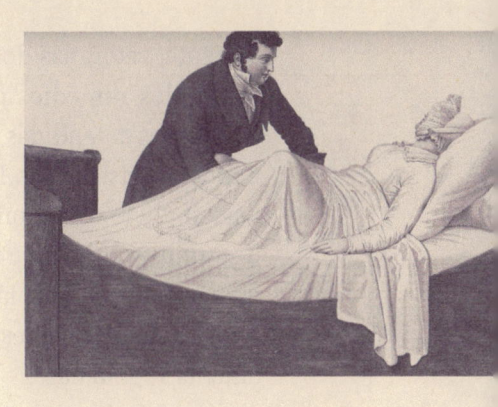

Parabéns por manter a touca na cabeça, madame. Em algumas partes do mundo, médicos homens ainda não podem examinar uma mulher. (*Manual de obstetrícia de Maygrier*, 1822)

"ESCOLHA UM LADO: CIÊNCIA *VERSUS* CONHECIMENTO DAS MULHERES"

Cansadas de médicos arrogantes, feministas ao estilo dos anos de 1970, educadas à base de livros como *Our Bodies, Ourselves* [Nossos corpos, nós mesmas] do Boston Women's Health Book Collective, rejeitaram a medicina dominada pelos homens e se converteram à medicina "natural". Mais recen-

Uma paciente olha feio, com razão, para o médico do patriarcado, *The Ladies' Handbook of Home Treatment* [Manual de tratamento doméstico para mulheres], escrito por Eulalia Richards, edição de 1956.

temente, veteranas do coletivo passaram para o lado da "nova era" e dos remédios populares contra a ciência baseada em evidências defendidas por uma nova onda de mulheres médicas e ginecologistas. Não há evidências de que colocar iogurte na vagina alivie os sintomas de candidíase ou de que beber suco de *cranberry* seja uma forma melhor de curar infecções do trato urinário do que um placebo. Infelizmente, ainda que o conselho de "se defender e questionar tudo" continue sendo útil, colocar alho na vagina não é.

Um histórico dos serviços de saúde da mulher no oeste de Melbourne, feito por Esther Singer em 2009, relembrou as décadas em que as mulheres ouviam que tinham o direito de assumir o controle e a responsabilidade de sua própria saúde, de "encontrar médicos que escutavam", de saber o que perguntar e entender que tinham o direito de dizer não.

"SUA DOR NÃO IMPORTA"

Da mesma forma que os médicos costumavam acreditar que bebês não podiam sentir dor e não precisavam de anestesia, as mulheres foram rotineiramente aconselhadas a entender que não estavam sentindo dor, e levadas a acreditar que precisavam menos de analgésicos do que os homens. Em média, as mulheres esperam mais tempo do que os homens no hospital quando buscam alívio para a dor, e têm menos chances de receberem as mesmas prescrições médicas. Dores que indicam um ataque cardíaco são menos diagnosticadas em mulheres do que em homens. Um respeitável estudo norte-americano descobriu que as mulheres têm sete vezes mais chances de receber alta enquanto sofrem um ataque cardíaco porque os sintomas masculinos são o padrão a ser constatado nesse tipo de emergência.

Filosofias como "nosso corpo, nós mesmas" ainda sustentam alguns dos princípios feministas da saúde "faça você mesma".

No momento em que escrevo isto, as principais organizações que listam os sintomas de ataque cardíaco têm conselhos diferentes. Uma australiana diz que a terceira "principal conclusão" é que os sintomas de ataque cardíaco nas mulheres podem ser falta de ar, náusea e dor no braço e na mandíbula — podendo ou não sentir dor no peito e no coração. Um site dos Estados Unidos acrescenta que os sintomas de ataque cardíaco nas mulheres podem incluir fadiga, suores frios, bem como dores no pescoço, nas costas e no estômago.

Mais recentemente, muitas mulheres publicaram livros sobre suas próprias dores e experiências com a profissão médica, e como isso está de acordo com a forma como as mulheres têm sido historicamente tratadas pelos médicos. Estamos muito atrasados em pesquisas sobre endometriose, doenças autoimunes e esclerose múltipla, por exemplo, porque todas foram descartadas como doenças "psicossomáticas" ou frutos da imaginação de mulheres.

Eu me lembro de quando descobri por que minha dor era chamada de "idiopática", o que parecia assustador. Significa apenas que a causa dela era desconhecida. (No fim, era endometriose.)

"SEUS DADOS DE PESQUISA NÃO SÃO IMPORTANTES"

Caroline Criado Perez publicou o envolvente e enfurecedor *Mulheres invisíveis: o viés dos dados em um mundo projetado para homens*, em 2019. Ela pergunta por que as mulheres especialistas não são citadas ou entrevistadas com frequência, por que produtos cotidianos, como medicamentos, cintos de segurança e Equipamentos de Proteção Individual (EPI) em hospitais não

O Physicians Health Study recentemente concluiu que tomar aspirina diariamente pode reduzir o risco de doença cardíaca. Mas adivinha? Ele contou com a participação de 22.071 homens e zero mulher.
– Maya Dusenberg, Doing Harm: The Truth About How Bad Medicine and Lazy Science Leave Women Dispensed, Misdiagnosed and Sick [Piorando a saúde: a verdade sobre como más condutas médicas e a ciência preguiçosa faz com que mulheres sejam ignoradas, recebam diagnósticos errados e adoeçam], 2017

apenas não são testados em mulheres, como podem ser extremamente perigosos para elas. O design-padrão é feito pensando nos homens, desde os medicamentos disponíveis e a altura dos banheiros até o design do transporte público, o sistema de aquecimento-padrão do escritório e o horário de trabalho.

"SE VOCÊ ESTÁ DOENTE, A CULPA É SUA"

Mulheres sempre ouviram que suas doenças e seus problemas são autoinfligidos. Primeiro, foi o castigo de Deus pelo comportamento lascivo de Eva e, mais recentemente, a ideia conectada ao "bem-estar" e já refutada de que o estresse pode causar câncer.

Na década de 1980, a escritora da "nova era" Louise Hay afirmou que seu câncer cervical foi causado por uma agressão sexual que sofreu na infância e que foi curado apenas com a força de seus pensamentos. Hay listou doenças e suas causas: espinhas são causadas por aversão a si mesma; câncer de mama, por "maternidade excessiva" e por ser autoritária; lesões no tornozelo acontecem devido à "inflexibilidade e culpa"; e o glaucoma é causado por "uma implacável falta de perdão". A influenciadora Belle Gibson alegou em 2014, de forma fraudulenta, que seu câncer foi causado por uma vacina e curado com comida.

"UM LIVRO DE SAÚDE DIZ TUDO"

A partir do final do século XIX, foram publicados milhares de livros com instruções sobre trabalho doméstico e tratamento médico. Livros de gerenciamento doméstico no estilo "faça você mesma" contavam, em um único volume, como fazer bolo madeira, como alimentar galinhas e os venenos mortais que devem ser usados ao defumar o quarto de uma pessoa doente.

Esses manuais domésticos foram reimpressos durante décadas sem grandes atualizações, mesmo após a morte de seu autor. *Mrs. Beeton's Book of Household Management* [O livro de gerenciamento doméstico da sra. Beeton], de 1861, ainda recomendava tratamentos da era medieval quase cem anos depois, incluindo a sangria terapêutica.

Além das advertências para se exercitar e comer muitos vegetais e pratos simples (ou seja, sem muita baboseira estrangeira), a maioria dos conselhos de saúde era bastante vaga. A nova versão de um compêndio de saúde é a mídia social e os mecanismos de busca on-line. É uma bênção quando você precisa encontrar outras pessoas diagnosticadas com uma condição rara ou se informar a respeito de sua própria saúde. Mas pode ser uma câmara de eco de conselhos curados por um algoritmo, dominada por extremistas antivacina, publicidade de empresas farmacêuticas ou opiniões sem base alguma. Assim como nos velhos tempos.

Um desses clássicos duradouros, impresso por sessenta anos até meados da década de 1960, foi o *The Ladies' Handbook of Home Treatment* [Manual de tratamento doméstico para mulheres], da agradável Eulalia Richards.

"Afaste-se, sou uma dona de casa totalmente treinada e tenho um frasco de amônia perfumada na minha bolsa." (*The Household Doctor* [O médico caseiro] por S. King Hutton, c. 1938. Biblioteca Nacional da Austrália)

Após seu divórcio na década de 1920, ela publicou sozinha seu manual de saúde para mulheres. As edições subsequentes pareciam muito mais empáticas com a exaustão causada por múltiplos partos. Mas há poucas mudanças entre as edições de 1905 e 1965. Os inúmeros pensamentos de Eulalia se tornaram um manifesto: um gosto contínuo por tratamentos com compressas quentes e frias e pela supremacia branca, um desdém pela bebida e pelos filhos de alcoólatras e um horror barroco à masturbação.

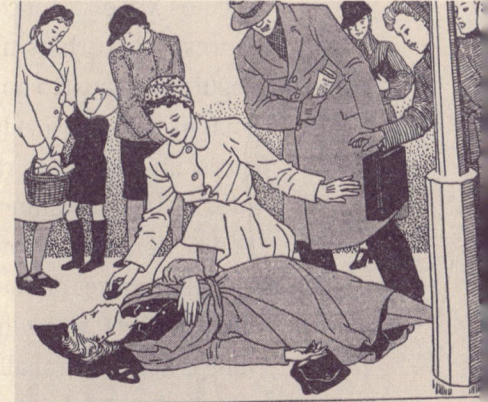

FIG. 22.—Restoration of Fainting Person.

Em 1956, ela havia embaralhado a seção sobre doenças sexualmente transmissíveis, disponível na lista de conteúdos, já que os antibióticos haviam afetado as terríveis taxas de sequelas causadas pela sífilis e pela gonorreia, incluindo aborto espontâneo e cegueira em crianças. Na década de 1960, um editor, por fim, riscou de vermelho a frase em que ela desaconselhava espartilhos muito apertados.

Minha cópia ainda inteira do livro de 1912 de Eulalia tem seis centímetros e meio e 1.038 páginas, e ainda tem, confortavelmente enfiado em um envelope na parte de trás, um pequeno texto com o título "Instruções para o confinamento de emergência" (parto).

Outras edições foram reduzidas para cerca de 800 páginas. Algo único na época, o livro mostra diagramas anatômicos detalhados *de* mulheres *para* mulheres, com pelos pubianos e tudo. Abrangia doenças e problemas em todas as partes do corpo, incluindo na vulva e na vagina, no útero, nos ovários e nas trompas, problemas relacionados à fertilidade e à menopausa. As leitoras eram aconselhadas a pegar "cerca de um metro e meio de tubo de borracha" e um pouco de vaselina para duchas e para fazer enemas. Eu não faria isso se fosse você.

"UM REMÉDIO CURA TUDO"

Muito dos tônicos e das pílulas vendidos para as mulheres nos séculos XIX e XX foi comercializado como uma cura para tudo. Dores e distúrbios menstruais, os efeitos de muitos partos seguidos, exaustão após trabalhar de doze a catorze horas em lojas e fábricas e a vida em geral, tão horrível. Os remédios que curavam tudo eram recomendados em farmácias, no palco do Music Hall, em anúncios na imprensa e em revistas e enciclopédias domésticas patrocinadas.

Muito antes das benzedrinas e dos barbitúricos das décadas de 1950 e 1960, as mulheres, mergulhadas em vidas enfadonhas e longas horas de trabalho, eram enganadas com elixires contendo níveis variados de narcóticos e álcool. O livro de 1880, *Australian Housewives Manual, Comfortable Cookery etc. etc. etc.* [Manual para donas de casa australianas, culinária etc. etc. etc.] (gosto da ideia de colocar três *et cetera* no título do livro) estava cheio de anúncios vendendo-os.

Você poderia escrever para o sr. Terry pedindo aulas de mesmerismo, tônicos e preparações de ervas para mulheres cansadas e apáticas.

As campanhas de marketing eram focadas em depoimentos e no suposto uso que a realeza e as celebridades da época faziam desses remédios. Muitos deles tinham sabor amargo, porque se o gosto era ruim, então funcionava. Outros tinham nomes com sons memoráveis, como Bile Beans e Pink Pills.

O "xarope calmante da sra. Johnson" continha clorofórmio e sal. A solução de Goulard incluía chumbo venenoso e mercúrio. A

Associação Britânica de Medicina divulgou uma exposição em 1909 chamada *Secret Remedies: What They Cost and What They Contain* [Remédios secretos: quanto custam e o que contêm], que revelou que a maioria das poções vendidas por vários xelins custava menos de um centavo para ser feita.

Os ingredientes de várias "curas para o câncer", além de loções e comprimidos "redutores" para aquelas que faziam dietas eram, sobretudo, feitos com coisas como giz e aromatizantes. As *Pink Pills for Pale People*, comprimidos rosa para pessoas pálidas, continham sulfato de ferro, sais de carbonato de potássio, magnésio, alcaçuz e açúcar. As pílulas de Beecham eram uma mistura de gengibre, babosa amarga e... sabão. As "curas" para o alcoolismo, vendidas sob nomes como Dispocure, Antidipso e The Teetolia Treatment, eram geralmente um sedativo em pó que, quando adicionado à bebida, ao menos colocava um marido furioso para dormir.

> *Pessoas robustas e, particularmente aquelas com pescoço curto, devem evitar consumir alimentos de origem animal, vinhos, bebidas espirituosas e especialmente licores de malte, jantares tardios ou ceias pesadas, e todos os hábitos excitantes.*
> *— F. H. Faulding, Faulding's Household Medical Dictionary [Dicionário médico caseiro de Faulding]*

"TOME UMA XÍCARA DE CHÁ, UM BEX E VÁ SE DEITAR"

Quando um político disse a jornalistas em 2011 "tome uma xícara de chá, um Bex e vá se deitar", as ouvintes mais jovens ficaram perplexas. Elas não sabiam que quase todo mundo conhecia essa frase, que foi usada para anunciar um produto onipresente que matava mulheres.

Por mais de trinta anos, o Bex foi anunciado com depoimentos: pessoas supostamente "comuns" o recomendavam para dores de cabeça e "dores nos nervos". Como seu rival Vincent's, ele costumava ser anunciado como um "pó para curar a dor de cabeça", e cada dose individual era embrulhada em um pedaço de papel dobrado. Também era conhecido como

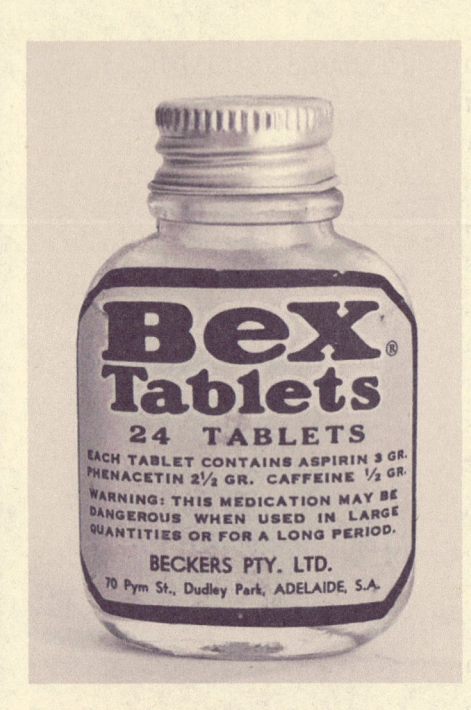

O remédio Bex. O ano é desconhecido, mas, levando em conta o fato de ter um aviso, deve ser entre 1960 e 1970.

APC — combinava aspirina, fenacetina e cafeína, cada dose igual a um café forte. Era extremamente viciante: quando o efeito passava, as mulheres tinham dores de cabeça causadas pela abstinência e, assim, tomavam mais dele, chegando a consumir de trinta a quarenta doses por dia. (Isso não é um erro de impressão.)

A professora Priscilla Kincaid-Smith, patologista, pesquisadora de ciências médicas e mais tarde especialista em rins, confirmou na década de 1960 que a fenacetina estava causando danos nos rins e câncer, principalmente em mulheres. Com o olhar fresco de uma imigrante recém-chegada no final da década de 1950, ela ficou chocada ao ver mulheres empurrando carrinhos de supermercado com caixas de Bex empilhadas. Apesar de suas qualificações, Priscilla inicialmente foi impedida de realizar sua pesquisa em um hospital ou em uma universidade por ser uma mulher casada, que deveria estar "em casa".

Eventualmente, ela ajudou seus colegas especialistas a se organizarem, conseguindo forçar a proibição do Bex em 1970. Após isso, houve uma queda acentuada nos danos nos rins e nos

Ainda que muitas mulheres bastante talentosas tenham feito medicina em Melbourne e tenham sido as primeiras de sua classe, todas desistiram da carreira quando se casaram — muitas vezes com homens bem menos talentosos —, enquanto os homens continuaram a praticar medicina.
— Priscilla Kincaid-Smith, entrevista de 1998,
Academia Australiana de Ciências

casos de câncer. Certa vez, quando estava sentada na primeira classe durante um voo, ouviu executivos da indústria xingando-a e anunciando planos de comercializar o Bex na Malásia, com outro nome.

"BANHO QUENTE E BANHO FRIO SÃO REMÉDIOS"

Como todos os influenciadores inteligentes, Caroline Smedley prescreveu sua fórmula para mulheres com boa saúde e também para mulheres doentes. Minha cópia de 1880 de *Mrs. Smedley's Ladies Manual* [Manual para damas da sra. Smedley] prescreve uma lista desconcertante de mais de duzentas variações elaboradas de pomadas ruins feitas com mostarda e "pasta de pimenta", e banhos e duchas com mangueira para *delirium tremens*, dor de dentição em bebês, histeria, varíola e menstruação. De forma fatal, ela aconselhava mulheres a usar emplastros de pão e banhos em vez de visitarem um médico para tratar de seus tumores nos seios.

Ela recomendou duzentos banhos em temperaturas e posições variadas (alguns banhos eram para apenas uma perna ou

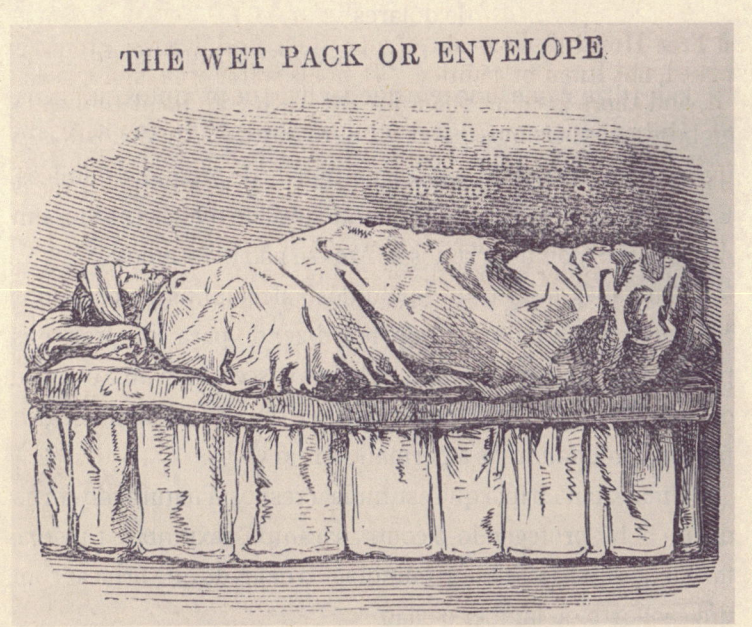

Uma paciente é enrolada em um lençol molhado no terrível frio do norte da Inglaterra, Mrs. Smedley's Ladies Manual of Practical Hydropothy [Manual prático de hidroterapia para damas da sra. Smedley], década de 1880.

> *Banhos de mar ou banhos frios não raramente causam tumor ovariano ou hidropisia ovariana e são sempre perigosos, especialmente para as mulheres, em todos os momentos e em todas as idades.*
> *— Caroline Smedley, Mrs. Smedley's Ladies Manual of Practical Hydropothy for Female Diseases* [Manual prático de hidroterapia da sra. Smedley para damas para curar doenças femininas], 1861

um braço). Tratamentos de banho quente e frio se baseavam sobretudo na ideia de alterar a pressão e a temperatura do fluxo sanguíneo, e as duchas e os enemas eram utilizados para expelir coisas do corpo (retornando à ideia de demônios e impurezas). Hoje, essas técnicas se transformaram em dietas inúteis para fazer "detox", "limpeza" e a menos popular "lavagem intestinal".

"PARA ALCANÇAR O 'BEM-ESTAR', VOCÊ PRECISA COMPRAR COISAS"

"Bem-estar" era originalmente a ideia de viver buscando prevenir doenças, em vez de ir ao médico apenas quando uma doença ou uma lesão aparecia em sua vida. Ela surgiu em 1800 e recebeu nomes diferentes até que, no início do século XXI, tornou-se uma indústria de bilhões de dólares.

Os porta-vozes do bem-estar e das celebridades dizem que tudo tem que ser livre de produtos químicos, embora todos bebamos monóxido de di-hidrogênio todos os dias, já que esse é outro nome dado à água, repleta de produtos químicos. E todos nós temos pequenas quantidades de metais pesados em nosso corpo, pois estaríamos mortos se não tivéssemos.

"Os bebês nascem pré-poluídos", alertam os preocupados banners na loja on-line Goop, nos dizendo para comprar seus produtos orgânicos. Bem, sim, os bebês nascem com uma enorme carga bacteriana: é isso que faz com que seu sistema imunológico funcione, ajudando-os a permanecerem vivos.

Uma vacina tripla que estimula a resposta natural do corpo de um bebê, protegendo-o contra sarampo, caxumba e rubéola, faz menos mal ao sistema imunológico deles do que brincar com um cachorro ou lamber o chão.

Em seu livro de 2005, *The Wellness Zone, Your Guide to Optimal Health, Including Herbal Medicines and Ageless Remedies* [A zona do bem-estar: o guia para uma saúde melhor, incluindo remédios feitos de ervas e remédios atemporais], Dominique Finney apresenta alguns dos principais princípios do gênero. "Bem-estar" quer dizer você se sentir mais saudável e mais capaz de lidar com sua doença ou sua dor. O primeiro e mais importante conselho é que você deve escolher uma alternativa à ajuda médica. E, claro, "deixar a comida ser seu remédio".

Muitos tratados de saúde "naturais" e da "nova era" sugerem ou aconselham diretamente que mulheres não procurem médicos ou psicólogos e confiem em sua situação, enquanto recomendam uma série complexa de suplementos.

Hoje em dia, qualquer pessoa com um *cropped* que saiba fazer um *smoothie* de goiaba está dando conselhos nutricionais. Dietistas credenciados — que possuem um diploma de nível universitário aprovado em ciências — estão autorizados a dar conselhos nutricionais individuais, bem como conselhos gerais à comunidade.

Todas as outras pessoas podem, de acordo com a lei, se autodenominarem nutricionistas tendo obtido um diploma de três anos ou feito um curso on-line de curta duração ou mesmo sem estudar: elas não estão autorizadas a dar conselhos nutricionais individuais ou conselhos sobre problemas de saúde, apenas conselhos gerais.

Embora os primeiros "influenciadores" possam ter sido pessoas locais com muita força de vontade e interessadas em se sentir poderosas ou mais seguras de si mesmas — pais, maridos e clérigos, qualquer pessoa com acesso a uma plataforma e a uma prensa de Gutenberg, agora, são modelos, "esposas de jogadores de

A artista feminista Frances (Budden) Phoenix reaproveitou imagens e linguagens da Segunda Guerra Mundial para criar o Victory Poster, na Matilda Graphics, 1979. (Coleção de Arte da Universidade de Sydney, cortesia de Sally Cantrill)

futebol" e celebridades que aproveitam a fama para espalhar suas crenças, muitas vezes como forma de obter ainda mais influência e dinheiro. Devo me desculpar pelo que disse, afinal, esses influenciadores são embaixadores de marcas caras de chás laxantes e outros produtos.

Conceitos de "bem-estar" como alimentação limpa e alimentação verde são frequentemente códigos para dietas e suplementos dietéticos baseados em ideias disfuncionais de pureza (alimentação limpa), vergonha (alimentação secreta) e virtude (alimentar-se "direito"), auxiliadas pelo fato de que muitos alimentos pré-embalados e produzidos em massa não são saudáveis. Vários "superalimentos" e suplementos surgem e desaparecem — vitamina D, ginseng, jojoba, clorofila, óleo de coco, óleo de peixe, extrato de folha de oliveira, *Gingko biloba* (é assim que se escreve?).

Na mesma categoria de aparecem e desaparecem estão milagres como "anti-inflamatórios", alcalinos, antiprobiótico, dieta paleolítica, jejum intermitente e palavras usadas incessantemente no marketing como "antienvelhecimento", "cura" e "limpeza".

Muito se fala sobre "se livrar do inchaço" se isso significar ter uma barriga mais lisa. Treinadores e blogueiros falam sobre barriga lisa e exercícios para "levantar" o bumbum.

Os Vigilantes do Peso (que adicionaram o slogan "Conecte-se com o seu bem-estar"), e outras empresas de dieta que funcionam à base da contagem de calorias e quilojoules, refizeram seus aplicativos para carregar a marca de "saúde e estilo de vida", com produtos criados para consumidores cada vez mais jovens. Novas palavras para se referir à dieta surgiram, como "limpeza", "regime anti-inflamatório", "corpo alcalino" e "detox", apesar de se basearem em ideias que são cientificamente erradas, ou literalmente impossíveis. (Se seu corpo fosse alcalino, você já teria morrido.) É um eco da ideia da Idade Média de que os corpos das mulheres são sujos ou precisam ser purificados.

A ideia de "bem-estar" é adorável, e se alimentar sobretudo de frutas e vegetais não processados é ótimo. Mas a comida, por mais orgânica ou reduzida que seja, não é remédio ou magia. Não é uma garantia de proteção contra doenças ou contra a sensação de cansaço e não garante um parto menos difícil. O azar é aleatório e coisas ruins como o câncer podem acontecer e acontecem também com pessoas saudáveis e boas, e não porque você fez algo errado ou causou isso a si mesma.

"MULHERES QUE ACREDITAM EM BURLAS SÃO BURRAS"

Burlas (como no ruído fantasmagórico *buuuuu*) é a palavra usada para coisas não comprovadas, desde médiuns de programas de televisão que fazem fortunas até homeopatas sérios e bem-intencionados cujos remédios não funcionam.

Horóscopos, clarividentes, adivinhação, orações, remédios populares, talismãs, santos, rituais e feitiços são coisas que foram usadas por mulheres quando a medicina falhava ou quando não podiam pagar. Os profissionais que praticam burlas e os profissionais de "bem-estar" ouvem o que as mulheres têm a dizer, respondem às suas perguntas e as tratam como indivíduos. Isso diz a uma mulher que sua vida, suas necessidades e seu futuro são importantes. A medicina convencional também precisa melhorar nesse aspecto.

UNSETTLED CONDITIONS
These can be foretold by the first glance at the cup. If well covered with dots, streaks, etc., the consultant may well expect to be unsettled for quite a while; if a lot of dots appear at the end of a horizontal line, it is a fair indication that there will be slight trouble at the end of a journey.

ACTRESS
The figure of an active lady, one in a dancing or sprightly attitude, if on the side of the cup close to the handle, foretells that a single person should guard against jealous quarrels. A married person may look for temporary discord in domestic affairs. If in bottom circle of cup with many outlines that suggest people, much time will be spent in pleasing company.

Seu parceiro está tendo um caso com uma atriz? Ou é você que está tendo? *How to Read Teacups* [Como ler xícaras de chá], por Bushells Pty Ltd, 1950. (Biblioteca Nacional da Austrália)

"RECEBA CONSELHOS DE SAÚDE DE CELEBRIDADES"

Fico surpresa que a empresa da ex-atleta e modelo, Lisa Curry-Kenny, tenha autorização para vender pílulas herbais com rótulos que dizem "Happy Weight" [Peso feliz], isso sem mencionar os suplementos à base de ervas chamados "Happy Hormones" [Hormônios felizes], que não têm efeito algum nos níveis hormonais. O site afirma que o suplemento funciona não porque altera os níveis hormonais, mas porque seus ingredientes à base de plantas fazem com que as glândulas hipotalâmicas e pituitárias do cérebro "sinalizem ao corpo para se equilibrar, o que é o verdadeiro segredo".

Depoimentos no site da empresa de "damas" (a empresa, por precaução, não chama suas clientes de pacientes) afirmam que as pílulas de ervas curaram seus problemas de sono, perda de cabelo, incontinência, distúrbios pré-menstruais, endometriose, alterações de humor, problemas de menstruação durante a adolescência e sintomas de menopausa. Cada depoimento é carimbado com um rótulo que diz "verificado". Perguntei à empresa o que significa esse rótulo. Ela respondeu que "'verificado' significa que a avaliação foi postada por uma cliente que de fato está consumindo o produto, e não por uma falsa cliente".

Em 2019, Curry-Kenny afirmou que o tratamento hormonal feito por médicos poderia aumentar "dramaticamente" o risco de câncer de mama. Essa afirmação não é verdadeira e resultou em uma forte repreensão por parte da comunidade médica. "Um monte de baboseiras", foi a citação memorável de um especialista em menopausa. (Mulheres que fizeram tratamento de câncer de mama são aconselhadas a não tomar medicamentos hormonais à base de estrogênio, mas isso é uma questão diferente.) Os médicos também ficaram chocados ao descobrir que uma pessoa sem formação em medicina dava conselhos para mulheres a respeito de tratamentos hormonais no "chat" do site da empresa.

O marketing gratuito feito aos pós verdes da ex-modelo Elle Macpherson é fenomenal. Não sei os ingredientes e as proporções exatas de seu pó desidratado, mas sei que ele não serve para acentuar suas maçãs do rosto, alcalinizar seu sangue ou deixá-la mais magra. Mas pode fazer seus olhos lacrimejarem, por causa do preço.

Macpherson prestou muita atenção ao marketing. A embalagem é inspirada em frascos de perfume de luxo. O nome de seus produtos contém as palavras *super* (como em *supermodelo*, entendeu?), *elixir* (um tipo de sérum, mas mais mágico) e *greens* (limpos e naturais). O site diz que tem "alimentos integrais, extratos de ervas, vitaminas, minerais e probióticos. Criado pela nutricionista Simone Laubscher" (que não é médica) e "ajuda na saúde geral do intestino, fornece o suporte imunológico, aumenta a energia e ajuda na aparência da pele, deixando-a mais saudável e fortalecendo cabelos e unhas".

"SE ESTÁ VENDENDO, É PORQUE DEVE FUNCIONAR"

As empresas são muito menos propensas a violar os regulamentos de saúde quando usam termos vagos, como "apoio" e "aparência de". Bilhões de dólares são vendidos em coisas que não fazem o que seus clientes pensam que fazem.

Se o governo pudesse colocar dez treinadoras de *netball* como encarregadas das agências reguladoras relevantes e entregar outros cem milhões de dólares a elas, isso com certeza seria resolvido até o Natal, obrigada.

"EXERCITAR-SE É UMA OBRIGAÇÃO"

O conselho para que mulheres se exercitassem começou como uma reação contra os estilos de vida pouco saudáveis forçados em meninas ociosas, como as filhas do império inglês e do império estadunidense. Disseram-nos que mulheres fortes e em forma se sairiam melhor na hora do parto (o que nem sempre é verdade), mas, mais importante, se recuperariam mais rápido e estariam disponíveis para cuidar dos filhos, da casa e de quaisquer outros deveres femininos (*cof-cof*) que fossem necessários. É raro que haja um conselho sobre exercícios para mulheres que não mencione, ainda que brevemente, seu suposto efeito na capacidade de ser "atraente".

No final do século XIX, a cultura física para as mulheres incluía a calistenia e aulas de ginástica, por vezes conectadas à ideia supremacista branca de construir uma "raça melhor".

Exercício para um "belo busto" usando biquíni e um frango cru. Exercícios do livro *Fabulous Féminique Program*, década de 1970.

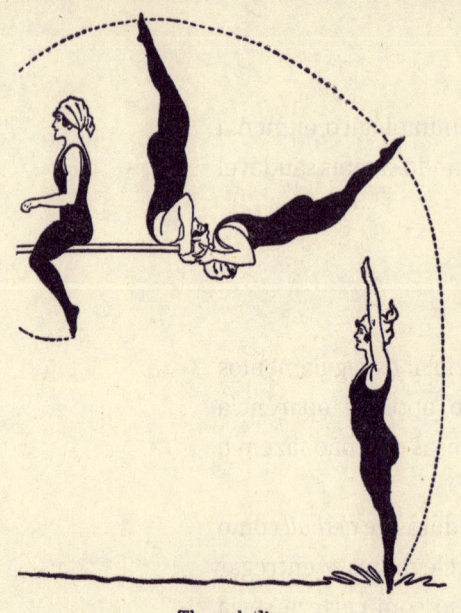

Leves caminhadas eram aprovadas, exercícios extenuantes ou competitivos eram desencorajados. Nessa categoria entrava: andar a cavalo com as pernas afastadas, danças complexas e qualquer coisa que aumentasse a visibilidade ou a independência de uma mulher.

A ideia de mulheres participando de times esportivos, comemorando juntas e rindo alto era o suficiente para fazer os médicos entrarem em ebulição. Os músculos eram simplesmente terríveis, a não ser que fossem invisíveis, na área dos quadris e reservados para o parto.

Algumas mulheres se rebelaram contra isso: mulheres ciclistas, mulheres que usavam vestidos semelhantes aos de estátuas gregas e se moviam com pequenos bastões giratórios, e Annette Kellermann. Annette era um nome conhecido nas casas de família: primeiro pela mania de pular dos palcos de *vaudeville* e por ser uma nadadora renomada, e depois por ser a estrela de filmes aquáticos. Falarei sobre Annette mais tarde, a respeito da comercialização de sua imagem como perfeita, mas, por enquanto, vamos apenas dar uma espiada em seu emblemático livro da era dos conselhos para mulheres que se seguiram à época dos espartilhos, *Physical Beauty: How To Keep It* [Beleza física: como mantê-la], de 1918.

Annette se rebelou contra a visão médica predominante de que "seu corpo é estranho e a menstruação é um indício de que você está doente". Ela reconhecia que havia "problemas que podiam surgir do desarranjo dos órgãos e das funções sexuais". Mas

Instruções de mergulho de Annette Kellermann, em *How to Swim* [Como nadar], 1919. (Biblioteca Nacional da Austrália)

acreditava que as mulheres poderiam se manter saudáveis fazendo muito exercício.

Ela não pensava muito na saúde das mulheres no que tangia às doenças, aos germes, à má sorte, aos hormônios que se comportavam mal e ao mau funcionamento aleatório de partes do corpo e, para ser justa, grande parte desse conhecimento médico veio depois de seu tempo. Dizer ser contra baboseiras, infelizmente, não é garantia de que você não esteja falando baboseiras também.

"VOCÊ VAI FICAR COM ROSTO DE BICICLETA"

Que ousada.
Do *National Police Gazette*, Boston, 1898.

Embora a música dissesse "*You'll look sweet upon the seat of a bicycle built for two*",[2] e o ideal romântico fosse de um cavalheiro sentado no banco frontal de uma bicicleta tandem, decidindo para onde ambos iriam, as mulheres rapidamente começaram a andar de bicicleta na década de 1890, como forma de lazer e para chegarem ao trabalho.

Um médico publicou uma afirmação de que uma paciente que começara a "andar a passos largos" em vez de dar passos femininos desenvolvera o "rosto de bicicleta", um medonho sorriso que mistura concentração e medo.

Devido ao estado das estradas naquela época — sem sinais de trânsito ou placas de controle de tráfego, com pilhas de merda de cavalo, grandes buracos e tocos de árvores intermitentes, e muitos assédios e provocações —, a maioria das mulheres em uma bicicleta, provavelmente, parecia um pouco tensa.

---

2   (N. T.) "Você ficará uma graça no banco de uma bicicleta feita para duas pessoas", da canção "Daisy Bell (Bicycle Built for Two)", de Harry Dacre, 1892.

A sra. Hanify, possivelmente sendo impedida à força de sair pedalando em sua bicicleta, 1900. (Mark Daniel, coleção da Biblioteca do Estado de Victoria)

> A "mão de bicicleta" é uma coisa feia e sempre será horrorosa [...] torna-se achatada, protuberante nas laterais, fica cheia de calos [...] os dedos ficam tortos.
> — Reportagem de um jornal sindicalizado, 1896

Os benefícios para a saúde, escreviam os jornais, eram inegáveis. Mas os perigos eram muitos: velocidade, independência, habilidade, força, músculos, mulheres podendo escapar, calças e assertividade.

Cartunistas costumavam retratar mulheres de bicicleta fazendo coisas ultrajantes, como fumar e lutar contra homens rudes na rua.

"EXERCÍCIOS PARA MULHERES SÃO PERIGOSOS"

Muitos médicos no século XIX e em grande parte do século XX disseram que exercícios eram perigosos para a saúde das mulheres porque os músculos eram feios ou danificavam o cérebro, porque atividades e competições não eram "coisa de mulher" e os corpos das mulheres eram fracos demais.

Enquanto isso, muitas das meninas e mulheres "fracas" que trabalhavam nas casas desses mesmos médicos e em fábricas ou campos próximos faziam o trabalho mais pesado, esforçando-se à exaustão e fazendo mais trabalho físico em um dia do que esses homens faziam em um ano. Grande parte dos conselhos para se exercitarem era dado para garotas ricas que podiam passar o tempo apenas jogando croqué e passeando. Não seria bom reconhecer as mulheres que trabalhavam em moinhos ou a empregada exausta que trabalhava na cozinha, cujos músculos iriam desequilibrar sua razão.

"Quem quer uma garota com bíceps?", esta frase é de Gordon Stables, conselheiro que escrevia para a coluna *The Girl's Own Paper* [O Próprio Papel da Garota], alertando em 1901 que garotas em forma e esportivas estavam "muito longe de serem bonitas".

"Vulcana" era a filha de uma vigária galesa chamada Kate Roberts, que fugiu de casa aos quinze anos para se tornar uma atleta de força em uma apresentação de *vaudeville*. Ela percorreu palcos do mundo todo levantando pesos (incluindo homens sentados em cadeiras) e posou com novas luzes elétricas treinando sua musculatura. Os críticos admitiram que ela era bonita e forte, mas concluíram que era obviamente anormal. Em um mundo onde viviam milhões de mulheres fortes e em forma, seu treinamento e arte eram apresentados como uma espécie de estranheza única.

"SÓ SE EXERCITE PARA PERDER PESO"
Nem vou comentar nada sobre isso, tá bom?

"MULHERES NÃO DEVERIAM PRATICAR ESPORTES"
A história do esporte em muitas cidades e subúrbios regionais é de que as mulheres eram "associadas" ou "apoiadoras" que lavavam os uniformes, administravam o quiosque e eram instruídas a "trazer um prato" para arrecadar fundos. Agora que as mulheres podem praticar esportes e exercícios, elas ainda lutam para receber o mesmo financiamento por parte dos conselhos, dos governos estaduais e nacionais, e a mesma atenção de reportagens e coberturas de jogos na mídia e em serviços de *streaming*.

As esportistas lutaram contra treinadores abusivos, horários de treinamento perigosos, dietas pouco saudáveis que lhes eram impostas e causavam danos à densidade óssea, abusos e ameaças de *trolls* que têm total liberdade para se manifestar nas plataformas de mídias sociais, e acusações tenazes de que o que fazem não é elegante ou feminino ou tão prazeroso de se assistir quanto o esporte masculino. As equipes olímpicas de muitos países não estão nem perto do 50% de representação mista.

As equipes masculinas do futebol australiano jogam desde 1859. A Liga Australiana de Futebol só fundou a liga feminina em 2016. Jogadores do passado se opuseram a permitir que o "dinheiro da competição masculina" fosse usado para uma liga feminina. Não passou pela cabeça deles que os governos e os conselhos financiaram o esporte masculino com impostos femininos por mais de cem anos, ou então que o trabalho não remunerado das mulheres havia subsidiado toda a carreira esportiva deles. Em 2020, o time norte-americano de futebol feminino perdeu uma ação judicial contra seu corpo diretivo, que paga mais aos jogadores do time masculino, mesmo que o time feminino ganhe muito mais partidas.

"A MENSTRUAÇÃO É A PROVA DE QUE AS MULHERES SÃO TÓXICAS"

É muito chocante a maneira como os homens conseguiram sequestrar o conhecimento e as suposições disponíveis acerca da menstruação das mulheres. As palavras e os sentimentos das mulheres a respeito do assunto raramente foram registrados. Centenas de anos atrás, ele só era mencionado de forma oficial por médicos que já tinham entendido tudo errado. O sangue menstrual era referido como "excremento", e a menstruação, como uma doença, uma infecção e "evacuações do sexo frágil". Os homens simplesmente não conseguiam superar a ideia de que menstruar pode ser normal, já que não menstruavam.

Em 1671, Jane Sharp, autora de *The Midwives Book* [O livro das parteiras], pensava que a menstruação indicava que os corpos das mulheres eram defeituosos, mas talvez isso tivesse menos a ver com a suposta inferioridade das mulheres e mais a ver com sua experiência direta das muitas coisas que poderiam dar errado durante a gravidez e o parto, e que, de fato, deram errado.

Jovens mulheres eram diagnosticadas com "doença verde" (sintomas que agora sugerem anemia, falta de nutrição, depressão e tédio), supostamente causada pela ausência de menstruação: a cura era o casamento.

Sangramento menstrual intenso e menstruação interrompida foram problemas reconhecidos. Não ter menstruação era chamado de ataque de mãe, o que praticamente significava birra do útero. Os tratamentos incluíam fazer sangrias terapêuticas (abrindo uma veia e drenando um pouco de sangue), cheirar gases nocivos e induzir o vômito, além de casamento para meninas e sexo para mulheres casadas.

Aristóteles, aquele perfeito idiota, pensava que o sangue menstrual era misturado com esperma para fazer um feto, e os pedaços extras, impuros, eram expelidos para fora do corpo (como a menstruação). O que é irritante é que suas opiniões seculares foram republicadas e acreditava-se nelas ainda no século XIX.

Embora os primeiros médicos reconhecessem os sintomas pré-menstruais e da menopausa, eles não estavam muito interessados. As mulheres foram informadas de que menstruações intensas eram causadas por excitação, sexo ou aproximação da menopausa: apesar do último item ser verdadeiro, não se oferecia ajuda alguma. Em vez disso, podia ser prescrito um laxante com cerca de doze gotas de ácido sulfúrico antes do café da manhã.

As mulheres normalmente buscavam conselhos e conhecimentos de herboristas e parteiras tradicionais para saber como fazer com que sua menstruação se tornasse regular, caso quisessem engravidar: por vezes, isso era usado como um código para receber conselhos sobre quais ervas utilizar a fim de tentar interromper uma gravidez. Éramos consideradas mágicas e perigosas por nossa capacidade de criarmos vida e controlarmos nosso próprio corpo. A Igreja e os médicos queriam o controle para eles.

"A MENSTRUAÇÃO É VERGONHOSA"

As pessoas assoam o nariz em público e colocam o papel no bolso, carregando-o consigo, mas nós, mulheres, devemos trocar nosso absorvente em segredo e esconder as manchas de sangue. Durante séculos, fingimos que não menstruávamos. Usávamos eufemismos como "naqueles dias" ou "estar de chico" em nosso diário para controlar nossa menstruação.

Hoje em dia, os aplicativos que permitem marcar o ciclo fazem esse trabalho, mas de forma menos privada: alguns desenvolvedores de aplicativos vendem os dados para empresas de marketing que visam mulheres que podem estar grávidas ou tentando engravidar. Alguns são de propriedade de grupos católicos antiaborto.

A literatura de diferentes culturas, do inglês ao sânscrito, refere-se à menstruação como "flores". Não sei se isso acontecia devido ao florescimento da feminilidade ou ao formato de uma mancha de sangue em um pano menstrual.

Os anúncios de produtos para a menstruação são disfarçados há muito tempo, não mencionando para que serviam. Muitas pessoas que assistiam a anúncios de TV do final do século XX podem ser perdoadas por deduzir que os absorventes eram uma forma de passear a cavalo — mensagem codificada cujo significado era o de que os absorventes reduziam o risco de vazamentos. Posteriormente, os anúncios passaram a mostrar almofadas absorvendo um líquido azul porque o vermelho era considerado "nojento".

Fabricantes de espartilhos anunciavam cintos, usados por mulheres para suspender almofadas feitas de trapos, com alfinetes de segurança. Devia ser horrível toda vez que era necessário trocar ou lavar esse objeto, e para as mulheres do teatro, que costumavam viajar a trabalho, além das criadas, das trabalhadoras de fábricas e rurais, que faziam turnos de dez a doze horas por dia sem acesso a água corrente mesmo em casa.

Grande parte dos conselhos que as mulheres deram umas às outras para lidar com menstruações normais ou intensas, ou com o sangramento intenso associado à aproximação da menopausa, não foi registrada. A menstruação era ignorada pela imprensa e pelos historiadores do sexo masculino.

Rara ilustração do cinto de borracha e da engenhoca criada para menstruações. A parte da rede continha trapos amassados para absorver o sangue. *Wife's Guide and Friend Catalogue* [Guia e amigo da esposa], 1898. (Biblioteca Nacional da Austrália)

"A MENSTRUAÇÃO É SUJA"

A ideia de que as mulheres menstruam para se "purificar" de toxinas ou impurezas permeou a medicina até o início do século XVIII e, no âmbito social, a ideia de que a menstruação é impura perdurou desde sempre, sendo consagrada na frase "higiene menstrual".

No século XIX, as mulheres das classes alta e média eram consideradas criaturas delicadas com uma terrível doença mensal. Elas não deviam tomar banhos frios durante a menstruação. Também não deviam correr, dançar, andar de bicicleta ou usar uma máquina de costura, ou ter aulas de música emocionantes.

Após o término de cada menstruação, a mulher deveria lavar a vagina com duchas cheias de sabão, usando "cerca de dois ou três litros de água tão quente quanto conveniente", dizia o *Wife's Guide and Friend Catalogue* [Guia e amigo da esposa], publicado do final de 1800 até quase 1930. Isso "induziria os órgãos femininos a desempenharem suas funções de maneira perfeitamente natural". Deus sabe quais eram essas funções, talvez trabalhos domésticos leves e vaginais.

Em muitos países, a cultura enfatiza que o período de menstruação é uma pausa bem-vinda nas tarefas e uma oportunidade de reconhecer e honrar a conexão da mulher com a capacidade de "gerar vida". Mas, em outros lugares, devido a esses velhos preconceitos e essas ideias erradas a respeito da menstruação, textos religiosos e tradições culturais têm sido interpretados de forma a banir as mulheres de várias áreas e tarefas durante a menstruação.

Em sua tese de 2015, *She Got Her Period: Men's Knowledge and Perspectives on Menstruation* [Ela está menstruada: a compreensão e as perspectivas masculinas sobre a menstruação], Ishwari Rajak escreveu sobre crescer em uma comunidade nepalesa na qual meninas de onze ou doze anos eram isoladas em um quarto durante os dias em que ficavam menstruadas e não tinham permissão para ver ou ouvir qualquer menino ou homem, ou ajudar a preparar a comida. Elas também comemoravam sua primeira menstruação com a família e os amigos.

Para outras, a experiência é mais difícil. Muitas meninas que são isoladas ou não têm produtos menstruais não podem ir à escola. Embora isso seja ilegal desde 2005, algumas meninas e mulheres nepalesas são trancadas em pequenos galpões, já que

> *O absorvente higiênico deve ser preso a um suspensório que passa por cima dos ombros.*
> *— Eulalia Richards, The Ladies' Handbook of Home Treatment [Manual de tratamento doméstico para mulheres], 1905*

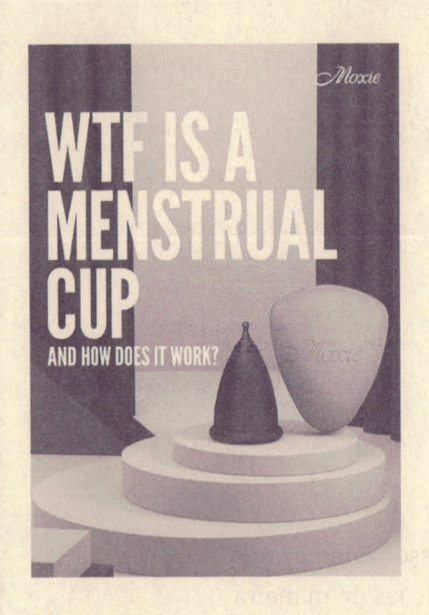

A publicidade de produtos menstruais não é mais tímida. (Moxie)

ficar em casa seria considerado uma ofensa aos deuses hindus. Mulheres que vivem em aldeias morrem de frio ou sufocadas com a fumaça do fogo em galpões sem ventilação.

Ativistas e organizações humanitárias, como o Adara Group, trabalham para incluir nas escolas aulas positivas sobre menstruação para meninas e meninos, e se concentram na educação e na confiança, bem como no fornecimento de produtos menstruais, anteriormente conhecidos como produtos de higiene feminina. (Também há uma mudança importante em andamento no uso da frase "higiene menstrual para menstruação digna".)

"A MENSTRUAÇÃO TEM PODERES MÁGICOS ATERRORIZANTES"

Plínio, o Velho, filósofo reverenciado e tolo colossal, disse que as mulheres menstruadas fazem com que as frutas caiam das árvores, a grama morra e o vinho azede. Nada, ele calculava, era mais "monstruoso" do que menstruar. (Pelo menos ele tinha medo de nós.) Uma mulher menstruada que tirasse a roupa podia controlar o clima e matar as pragas das plantações.

A perspicaz historiadora feminista Patricia Crawford criticou a revista médica *The Lancet* por publicar uma carta em 1974 que perguntava: "Por que uma mulher menstruada faz com que as flores murchem?". Crawford, que lutou para ser devidamente empregada pelas universidades enquanto mulher casada, apresentou um artigo inovador no jornal de história *Past and Present* sob o título *Attitudes to Menstruation in 17th Century England* [Atitudes em relação à menstruação na Inglaterra do século XVII], em 1981.

Ela expôs as teorias históricas absurdas que eram aceitas: por exemplo, a de que as mulheres têm muito sangue nelas e que o colocam para fora ao amamentar (porque diziam que o leite materno era sangue branco) ou alimentando um feto no útero ou menstruando. Qualquer doença que um bebê tivesse após o nascimento, incluindo sarampo, era "causada" pelo sangue menstrual que o tocou no útero. Como ela registra em seu livro de 2004, *Blood, Bodies and Families in Early Modern England* [Sangue, corpos e famílias no início da Inglaterra moderna], as mulheres eram consideradas nojentas, mas perigosas e poderosas. Durante um período, houve uma proibição geral de se fazer sexo por causa do dano que ele poderia causar aos homens. Crawford desenterrou conselhos do século XVI que diziam que fazer sexo com a esposa enquanto ela estivesse menstruada faria com que a criança tivesse lepra e fosse detestada, o que seria causado pela "sujeira feminina maligna".

O sangue menstrual era usado em feitiços de amor, como contracepção ou remédio de fertilidade e para remover marcas de nascença. No início do século XVIII, as pessoas começaram a perceber que nada disso funcionava. Quando jovem, na década de 1980, fiquei mortificada quando um dono de restaurante pediu aos meus amigos do sexo masculino que visitassem a cozinha: eu não era bem-vinda caso estivesse menstruada, disse ele, porque isso estragaria os molhos.

No século XIX, havia rumores de que o sangue menstrual poderia esfolar o pênis. Nos anos de 1500, uma escritora disse que mataria o marido com seu veneno (ops). Um homem que toca no sangue menstrual deve ser morto, isso de acordo com o Levítico da Bíblia, que foi escrita por um cara chamado Fonte Sacerdotal, ou talvez Stephen King.

"A MENSTRUAÇÃO ESTÁ SINCRONIZADA COM A LUA E COM COLEGAS DE APARTAMENTO"

Sabe quando dizem que todas nós sincronizamos nossas menstruações umas com as outras ou com a lua? Isso não acontece. Era considerado que a menstruação estava relacionada com as fases da lua porque ambas tinham ciclos médios de cerca de trinta dias e as palavras *menses* e *menstruação* vêm do latim para lua. O "estudo" original sobre períodos sincronizados não era científico e foi refutado por pilhas de estudos desde então.

Embora fosse dito a muitas mulheres que suas menstruações devem sincronizar com as fases da lua, ou com os ciclos das mulheres com quem vivem ou de quem são amigas, há muitos estudos que mostram que nada disso é verdade. Um site dedicado a burlas que não aceita esse fato nos instrui a fazer com que nossos ciclos menstruais correspondam às fases da lua, usando autoavaliação e "banhos de lua". (Não funciona.)

Uma coisa é certa: se os homens menstruassem, décadas atrás, empresas privadas e locais públicos teriam absorventes e absorventes internos disponíveis gratuitamente em todos os banheiros públicos ou comerciais — como ocorre com o papel higiênico. Mais recentemente, a Nova Zelândia e o estado de Victoria abriram esse precedente nas escolas públicas, e a Escócia tornou os produtos menstruais gratuitos.

"SUA DOR MENSTRUAL É IMAGINÁRIA"

Menstruações dolorosas, de acordo com um antigo guia médico, aconteciam com mulheres que tinham "hábitos indolentes e constituição irritável". Isso mesmo, sua danada, mal-humorada, preguiçosa e cheia de cólicas. O mais comum é que nos digam que todas as dores menstruais são normais e devemos apenas "aguentá-las".

Poucas mulheres foram informadas de que as cólicas são a forma que o útero tem de ajudar o sangue menstrual a passar, usando exatamente os mesmos músculos que são usados no parto. As mulheres podem ter cólicas muito fortes e outras dores persistentes, mas, pelo fato de essa dor variar de mulher para mulher e alguns médicos não ouvirem adequadamente suas queixas, ela foi descartada como se não tivesse importância. Infelizmente, nossos corpos não são "projetados" para nada. Se fossem, a maior parte deles funcionaria melhor e é provável que recebêssemos nosso dinheiro de volta.

Uma das razões mais comuns para a dor menstrual é uma condição chamada endometriose. Depois de procurar ajuda médica para sintomas típicos, leva em média sete anos para uma mulher com endometriose obter um diagnóstico. Os sintomas incluem: dor intensa durante as menstruações, sangramento menstrual intenso, problemas intestinais e sexo com penetração dolorosa.

A Sociedade Mundial de Endometriose, que representa organizações de ponta em muitos países, estima que duzentos milhões de mulheres tenham endometriose.

Muitas mulheres não melhoram com tratamento médico ou cirúrgico, o que deixa os médicos perplexos. Os médicos do passado sugeriram que a dor da endometriose não existia ou era psicológica — ecos do antigo diagnóstico de histeria.

"MULHERES MAIS VELHAS SÃO OBSOLETAS"

Esse será o assunto do meu próximo livro, então vou deixar você com essa imagem de todas nós ouvindo que tipo de informação médica devemos esperar à medida que envelhecemos:

Uma mulher em 1850. Ela pode ter 32 anos. (Mathew Brady, fabricante de daguerreótipos, Biblioteca do Congresso)

ENCONTRE UM HOMEM E FAÇA SEXO APÓS SE CASAR

3

QUANDO EU ERA ADOLESCENTE, NA DÉCADA DE 1970, TRABALHAVA em um sebo que oferecia bons descontos para trocas. Muitas senhoras idosas (com mais de quarenta anos, quero dizer) apareciam com seus carrinhos de compras de vinil, mergulhavam a mão neles para pegar os livros que haviam comprado na semana anterior, devolviam-os ao balcão e iam direto para as prateleiras com os romances da editora Mills & Boon.

Cada mulher pegava aleatoriamente um livro de bolso frágil, virava-o para ver a parte de trás, abria a contracapa e olhava a última página. Então ela o recolocava na prateleira ou o empilhava em cima do carrinho, pronta para comprá-lo. Curiosa, um dia perguntei a uma mulher se ela estava verificando se era um final feliz. "Ah, são todos finais felizes, minha querida", disse ela. "Só estou verificando se já li." Ela estendeu o livro. Na última página em branco, havia uma coluna de nomes escritos de forma alinhada com caneta esferográfica. "Viu? Essa sou eu." Ela apontou para seu nome e colocou o livro de volta na prateleira. Todos os livros tinham listas de nomes na parte de trás.

Aquele era um sistema inteligente, porque quem poderia dizer se já leu um determinado livro da Mills & Boon? Eles eram tão estereotipados que o título, a foto da capa e a sinopse se tornavam indistinguíveis. Páginas e páginas de enfermeiras que casavam com médicos, governantas que casavam com viúvos, secretárias que casavam com chefes e oceanos de criadas que casavam com príncipes no estilo Cinderela. Os autores não tinham a sagacidade de Georgette Heyer e Jane Austen, mas sabiam escrever de acordo com uma fórmula.

Uma mulher indefesa e humilde é resgatada da pobreza, do perigo e da solidão por um homem rico e de *status*. Todos os personagens principais eram brancos. Muitas vezes, ela era "uma menina" e ele, "um homem". As mulheres eram doces, gentis e tímidas, e os homens tinham olhos duros e pensativos e uma natureza insensível que mascarava uma tragédia; ele a insultava, mas seus olhos se derretiam. Em alguns livros, sabia-se que os olhos mudavam de cor de página para página (mais uma falha de edição do que uma reviravolta na história). Os dela eram verdes, geralmente, e ela com frequência mordia o lábio inferior. Os lábios dele se curvavam e, no momento certo, a paixão se intensificava (apesar de não acontecer nada, pois só beijos eram permitidos).

Décadas depois, os livros digitais se tornaram uma bênção para a Mills & Boon e outras livrarias de romances e livros eróticos, trazendo a privacidade dos leitores eletrônicos e o imediatismo do download. A Mills & Boon agora tem "selos", incluindo temas de envolvimento real, autores afro-americanos, histórias sobrenaturais, cenários históricos e outros subgêneros. Hoje em dia, os romances eróticos não deixam de fora o sexo, mas continuam tão irreais quanto a criada que se casa com o príncipe, os múltiplos orgasmos sem estimulação clitoridiana, e assim por diante.

"TENHA FANTASIAS COM HOMENS QUE TE DÃO ORDENS"

Há romances eróticos que são bem escritos, mas há uma lixeira digital que queima sem parar, repleta de e-books baratos, até mesmo gratuitos, muitas vezes cheios de plágios. Assim que um escritor inventa um subgênero (romance de homem-que-assume-a-forma-de-um-lobo-ou-um-urso-paranormal, por exemplo, ou de mulher-perdida-em-uma-tempestade-e-resgatada-por-um-homem-das-montanhas-com-uma-cabana-enorme), cem cópias toscas dele surgem. Existem subgêneros de homens alfa, inimigos, valentões, chefes, motociclistas, tatuadores e bilionários (milionários estão fora de moda), LGBTQIA+, harém reverso e "dominantes".

A velha ideia de romance histórico e explícito foi substituída pelos "homens alfa". A fantasia paradoxal de um "estupro aceito" nos livros significa que a mulher pode desfrutar do sexo sem ser vadia o suficiente para pedir por ele. Os novos heróis de romances são homens muito altos com pênis irreais que rosnam e que apreciam as suas habilidades e seu desejo de abrir sua própria confeitaria de *cupcakes* e vão proteger você de ex-namorados assediadores e insistentes, ou bilionários mandões que farão uma pausa nas sessões de surra só para fornecer um extenso guarda--roupa repleto de roupas de grife, todas no seu tamanho exato.

As livrarias on-line agora apresentam avisos detalhados a respeito do que será encontrado no livro antes que ele seja comprado e baixado, a fim de evitar clientes insatisfeitas. As potenciais leitoras, no Kindle, de *Possessive Undercover Cop* [O policial disfarçado e possessivo], de Flora Ferrari (com certeza você é uma delas), são informadas de que se trata de um "romance de volume único e de amor instantâneo com final feliz, sem traições e sem suspense". Isso significa que ele não faz parte de uma série, que nenhum personagem tem romances paralelos ou mente para os parceiros, e que não há um fim que exija que você compre uma sequência de livros a fim de saber o que acontece.

As leitoras são alertadas sobre "romance sombrio" (que pode incluir abuso e agressão) e "troca de poder" (mulheres recebendo ordens e sendo informadas de quando podem atingir o orgasmo etc.). Às vezes, eles até incluem uma contagem de palavras. *A Cowboy Billionaire Best Friend's Secret* [O segredo do melhor amigo do caubói bilionário], de Hanna Hart, é um título bastante informativo, assim como *Virgin for the Trillionaire* [Uma virgem para o trilionário], de Ruth Cardello.

Quando o algoritmo entra em ação, você pode se ver recebendo dicas para comprar os mesmos temas populares, que podem ser resumidos em: uma bibliotecária curvilínea, de olhos verdes e desastrada que trabalha como babá e é dona de uma loja de *cupcakes* que é sequestrada por um milionário mandão e sem modos, membro de uma gangue de motoqueiros que trabalham como seguranças, chamado Blade, Lucas ou Gavin, que, na verdade, é um invasor alienígena entusiasta de sexo violento e mecânico que quer treiná-la para fazer sexo anal usando *plugs* anais cada vez maiores, cheios de enfeites e com rabos de cavalo, cujos irmãos estão interessados em um relacionamento do qual outros homens façam parte, e que se transforma em um lobo ou um policial vampiro faz-tudo de cidade pequena que serviu por certo tempo na Marinha.

Existem glossários disponíveis para explicar siglas como BBW (*Big Beautiful Woman*, mulher grande e bonita: a heroína não é magra), MFM (Ménage à Trois com dois homens que fazem sexo com a mulher mas sem tocar um no outro) e MMF (Ménage à Trois, bissexual). Pesquisar esses glossários no Google pode ajudá-la a evitar livros sobre temas que nem posso descrever aqui por medo de que você jogue o livro na parede e grite até sua casa cair.

"VOCÊ PRECISA ARRUMAR UM HOMEM"

Mães como a sra. Bennett em *Orgulho e preconceito* sabiam que a melhor maneira de manter uma filha fora da pobreza e até mesmo dos temidos asilos (onde os pobres eram encurralados para serem mantidos fora das ruas) era garantir que ela se "casasse bem".

No início, e até o meio dos anos de 1800, as meninas inglesas foram encorajadas a emigrar para as colônias para se tornarem criadas e talvez encontrar um marido por lá, já que eram dominadas por homens. Homens tinham parentes na Inglaterra que escolhiam e despachavam criadas ou esposas, e, em alguns casos, a mesma mulher desempenhava as duas funções.

Na década de 1960, panfletos para imigrantes produzidos pelo governo australiano ainda presumiam que eles eram provenientes da Grã-Bretanha, embora houvesse material especial para pessoas vindas dos

Meu Deus, o que a Judy está fazendo? *Como se dar bem com os rapazes*, uma história em quadrinhos de Brenda Starr, 1940-1950. (Biblioteca do Estado de Victoria)

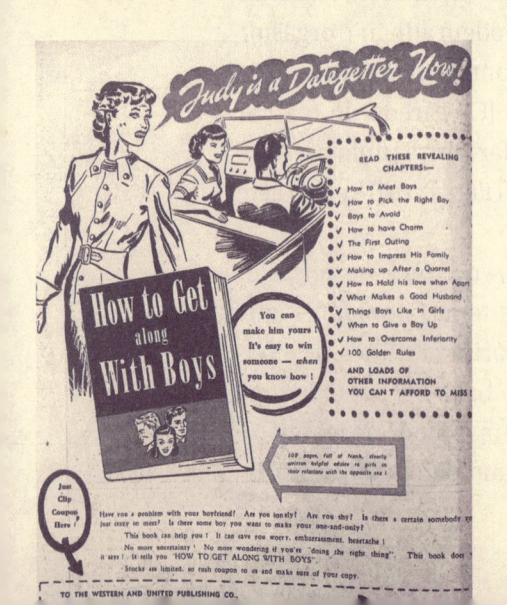

países bálticos na década de 1950. As mulheres imigrantes eram informadas de que os vestidos australianos tinham cores mais alegres do que os da Inglaterra e, francamente, a comida também era mais alegre ali. Imigrantes em potencial ou recém-chegadas foram oficialmente informadas de que as mulheres australianas usavam chapéus com mais frequência, comiam mais carne e tinham mais geladeiras (uma para cada uma delas, quero dizer).

"SE FAÇA DE DIFÍCIL"

Se as caixas de fósforos tivessem instruções tão inúteis quanto aquelas normalmente dadas para o romance, todas as casas do mundo já teriam sido queimadas. Por muito tempo nos disseram que as mulheres deveriam "fingir desinteresse por modéstia", enquanto os homens são livres para empregar táticas de perseguição "determinada" dignas de um stalker.

Nunca interrompa um homem quando ele estiver contando uma história [...] Fica mais fácil flertar à medida que você envelhece, porque você aprende a ouvir qualquer homem, empregando o mesmo charme e atenção extasiada antes reservada para crianças de sete anos.
– Helen Gurley Brown, *Sex and the Single Girl* [O sexo e a mulher solteira], 1962

Mulheres recebiam, em forma de palestras, livros e colunas de jornais, conselhos para conseguir um marido. Eventos sociais como festivais de colheita, cerimônias de dote, bailes de debutante e *reality-shows* têm sido empregados para reforçar essa ideia.

Não tenho mais o livro *The Rules: Time-Tested Secrets of Capturing the Heart of Mr. Right* [As regras: segredos testados pelo tempo para fisgar o coração do homem certo], de Ellen Fein e Sherrie Schneider, porque em 1996 joguei uma cópia do livro por cima do ombro em um programa de televisão e queimei a outra cópia durante um churrasco, por pura diversão: era um livro de dicas para relacionamentos precursor de *Ele não está tão a fim de você* e outros manuais de romance.

As regras em *The Rules* incluíam: não fale com um homem primeiro e não fale demais, não aceite se encontrar no sábado à noite se a proposta for feita depois da quarta-feira, não diga a ele o que fazer, deixe-o assumir a liderança, seja honesta mas misteriosa, não viva com um homem (antes do casamento), não discuta essas regras com sua terapeuta (perturbadora essa, não?) e siga essas regras e você será feliz para sempre (típica promessa de contos de fadas). (É claro que os contos de fadas originais eram fábulas medonhas: as histórias de Chapeuzinho Vermelho, Rapunzel, Bela Adormecida e Cinderela incluíam estupro, desmembramento, canibalismo e mulheres oprimidas querendo fugir.)

"Percebemos que as mulheres que se 'faziam de difíceis' conseguiam atrair o homem, enquanto mulheres que eram fáceis ou ansiosa demais se machucavam", escreveram as autoras. Se elas tivessem pensado nisso alguns anos depois, *The Rules* poderia ter sido apenas um *tweet*. *The Rules for Marriage* [Regras para o casamento] sugeria na introdução que fisgar um homem não era o suficiente, era necessário "mantê-lo". Infelizmente, e um tanto quanto inconveniente, Fein entrou com um pedido de divórcio durante a turnê publicitária.

O romance de Rona Jaffe, publicado em 1958, *The Best of Everything* (filmado com Joan Crawford em 1959), narrava a vida de datilógrafas de uma editora mal pagas e frustradas que lidavam com questões atemporais: serem "apalpadas" pelos gerentes da editora; serem mães solteiras; abortos; e uma mulher tão desesperada por romance que perde a cabeça e acaba se tornando uma *stalker*.

O livro de conselhos de Helen Gurley Brown, publicado em 1962 e que fez bastante sucesso entre a nova geração de mulheres que trabalhavam em escritórios na América do Norte, *Sex and the Single Girl* [O sexo e a mulher solteira], falava de um novo tipo de vida — viver em um apartamento, ser independente financeiramente. Gurley Brown é fascinante porque se coloca nos limites entre a

> *O dia 13 de fevereiro, Galentine's Day, é para celebrar as amigas mulheres! É maravilhoso e deveria ser feriado nacional.*
> *— Lesley Knope, da série de televisão Parks and Recreation, 2010*

independência e as regras que dizem que devemos ser mansas e elegantes — ou seja, atraentes. Como a comediante Joan Rivers, ela personificava uma época em que, muitas vezes, mesmo sendo a pessoa mais inteligente da sala, ela aceitava que seria julgada por sua aparência.

Uma mulher solteira deve ter estilo, seguir a moda, cozinhar bem, conseguir um bom emprego, trabalhar duro, usar seu cérebro disfarçadamente, "cuidar" de seu rosto, não "ganhar um pingo de gordura" e ter um apartamento legal. "Arrase na decoração como faria com qualquer nova habilidade. Lembra quanto tempo levou para aprender taquigrafia?", perguntava Gurley Brown.

Embora o objetivo seja encontrar um marido que eleve seu padrão de vida e a faça se sentir desejada, a vida de solteira nos anos de 1960 tinha suas vantagens: "Uma mulher solteira nunca precisa trabalhar duro. Ela pode terminar o trabalho doméstico em uma hora no sábado de manhã e levar mais uma hora para passar blusas e camisas brancas".

"É UM ELOGIO"

"Negging" (de "negativo") é uma técnica de sedução recomendada para homens que tentam fazer as mulheres se sentirem mal ou desequilibradas enquanto fingem elogiá-las. É uma maneira de fazer alguém se sentir rejeitada e menosprezada. Se uma mulher reclama, os homens dizem que ela é muito sensível, ou que foi só uma piada ou uma sugestão útil.

É difícil aprender que você não merece ser insultada ou maltratada, ainda mais quando você está em meio a essa situação ou ainda se recuperando de seus efeitos.

Você não é tão feia quanto eu achei que seria.
— Um babaca em um pub de Sydney, 1987. Meu namorado na época disse: "Ele só quis fazer um elogio."

"MANIPULE OS HOMENS"

Das exortações medievais contra as mulheres sedutoras, "progredimos" para dar conselhos às mulheres sobre como manipular os homens a fim de se casarem com eles e como enrolá-los com táticas semelhantes após se tornarem esposas. A ideia é fingir que os homens tomam todas

> *Aposto que você era bastante atraente na sua época.*
> — Um comediante homem para Ellen Briggs, citado no livro dela, *Women Like Us* [Mulheres como nós], com coautoria de Mandy Nolan

as decisões, para não machucar o ego deles, mas ser uma mulher inteligente que arquiteta tais decisões por trás dos bastidores.

A cópia de 1955 de *How to Manage Men* [Como lidar com os homens] na Biblioteca Nacional (que foi emprestada 25 vezes), aconselha as mulheres a jogarem duro, em nome de princípios como: "Seja sensata ao lidar com os sentimentos deles, mantenha-os a uma distância adequada e é provável que eles sempre se lembrem de você como a figura inatingível e imaculada da feminilidade, e não apenas como peças frívolas fáceis de se conseguir e ainda mais fáceis de ser colocadas de lado na vida deles". Seja frívola, pelo amor de Deus.

Proibidas de terem qualquer poder real, as mulheres foram informadas de que poderiam obter algumas pequenas vantagens ao manipular os homens, usando a técnica de enganar e manipular por meio do sexo. Duas séries de televisão dos anos de 1960 exemplificam esse estereótipo: uma bruxa que é muito mais esperta que o marido executivo de publicidade (*A Feiticeira*) e a gênia mágica de um astronauta desafortunado, que o chama de "mestre" (*Jeannie é um gênio*).

Nunca suspeitei mais de uma farsa literária do que lendo o livro vendido por um xelim em 1885, chamado *Men & How to*

A escritora Mary Hyde fuma um cigarro enquanto o marido, Douglas Rose, lava a louça, o que era uma imagem impressionante na época, 1958. (Tony Marshall/ANL/Shutterstock)

Manage Them: A Book for Australian Wives and Mothers by an Old Housekeeper [Homens e como lidar com eles: um livro para esposas e mães australianas escrito por uma dona de casa]. Se esse livro foi escrito por uma mulher, eu sou uma lontra. A autora afirmou:

> Proponho considerar o homem um animal plástico, invertebrado, manejável, indócil e intratável, sem dúvida raramente sendo guiado, conduzido ou persuadido, mas que deve ser bajulado e driblado e [...] conquistado pelo estômago [...] ela deve se contentar em rir disso em segredo. Um olhar de triunfo pode desfazer meses de trabalho.

Havia muito mais livros desse tipo na década de 1950. *How to Manage Men* aconselhava (estou parafraseando) que, se você nunca pudesse ter a educação, os privilégios, o emprego, o salário, as perspectivas ou os direitos dos homens, teria que se virar para conseguir algo na vida.

As mulheres tinham que aprender a manipular desde o nascimento, ela dizia, e ficarem melhores nisso com a experiência, "por tentativa e erro [...] dependia até certo ponto das curvas de seu corpo, de um instinto a ser desenvolvido e de um grande grau de astúcia felina".

O livro de Hyde é bastante assustador, pois dizia às meninas para praticar manipulando seus pais e se tornando "as crianças mais atraentes de todas, excelentes em lições, jogos e comportamento". "Aprenda a aceitar os homens como eles são, imperfeitos, infantis, egoístas e muito banais. Um dia você encontrará alguém que lhe parecerá extraordinário", ela prometeu.

Um incentivo era poder ter alguma liberdade primeiro.

> A garota de hoje tem uma vida muito mais plena. Ela pode viver cinco, dez ou quinze anos solteira e feliz (antes do casamento) [...] o casamento não é mais o limite de sua ambição [...] algumas mulheres encontram realização em uma carreira.

Suponho que as mulheres do passado também possam ter tentado manipular os homens, já que, de todo modo, eram culpadas por tudo que acontecia, desde controlarem o clima com seu sangue menstrual até causarem a queda de Esparta (disse o ridículo Aristóteles) e a Revolução Francesa (disse o maldito Schopenhauer). Freud, o cara do falo, disse apenas que elas eram uma "influência retardadora e restritiva".

"FAÇA TODO O TRABALHO EMOCIONAL"
De todos os inúmeros estudos e pesquisas que investigaram quem faz o que em um relacionamento ou casamento heterossexual, nenhum chegou à conclusão de que os homens fazem, em média, mais tarefas domésticas ou mais trabalho emocional ou se dedicam mais a cuidar da família do que as mulheres. Com frequência nos dizem que isso ocorre porque as mulheres se importam mais, têm padrões mais altos ou são melhores em organizar.

Isso acontece porque a maioria dos homens não carrega o mesmo peso de trabalho não remunerado nos relacionamentos. E porque os homens no poder não priorizam o financiamento aos cuidados infantis e, quando as coisas estão difíceis, geralmente são as mulheres que fazem esse trabalho, porque ganham menos do que o parceiro ou porque não podem pagar uma creche. Elas são forçadas a renunciar à experiência, às promoções no trabalho e às contribuições feitas na empresa, além da aposentadoria.

As mulheres tendem a organizar todas as reuniões entre pais e professores, fazer as malas e planejar as férias, nas quais também são responsáveis pela maioria das refeições. Se você realmente ganha mais ou paga mais da metade por tudo, não mencione isso para não "emascular" seu parceiro. Velhas desculpas e velhas dinâmicas continuam sendo recicladas.

"NÃO EXISTE ISSO DE LÉSBICA"
Por muito tempo, a suposição do público em geral era de que lésbicas e mulheres bissexuais não existiam — homens heterossexuais no comando nunca sequer consideraram a ideia, e as mulheres não falavam a respeito.

Na década de 1830, as mulheres brancas eram tão mais numerosas que os homens brancos em Melbourne que elas podiam escolher os maridos. Em um movimento avançado para a época, o casal de ocupantes ilegais, Caroline Newcombe e Anne Drysdale, se juntou e se mudou para uma fazenda em

Geelong, onde projetaram e construíram uma casa com um quarto para elas.

Quando Drysdale morreu na década de 1850, Newcombe mandou fazer um broche de ouro usando mechas dos cabelos das duas, trançadas em tricô de carretel, e símbolos dourados de devoção e amor, incluindo uma lira e rosas.

Embora as pessoas tenham dito, zangadas, que elas eram metodistas, e não lésbicas, acho que poderiam ter sido as duas coisas. Se faziam sexo ou não, isso não é da minha conta, mas as duas se amavam e se consideravam parceiras de vida, então isso é o suficiente.

Lésbicas podem se casar legalmente em muitos países, mas há lugares em que ser homossexual ainda é ilegal, e as pessoas LGBTQIA+ são perseguidas e punidas. No Burundi, meninas e mulheres usam um símbolo secreto em suas roupas para se conectarem. Em 2019, uma reportagem sobre códigos feita pela BBC optou por não identificar o símbolo, para proteger as mulheres da violência.

"Não existe isso de lésbica" foi reciclado contra pessoas trans por muitas igrejas e Estados: "Primeiro diremos que você não existe, e, quando você provar que existe, seremos horríveis com você". (Igreja e Estado não são divertidos em festas.)

"UM VESTIDO DE NOIVA DIZ QUE VOCÊ É VIRGEM"

Em 1916, Lillian Pyke concordou com a opinião de todos que diziam que o vestido de noiva deveria ser branco. Essa ideia fora popularizada pela rainha Vitória em 1840, que pediu que seus convidados não vestissem branco e, então, vestiu-se de branco da cabeça aos pés, com cauda, renda e véu. Sua biógrafa, Julia Baird, diz que essa escolha foi feita para mostrar melhor seus babados de renda. Uma década depois, as revistas femininas redefiniram o branco como a cor que representava pureza e inocência — código para virgindade, e se alinhando com a ideia de que fazer sexo deixa uma mulher suja ou manchada.

Antes disso, a maioria das pessoas se casava com suas melhores roupas, feitas à mão ou que pudessem ser recicladas

O sr. Perrin é jovem. Ele é jovem.

A sra. Miller é casada. Ela é casada.

Mr Perrin is young.
He's young.

Mrs Miller is married.
She's married.

O sr. Bell é velho. Ele é velho.

A srta. Green é solteira. Ela é solteira.

Mr Bell is old.
He's old.

Miss Green is single.
She's single.

A srta. Green é solteira, ouviu? Solteira. Aula de inglês em um livro para imigrantes produzido pelo governo australiano, início dos anos 1970. (Biblioteca Nacional da Austrália)

para serem usadas depois; malva era uma cor popular. O pedido de casamento da rainha para o príncipe Alberto de alguma forma não estabeleceu o padrão para que mulheres propusessem da mesma maneira.

"USE O SOBRENOME DO SEU MARIDO"

Uma mulher ascendia de *status* na sociedade de acordo com o *status* de seu marido (apesar de nunca subir tão alto quanto ele). Mesmo agora, mulheres que são médicas ou professoras muitas vezes têm seus merecidos títulos ignorados, pois são rebaixadas a esposas de algum homem por agentes de viagens e funcionários. As mulheres casadas costumam ser questionadas sobre o nome de "solteira", ou seja, o nome que tinham quando eram mais jovens.

Uma mulher solteira era digna de pena, seus filhos eram rotulados de ilegítimos, enquanto uma mulher casada ganhava mais respeitabilidade. Minha filha, nascida em 1998, foi registrada com um asterisco nas árvores genealógicas compiladas por alguns parentes, pois eu e o pai dela não éramos casados. Um homem era um senhor independentemente de seu casamento, mas as mulheres eram senhorita ou senhora (as viúvas mantinham o senhora) em público e nas correspondências. As mulheres eram obrigadas por lei, e depois por convenção, a "assumir" o sobrenome do marido. Para muitas mulheres, seu nome de nascimento desapareceu depois do casamento. Eram referidas como "sra. Horace Goomball" após o casamento. A palavra "madame", não explicativa e usada em todos os casos, foi proposta no século XIX, e a luta das mulheres para usar seu nome de nascimento se quisessem, independentemente do estado civil, ganhou adeptos no século XX, especialmente por meio do *lobby* da Lucy Stone League.

As mulheres ainda são comumente informadas por noivos, sogros, pais e amigos de que devem usar o nome do marido ou de que é legalmente exigido. Há um medo tenaz de que crianças sem o nome do pai possam ser consideradas "ilegítimas" ou que suas mães sejam consideradas "vulgares". Seguindo a política de farmácia do século XX, muitas prescrições de anticoncepcionais ainda são dispensadas com o honorífico "sra.".

Minha bisavó, nascida Eva Irene Wills, conhecida como Rene ou Nene, tornou-se oficialmente a sra. Bertram Cooke. Seu divórcio de 1921 foi um caso escandaloso relatado no *The Brisbane Truth*, mas de acordo com as histórias da família não apareceu nas edições de Melbourne ou Sydney, devido aos subornos que foram pagos. Quando o novo casamento de seu

A ilustradora norte-americana Neysa McMein, uma das fundadoras da Lucy Stone League, lidera um desfile sufragista em Nova York, no início de 1900. Em vez de uma lua de mel, ela saiu de férias com seus amigos gays. (Coleção Bettmann/Getty Images)

ex-marido significou que as duas sra. Cooke seriam confundidas nas páginas da sociedade por volta de 1924, Nene se dirigiu para o escritório de Melbourne de Registro de Nascimentos, Óbitos e Casamentos e, sendo muito repreendida, gritou com o responsável pelos registros, que não deveria ser irritado.

Agindo contra o regulamento, ele concordou em mudar o nome dela e dos filhos para Wills Cooke. "Sem hífen!", ela insistiu. Ela recuperou seu nome de família e manteve o de casada e o honorífico "sra." por respeitabilidade.

O colunista do site *Slate*, Danny Lavery, respondeu a uma carta angustiada em 2020 de uma noiva prestes a se casar, cujo noivo insistia que ela pelo menos hifenizasse ou adotasse inteiramente o nome dele. Ela não queria. A resposta foi fazer uma oferta: se ele quisesse que os sobrenomes fossem iguais, "ele poderia usar o dela".

"O CASAMENTO É O DIA MAIS IMPORTANTE DA SUA VIDA"

Havia regras de etiqueta que diziam quem deveria ser convidado e onde cada pessoa deveria sentar, que tipo de joia deveria ser usada no anel de noivado, com quanto tempo de antecedência os convites de casamento deveriam ser enviados, como o noivo deveria usar luvas de lavanda e uma cartola (esse costume bem que podia voltar).

O jornal *Punch* relatou os "muitos presentes bonitos" que foram exibidos no casamento da minha bisavó em 1906: cheques, esculturas de peixe, um número impraticável de conjuntos de galheteiros (sal, pimenta e vinagre). O sr. e a sra. Egbert Wills deram um bule de café de prata; a srta. Violet Cooke ofereceu uma elegante tábua de pão prateada. Eu gostaria de ter conhecido a srta. Spooner, que deu "um livro de poemas de Tennyson".

As regras para o dia do casamento permaneceram praticamente inalteradas, exceto nos tempos de guerra: vestido branco, mudança de nome, pai dá você ao marido, promessa de criar seus filhos na religião certa e não se comportar como bestas no cio no campo (no caso de um cerimônia batista reveladora de que certa vez participei).

Hoje em dia, mesmo uma esposa que deseja todas essas tradições não quer nenhuma das velhas suposições sexistas do passado. Em alguns casos, as tradições sobrevivem apenas porque foram feitas antes e são copiadas infinitamente: chegar em uma carruagem puxada por cavalos é uma delas.

"SEU PROPÓSITO É SER UMA ESPOSA"

A etiqueta, a orientação e o livro médico de todas as mulheres antes da década de 1970 diziam que ela deveria ser uma esposa. Tudo estava voltado para elas se tornarem esposas e cumprirem esse papel. Agora que as mulheres têm outras ambições e ideias para sua vida além de ser uma esposa subserviente ou mãe, o próprio dia do casamento tornou-se o foco.

Mais de cem anos atrás, durante algumas décadas, jogos de tabuleiro eram distribuídos com revistas populares para meninas japonesas. A forma dos jogos tem centenas de anos e é chamada *sugoroku*, que significa "duplo seis", a maior pontuação possível nos dados. Jogos anteriores mostravam empregos de babás a operárias e encorajavam as meninas a contribuir para o trabalho de guerra. Todos os *sugorokus* dessas meninas, ao longo de décadas, têm um objetivo de imagem central: acabar como esposa e mãe.

Um jogo de *sugoroku* de 1910 enfatiza o destino e a fortuna ao aceitar seu papel na vida: a jogadora escolhia um canto para começar, como uma garota rica jogando *badminton*, uma empregada doméstica começando um incêndio, uma estudante ou uma operária. Os dados determinam o seu caminho: fazer flores de seda, maquiar-se, usar ábaco para fazer contas, ser artista, cabeleireira, lavadeira, telefonista, ter um filho. O painel central mostra um grupo familiar de três gerações. A jogadora ganha ao chegar em "casa", onde está sua família, incluindo um bebê, outras crianças e vários avós.

Detalhe do jogo de tabuleiro Namoro e Casamento, 1905. Você pode pousar em "Pais encantados, avance para a proposta" ou "Ciúmes, volte uma casa". (Biblioteca Nacional da Austrália)

Um jogo de tabuleiro *sugoroku* japonês para meninas, suplemento de revista, 1926. (Biblioteca Nacional da Austrália)

A bibliotecária e tradutora especialista Rika Wright, me mostrou um belo jogo de *sugoroku* enorme e colorido de 1926, na Biblioteca Nacional da Sala de Leitura Asiática da Austrália, criado pelo ilustrador e escritor Ishiguru Royū. O jogo veio como um bônus da edição de Ano-Novo de 1926 de uma revista feminina japonesa. Não é muito instrutivo, mas aconselha as meninas quanto às suas possíveis escolhas.

Como convém à progressiva década de 1920, ele mostra uma garota abastada indo ao teatro, esquiando de calça, tocando música, admirando em uma galeria de arte o trabalho de uma "escultora genial", ajudando na louça e ouvindo notícias de rádio.

"A ESPOSA É SEMPRE INFERIOR AO MARIDO"

A internet ainda está repleta de conselhos reciclados para esposas tradicionais — especialmente aquelas que fazem parte de comunidades religiosas de qualquer tipo, às quais dizem para se "submeterem" ao marido. Essa incapacidade de aceitar a ideia de um parceiro em pé de igualdade significa que as esposas são frequentemente isoladas, mal aconselhadas pelo clero e incapazes de encontrar uma rota de fuga do abuso e do controle.

Alguns citam seletivamente a Bíblia ou o Alcorão, enquanto os tipos de filosofia extravagantes citam a história de Xântipe, que não foi suficientemente reprimida por seu insuportável e preguiçoso marido Sócrates, que era décadas mais velho que ela, não ganhava dinheiro, usava o dinheiro de sua família, frequentava clubes exclusivos para homens, disse que amava outro homem, falava que as mulheres eram inferiores e expulsou a ela e ao filho da cela antes de sua execução para que pudesse ter um debate filosófico com alguns caras. Então, se Xântipe, um pouco mal-humorada, certa vez jogou o conteúdo de um penico sobre ele, ela tinha o direito de fazê-lo.

Depois disso, tivemos alguns séculos ou mais de ensinamentos religiosos e livros de etiqueta dizendo às mulheres que elas eram inferiores aos seus maridos.

"SER SOLTEIRA É ASSUSTADOR"

Quando conversei com uma senhora idosa chamada Joan em uma pesquisa de campo a uma casa de repouso alguns anos atrás, falamos sobre como ela era uma das muitas viúvas lá. Ela se inclinou para mim e confidenciou em um sussurro: "É uma felicidade não ter que fazer o jantar de ninguém. Muitas mulheres aqui se sentem aliviadas". Fez uma pausa. "Às vezes, nós comemos apenas um *biscoito*."

"A VIRGINDADE É IMPORTANTE"

A castidade, ou virgindade, tem sido uma obsessão das religiões e dos livros de romance. As meninas costumam dizer que são "virgens" ou "não mais virgens", que a virgindade é um presente que elas dão a um menino, um homem ou um marido. Estudos mostram que, aos quinze anos, cerca de metade das meninas já terá feito algum tipo de sexo. Quando os pais dessas meninas, alheios à realidade, dizem "Guarde-se para alguém especial", o que essas meninas podem ouvir é que elas já foram arruinadas ou alteradas; estão sendo informadas de que não são mais especiais.

A virgindade não é um estado especial. A maioria das meninas que pratica algum esporte ou vive uma vida normal acaba por esticar seu hímen. Ele não se rompe, não estoura e nem sempre sangra quando uma "virgem" faz sexo com penetração pela primeira vez, embora a expectativa masculina de que isso aconteça tenha levado muitas mulheres a colocar esponjas na vagina ou outros meios para produzir o sangue esperado naquele momento. "Virgens" podem ter tido centenas de orgasmos, feito muito sexo anal, oral e visto todo tipo de pornografia degradante. Muito lentamente, feministas e outras pessoas estão tentando reforçar a ideia de que ser "virgem" não é um ideal, ou mesmo um rótulo significativo.

"A ABSTINÊNCIA SEXUAL É MORAL"

Muitas religiões pregam a "abstinência", por vezes negando a educação sexual, ou ensinando mentiras como "o aborto aumenta as possibilidades de desenvolver câncer de mama" ou "camisinha não funciona". Meninas evangélicas nos Estados Unidos usam joias como o anel de "santidade", assinam certificados e participam de cerimônias com seus pais para afirmar sua castidade. A correlação entre a religiosidade e a taxa de natalidade em meninas adolescentes é alta. Evidências apontam que, no final da adolescência, a quantidade de sexo entre jovens religiosos não diminui, mas eles são menos propensos a usar métodos contraceptivos ou optar pela interrupção da gravidez.

Livros sobre abstinência sexual como *Real Sex*, de Lauren Winner, publicado em 2005, foram estudados nas escolas com ensinamentos como "A castidade é o que Deus tem de melhor para nós. Deus criou o sexo para o casamento e é nesse momento que ele deve acontecer".

Grandes estudos com adeptos da castidade no início dos anos 2000 mostraram que, em grande parte, eles quebravam seus votos, mas aguentavam uma média de dezoito meses a mais do que os não adeptos. Por não usarem anticoncepcional, tinham maior propensão a engravidar. Mais da metade disse que o único sexo que contava na abstinência era a penetração do pênis na vagina. Outro estudo descobriu que a atividade que mais levou as meninas a postergarem o sexo foram os esportes coletivos, não a igreja.

Em outros lugares, há grupos ativistas fazendo pressão para a criação de leis para proteger as meninas de rituais e danos ao clitóris, aos lábios vaginais e à abertura vaginal, conhecidos como mutilação dos genitais femininos (MGF). A desculpa cultural para a prática é que ela representa, na verdade remove, a possibilidade de as mulheres desfrutarem do sexo, tornando-as mais castas. Tudo faz parte da mesma ideia abusiva de que as mulheres são uma espécie de "presente" sexual para o marido.

> *Você deve preservar sua prudência e sua virtude [...] uma palavra precipitada ou um passo em falso pode extinguir para sempre todas as suas esperanças brilhantes e suas alegres prospectivas.*
> *— Thomas Faulkner,* The Book of Nature: A Complete Marriage Guide for Men and Women *[O livro da natureza: um guia completo do casamento para homens e mulheres], década de 1930*

> *Eu me comprometo com Deus, comigo mesma, com a minha família, meus amigos, meu futuro cônjuge e meus futuros filhos a me abster deste dia até o dia em que entrar em um relacionamento conjugal bíblico.*
> *— Juramento das adolescentes batistas, 2000*

"A EDUCAÇÃO SEXUAL É SEMPRE ÚTIL"

Exceto pelo fato de que grande parte dela tem sido inútil. O livro *China's First Modern Treatise on Sex Education* [O primeiro tratado moderno da China sobre educação sexual], de Chang Ching-Sheng, foi traduzido para o inglês em 1967, mais de quarenta anos após seu lançamento, por Howard Levy. O autor pretendia que fosse um livro científico, apesar de se basear em um artigo de 1926 para uma pesquisa do jornal *Peking* com perguntas a respeito de masturbação, menstruação e contracepção: a maioria respondida por homens jovens. Há diversos pronunciamentos e regras: "Após lavar [seus genitais], esfregue com um pano macio até que a carne fique quente e pare quando sentir que está gerando eletricidade".

E também: "Descobriram a prova de que quando os desejos sexuais de certas mulheres surgem, os músculos de seu órgão sexual têm um poder de sucção extremamente forte". Sééééério?

O documento publicado pelo governo na década de 1940, *Sex Instruction for the Adolescent Girl and the Young Woman: The Facts without the Humbug* [Instruções sexuais para a menina adolescente e a jovem mulher: os fatos sem enrolação], "escrito por um autor australiano que consultou autoridades médicas e clericais", não era muito melhor. Àquela altura, a grande maioria dos cidadãos acreditava que ter um pouco de educação sexual era bom.

As prioridades do dia são impostas como se fossem impulsos naturais. As meninas são informadas de que podem se interessar mais pelo trabalho doméstico, bem como por "dançar com rapazes, melhorar sua aparência, vestir-se com elegância, em nome, na verdade, de seu próprio futuro, a fim de ter a casa dos seus sonhos um dia".

O instinto de acasalamento leva ao sexo de forma automática entre "um homem e a esposa", durante o qual "o pênis do marido é naturalmente inserido e recebido pela vagina de sua esposa, impelido pelo instinto de acasalamento diretivo e momentaneamente todo-poderoso de ambas as pessoas". Preciso acrescentar que a inutilidade dessa instrução realmente supera todas as expectativas. Esse instinto de acasalamento, explica o livro, mostra como as pessoas são semelhantes a peixes e poinsétias.

Em outra parte do documento, as meninas são avisadas, de forma cruel, de que devem se manter virgens, caso contrário nenhum homem vai querer se casar com elas, pois terá se tornado "um brinquedo com que todos brincam", além de contar a mentira de que "qualquer homem que se una com uma mulher pode dizer imediatamente se ela é virgem ou não".

A conselheira sexual mais famosa do final do século XX foi a dra. Ruth Westheimer. Seu livro de 1983, *Dr. Ruth's Guide to Good Sex* [Guia da dra. Ruth para um bom sexo], vendeu milhões de cópias.

Durante três anos, ela tinha um programa de rádio e deixava as transcrições prontas, misturando seu uso sem pudor de palavras que designavam partes do corpo, a sinceridade e o sotaque do Leste Europeu instantaneamente reconhecível. Ela também trabalhou na televisão; uma mulher pequena e sincera que ficou órfã em decorrência do Holocausto e obteve um doutorado em educação. Respondia a perguntas que as pessoas tinham medo de fazer em voz alta e discutia coisas das quais as pessoas nunca tinham ouvido falar.

Ela manteve a imparcialidade e falou sobre fingir orgasmos, os mitos relacionados à menstruação, como não engravidar, métodos contraceptivos e culpa, e sugeriu: "Coloque, talvez, um dedo ou até um pepino ou uma banana na vagina". (Vou ser sincera: acho que a maioria das pessoas não aconselharia a colocar uma banana lá.)

A primeira edição desse livro saiu quando a herpes ainda era considerada a doença mais preocupante do mundo e antes de muitas informações úteis sobre a emergente pandemia de Aids. É claro que, posteriormente, ela mudou o último conselho, mas é comovente ler a primeira edição, que dava dicas inúteis para não contrair o "sarcoma de Kaposi" ao dizer para não fazer sexo com pessoas "promíscuas".

O ativismo de homens gays e de mulheres lésbicas no final da década de 1980 foi o responsável pelo desenvolvimento de ações de saúde pública contra a Aids que acabaram por salvar milhões de vidas e ajudaram a normalizar o debate público sobre sexo em muitos países ao redor do mundo.

A dra. Ruth falou sobre a possível existência de um "ponto G" na vagina que poderia proporcionar à mulher um orgasmo não clitoriano, embora estudos mais recentes da pesquisadora clitoriana e urologista Helen O'Connell deixem claro que o suposto ponto é apenas a parte mais próxima da parede da vagina até a outra extremidade do clitóris. A dra. Ruth escreveu mais de quarenta livros e ainda dava conselhos — sobre namoro on-line — em 2018, quando tinha noventa anos.

"EDUCAÇÃO SEXUAL DIZ RESPEITO A COMO AGRADAR OS HOMENS"

A era de ouro dos conselhos dados em revistas femininas dos anos de 1970 e de 1980, influenciados pela revista *Cosmopolitan*, de Helen Gurley Brown, muitas vezes girava em torno de matérias do tipo "Como fazer um boquete". Enquanto isso, a revista *Dolly*, na Austrália, liderou o mundo dos conselhos sexuais práticos e anatômicos com a coluna do "Dolly Doctor".

Mais de quatro mil meninas responderam à pesquisa que fiz em 2006 para a primeira edição do meu livro *Girl Stuff: Your Full-on Guide to the Teen Years* [Coisa de menina: seu guia completo para a adolescência]. Questionadas sobre o que elas queriam saber a respeito de sexo, poucas queriam saber de como evitar a gravidez e as doenças sexualmente transmissíveis. Em vez disso, um grande número de meninas perguntava uma variação de "Como faço para que o cara goste do que estou fazendo?". Enquanto muitos meninos adolescentes são informados pela pornografia

A julgar por essa foto do livro *New 101 Kama Sutra Sex Positions* [101 novas posições sexuais no *Kama Sutra*], de 1995, você deveria fazer sexo ao ar livre usando sapatos de salto alto. O livro era vendido dentro de um saco plástico. (Biblioteca Nacional da Austrália)

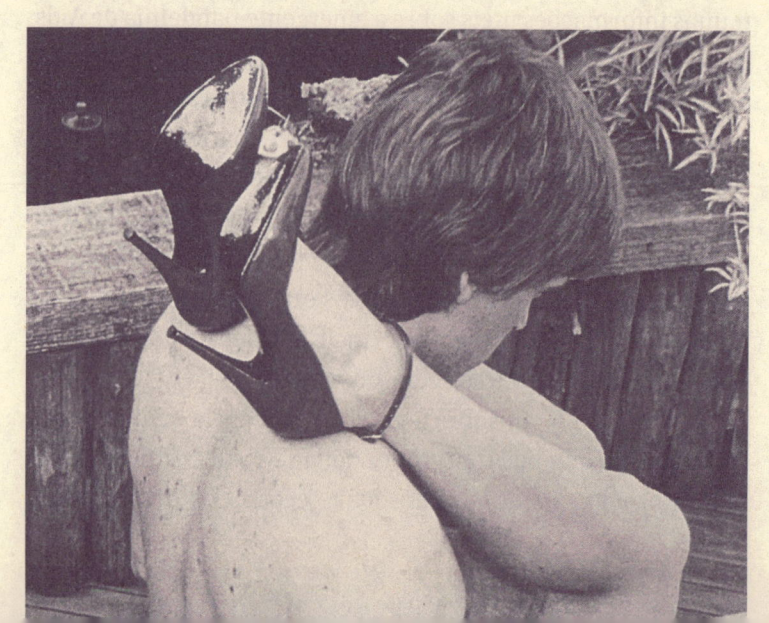

de que o sexo anal faz as mulheres enlouquecerem de desejo e gozarem (o que não acontece), as meninas muitas vezes não são avisadas do quanto isso pode doer, de como isso as faz ter mais risco de contrair infecções e de que não são obrigadas a fazê-lo.

De qualquer forma, isso gerou algumas longas conversas no escritório do editor sobre "Como vamos lidar com o sexo anal?" que, posso lhe dizer, assustavam todas as pessoas que passavam no corredor.

Um modelo tridimensional da estrutura do clitóris que, quando usado como um colar, faz alguns homens dizerem que a nave de guerra inspirada em *Jornada nas Estrelas* em volta do seu pescoço não está totalmente correta. (Criado por Odile Fillod, fotografia de Marie Docher, 2010)

"A MASTURBAÇÃO FAZ VOCÊ ENLOOOOUQUECER"

Aquele tratado chinês de educação sexual da década de 1920 afirmava que a masturbação causava tuberculose e fazia com que as meninas "perdessem sua essência". O livro de instruções sobre sexo, publicado na década de 1940 pelo governo australiano, dizia às meninas: "Esse ato é muito prejudicial e repugnante, e você nunca deve se permitir fazê-lo [...] ele torna você imprópria para o casamento, tira o prazer do ato sexual e impede a procriação de filhos".

A masturbação foi por muito tempo citada por todos os médicos e autores de conselhos disponíveis como o "pecado do autoabuso", e também referida como "poluição habitual", "contaminação" e "vício não natural". Era, segundo eles, uma causa direta de insanidade para ambos os sexos e, no caso das mulheres, de prostituição.

Era a causa de palidez e apatia nas mulheres, além de todas suas doenças, ainda que isso também fosse causado por laços apertados ou sentimentos de inferioridade, pelo uso de ópio ou tratamentos de beleza com arsênico, ou exaustão, ou ser uma vampira.

John Kellogg, um obsessivo militante antissexo, eugenista, adventista do sétimo dia, ativista vegetariano e proprietário de um "sanatório" (hospital privado), inicialmente anunciou o

Não é justo, acho que você é realmente mau [...] você nunca me faz gritar.
— Lily Allen, da música "Not Fair", de Lily Allen do álbum *It's Not Me It's You*, 2009

Sucrilhos como uma comida saudável que combatia o desejo de se masturbar.

As imagens de mulheres se masturbando são há muito tempo consideradas provocadoras para homens, e ideias mais positivas que as vissem como feitas por mulheres e para mulheres não surgiram tão rápido. Em sua tese de 2003 sobre os sucessos do século XIX na ficção e textos médicos sobre masturbação, *The Secret Vice* [O vício secreto], Diane Mason diz que a cronista sexual Nancy Griday descreveu a masturbação como um "tratamento de beleza", enquanto Betty Dodson dizia que era o "jeito de aprendermos a nos amar e construir nossa autoestima".

Educadores sexuais sugerem que a masturbação é uma maneira de as meninas aprenderem como podem se sentir durante a atividade sexual. Lojas que vendem brinquedos sexuais on-line, criados para as mulheres, já contribuíram muito para a normalização da prática.

"A CONTRACEPÇÃO NÃO É NADA DE MAIS"

A contracepção sempre importou mais para as mulheres do que para os homens, porque ficar com a batata quente na mão não é apenas uma metáfora encantadora. Só que, nesse caso, a batata será um bebê.

É difícil imaginarmos isso atualmente, mas uma mulher sem métodos contraceptivos poderia com facilidade ter oito ou mais gestações em um período entre dez a doze anos. Seu corpo com frequência sofria danos e ela ficava exausta com uma vida de amamentar enquanto estava grávida; trabalhos domésticos constantes, desgastantes e exaustivos; e uma necessidade desesperada de alimentar e vestir as crianças.

Médicos e cientistas do sexo masculino, no exercício de suas profissões tradicionais, ditavam quem poderia obter a contracepção e como ela seria usada. A pílula e o movimento de libertação das mulheres na década de 1970 foram importantes para romper com esse passado.

Uma mulher precisa de um homem como um peixe precisa de uma bicicleta.
— Irina Dunn

Botton. (Biblioteca do Estado de Victoria)

Um livreto do movimento de libertação das mulheres de aproximadamente 1971, agora guardado na Biblioteca Nacional, diz claramente: "Não se pode confiar que o homem seja cuidadoso o suficiente com a contracepção, e os erros dele são problema seu". O livreto *What Every Girl Should Know about Contraception* [O que todas as mulheres deveriam saber sobre contracepção] foi baseado em um grupo de libertação das mulheres do sul da Austrália, usado como modelo em todo o país. Quando mais de dezoito mil cópias desse livreto foram distribuídas em Sydney, e algumas foram encontradas nos armários das escolas, detetives do "Abortion Squad" de Nova Gales do Sul apareceram para questionar os diretores das escolas secundárias femininas. Ninguém foi processado.

A cópia na Biblioteca Nacional não é "desenhada" e não possui ilustrações ou gráficos; são apenas páginas de digitação simples copiadas, frágeis e gastas, depois de serem passadas de mão em mão para quem sabe quantas mulheres. Essa cópia fez um bom serviço e agora passa seu tempo deitada em um quarto escuro.

Agora que estamos acostumadas a pesquisar qualquer informação em um computador, é difícil imaginar que esse panfleto precioso e sujo tenha sido uma revelação para mulheres na faixa dos vinte a trinta anos ao listar os métodos contraceptivos disponíveis se elas fingissem ser casadas para obter a receita. O suprimento de um mês da pílula era caro, mas você podia arcar com ele: custava 1,97 dólar. A pílula revolucionou a vida das mulheres ao possibilitar que elas tivessem escolhas.

No final do século XX, nove em cada dez casais nos países ocidentais usavam métodos contraceptivos porque podiam. Ao controlar os métodos contraceptivos, a maioria das mulheres escolheu ter de um a três filhos, uma grande redução em relação às famílias comuns com oito a quinze filhos.

A história dos métodos contraceptivos é de crenças e esperança, confusão e fracasso. De inserções estranhas, interferência de extremistas religiosos sociopatas, atitudes vergonhosas da supremacia branca, envenenamento do sangue por causa de abortos incompetentes feitos na mesa da cozinha, greves sexuais e todo tipo de dispositivos estranhos.

Folheando o catálogo on-line do Museu de Artes e Ciências Aplicadas, vi anéis de Gräfenberg, camisinhas usadas há mais de 75 anos, Dispositivos Intrauterinos (DIUS) estranhos e outros dispositivos contraceptivos.

Passei algum tempo olhando para um dispositivo particularmente confuso antes de perceber que, na verdade, estava olhando para um vaso que pertenceu à aviadora dos anos de 1930 Nancy Bird Walton.

"A CONTRACEPÇÃO FOI INVENTADA EM 1967"

Antigos textos judaicos, islâmicos e asiáticos recomendavam todo tipo de atividade para as mulheres supostamente expelirem sêmen após o sexo — incluindo polichinelos. Os pessários contraceptivos do passado incluem esterco de crocodilo, mel e goma de formiga.

Poucas coisas se parecem mais com rabiscos do que os Dispositivos Intrauterinos Contraceptivos (DIUS). (Museu de Artes e Ciências Aplicadas)

Os homens chineses eram tradicionalmente aconselhados a impedir que seu pênis ejaculasse dentro de uma vagina "rangendo os dentes mil vezes" e "fazendo uma pausa após cada série de nove movimentos". O coito interrompido, que consiste em retirar o pênis da vagina antes da ejaculação, foi um método popular: *The Curious History of Contraception* [A curiosa história da contracepção], de Shirley Green, de 1971, cita uma estimativa de que esse método produzia dezoito gravidezes a cada cem mulheres.

Ela continua dizendo que o *"coitus interruptus"* (tudo soa mais chique em latim) era bastante recomendado na Índia e no mundo islâmico. Cristo não tinha nada a dizer a respeito disso, e são Paulo tinha acessos de raiva só de pensar em sexo — então não havia nenhuma alegria ali.

Dizia-se que os gregos e os romanos não eram tão bons na prevenção, mas praticavam com regularidade o aborto e o infanticídio. Em todos os continentes (talvez não na Antártida), as pessoas tentaram, de modo independente, inventar métodos de contracepção ao prolongar a amamentação, praticar a abstinência sexual e vários outros métodos para impedir a gravidez.

Um livro anterior aos anos de 1920, chamado *The Wife's Handbook: Radical Remedy in Social Science or Borning Better Babies Through Regulated Reproduction by Controlling Conception* [O manual da esposa: remédios radicais da ciência social ou gestar os melhores bebês por meio da reprodução regulada pelo controle da concepção], passou por dezenas de edições e aconselhava o seguinte:

> A excitação ou a admiração podem levar uma garota a fazer, dizer ou permitir coisas que são degradantes [...] Apelo a vocês como mulheres. Pelo bem do Império, pelo bem dos futuros homens e mulheres do Império, sobretudo pelo bem das crianças, façam tudo o que estiver ao seu alcance para tornar nosso país mais puro e mais limpo.

Essa era uma mensagem secreta para que as mulheres se recusassem a fazer sexo antes do casamento e, assim, diminuíssem os casos de sífilis e gonorreia.

As mulheres sempre tentaram controlar sua própria fertilidade: evitar a gravidez, tentar salvar sua própria saúde e sua própria vida. Mulheres da Irlanda, de Gana e da América utilizavam ervas, amuletos e outros símbolos, com frequência usados como joias, para tentar interromper a gravidez, bem como regras culturais incentivando a abstinência sexual e a amamentação prolongada para tentar "dar mais tempo" entre um filho e outro.

O livro de 1981, *Abstinence as a Method of Birth Control* [Abstinência sexual como método de controle de natalidade], de Israel O. Orubuloye, usou informações sobre mulheres iorubás que vivem na Nigéria, com base em pesquisas conjuntas feitas desde 1972 pela Universidade Nacional da Austrália e pela Universidade de Ibadã. Centenas de mulheres em duas grandes áreas de aldeias falaram sobre a recomendação tradicional de usar a abstinência sexual e a amamentação para que cada parto ocorresse com três anos de distância, se conseguissem. (A amamentação pode diminuir a chance de gravidez para algumas mulheres, mas não é um método de contracepção confiável em comparação com os métodos médicos.)

"A abstinência sexual é o fator isolado mais importante na contenção da fertilidade na sociedade iorubá", Orubuloye relatou. Sempre fico com o coração quentinho quando encontro pesquisas que se esforçam em escutar as mulheres. Traz uma visão mais ampla saber que as avós geralmente vinham para ficar por três meses após o nascimento, para ajudar. A maioria das avós eram mulheres com mais de 45 anos que decidiam, na chegada do primeiro neto e das responsabilidades que vinham junto, absterem-se de sexo.

Contraceptivos (não chapéus). De *The Wife's Guide and Friend* [O guia e amigo da esposa], 1898. (Biblioteca Nacional da Austrália)

Em sua grande maioria, as mulheres no estudo tinha ouvido falar de amuletos e remédios de médicos nativos para usar como contraceptivos, mas não os usava. Já tinha ouvido falar dos preservativos, mas não tinha como comprar. As mulheres iorubás que viviam em cidades maiores eram muito mais propensas a ter acesso a métodos de contracepção que iam além da abstinência sexual, mas ainda a praticavam por até nove meses após o nascimento do filho. A abstinência era recomendada pelas mulheres mais velhas às mais novas, na maioria das vezes era uma decisão conjunta no casamento e aceita por homens e mulheres como algo comum, e não como uma barreira.

O conselho "boca a boca" para a contracepção é forte em todas as culturas e gerações. Em 2005, um estudo que analisou quanto jovens universitárias nigerianas conheciam os anticoncepcionais de emergência, liderado pelo obstetra e ginecologista Chris Akani, encontrou resultados que imitavam muitos dos métodos ineficazes que também eram replicados ao redor do mundo, incluindo tomar banho com Coca-Cola ou álcool, preparações à base de plantas, laxantes e gim e, no caso mais particular dos países africanos, a popularidade de várias preparações de quinina, com muitos efeitos colaterais perigosos, ou grandes doses de antiácidos, "uma dose de sais". Nenhum desses métodos são uma contracepção eficaz.

"O PLANEJAMENTO FAMILIAR DEVE SER RACISTA"

Militantes pelos direitos das mulheres e pelo acesso à contracepção com frequência nasciam dos movimentos sufragistas e de direitos das mulheres e de mulheres médicas que viram a miséria da fertilidade implacável. Mas a maioria das militantes mais conhecidas, incluindo Marie Stopes e Margaret Sanger, também era grande fã da vergonhosa eugenia da supremacia branca, chamada "higiene racial". Mulheres exaustas e feridas por muitos partos seguidos não eram boas em manter a raça branca forte, diziam.

Havia muitas mentiras que persistiram desde o começo da Austrália colonial e que foram usadas contra mulheres aborígenes. Uma delas era a de que mulheres indígenas e mulheres de pele mais escura eram capazes de fazer mais trabalho físico e tinham mais "facilidade" para dar à luz e se recuperar. Outra mentira era que as mulheres aborígenes praticavam infanticídio e canibalismo de forma regular para dar um tempo maior entre um filho e outro. A verdade era que os abortos e as crianças natimortas de mulheres aborígenes, que ocorriam devido às doenças e à desnutrição infligidas pelos "colonos", não eram abordados e, muitas vezes, eram ignorados pelos colonizadores.

Muitas informações históricas sobre contraceptivos da supremacia branca são mantidas na Biblioteca Nacional, e em sua coleção efêmera de panfletos há um livreto da década de 1930, *Sex in Life: Young Women* [Vida sexual: mulheres jovens], de Violet Swaisland, publicado pela Associação de Higiene Racial de Nova Gales do Sul.

Há um conjunto de instruções detalhadas da mesma época disponíveis em um livreto chamado *Equipping a Birth Control Clinic* [Equipando uma clínica de controle de natalidade] da pioneira em contracepção Marie Stopes. Alguns dos conselhos são gentis e atenciosos: ter uma sala de espera devidamente aquecida por uma lareira, com creche, "alguém para cuidar dos pequenos enquanto a mãe está na clínica sendo examinada e aconselhada".

Mas como se sentiria uma mãe de pele escura ao passar por uma instituição tão "alegre", com seus ramos de flores e quartos pintados de branco, precisando de informações sobre planejamento familiar, tudo o que lhe era negado?

Muitos dos livros de Stopes foram publicados pela Clínica das Mães em prol do Controle de Natalidade Construtivo e do Progresso Racial; seu livro de 1919, *Wise Parenthood* [Paternidade sábia], é "dedicado a todos que desejam ver nossa raça crescer em força e beleza". Os pessários contraceptivos que suas clínicas vendiam tinham a marca "pró-raça".

A organização global de saúde da mulher que leva o nome de Marie Stopes agora se opõe às suas atitudes racistas; essa oposição começou em 1975, após assumirem uma clínica para mães que agora opera em 37 países.

Mais de trinta milhões de mulheres usam a contracepção fornecida por ela.

"OS HOMENS DEVERIAM CONTROLAR A CONTRACEPÇÃO"

Quando uma empresa familiar que vendia dispositivos médicos, incluindo treliças e contraceptivos, publicou seu catálogo de 1898 junto com um livreto chamado *The Wife's Guide and Friend* [O guia e amigo da esposa], do dr. S. Warren, um policial intrometido de Melbourne fez uma queixa do material ao tribunal por conteúdo obsceno.

O notório detetive Macmanamny (eu não bati a cabeça no teclado, esse era de fato o nome dele) foi descrito de várias maneiras pelo *Truth*, o sempre destemido jornal, como um homem desonrado, um orangotango, um manipulador de confissões e um homem com posses extravagantes e inexplicáveis para quem tinha um salário de policial. Um promotor irritado disse ao tribunal que não havia problema em ter informações contraceptivas em um livro para "médicos e especialistas; mas esta é uma obra popular, que qualquer jovem pode facilmente pegar e ler". É isso mesmo, imagine se ela descobrisse que tinha uma vagina.

De qualquer forma, o magistrado não estava para brincadeira e rejeitou as acusações. A empresa continuou publicando o catálogo até a década de 1920, mas não sei dizer se houve de fato um dr. Warren.

O livreto continha ilustrações de anticoncepcionais, como camisinhas de borracha rosa reutilizáveis e diafragmas em formato de chapéu-coco feitos com borracha preta ("Ao usar constantemente, pode durar um ano"), e equipamentos para fazer a ducha, com "comprimento de mangueira de borracha vinda da Índia" e lâmpadas, esponjas e comprimidos feitos de quinino e um DIU de metal em forma de mola de ouro maciço. Também vendia absorventes higiênicos, pastilhas para proteção contra difteria e sarampo (que obviamente não funcionavam) e kits de parto no estilo "faça você mesma". Muitas

Irritado? Chapado? Com tesão? O design de um pacote de preservativos sugeriu as razões pelas quais você talvez precisasse de um preservativo, possivelmente na década de 1980. (Biblioteca Nacional da Austrália)

outras ativistas que atuavam em prol dos métodos de contracepção tiveram problemas com a lei: Margaret Sanger foi presa em 1916 por abrir uma "clínica de planejamento familiar" no Brooklyn, Nova York. E muitas militantes tiveram seus livros banidos.

"A 'PÍLULA DO DIA SEGUINTE' É UMA PÍLULA ABORTIVA"

Não, não é. A pílula do dia seguinte previne a gravidez, e não é uma interrupção médica da gravidez. Jornalistas, defensores da anticoncepção e do aborto e até legisladores com frequência confundem essas duas coisas (eu também já confundi).

"OS PRESERVATIVOS SÃO ABSURDAMENTE MODERNOS"

Dizia-se que Casanova, tarado safado, usava camisinha de pele de carneiro nos anos de 1700, e, desde então, as camisinhas se tornaram muito mais eficazes, muito mais saudáveis, muito mais finas e parte de uma indústria multibilionária, além de estarem na linha de frente da luta contra Infecções Sexualmente Transmissíveis (ISTS).

Ainda me lembro de uma discussão empolgante que tive no rádio tarde da noite com um respeitável comentarista durante a turnê de divulgação do meu livro de 1988, *The Modern Girl's Guide to Safe Sex* [O guia do sexo seguro para a mulher moderna], durante a emergente pandemia de Aids. Ele estava muito irritado com a ideia de que homens precisariam, ou escolheriam voluntariamente, usar preservativos na hora do sexo.

Ao menos ele foi melhor do que o apresentador de rádio de Sydney que me perguntou sarcasticamente se eu tinha todas as doenças mencionadas no livro. Leitoras, é melhor nem entrarmos nessa discussão.

A vergonhosa eugenista Margaret Sanger parecendo muito satisfeita consigo mesma depois de ser libertada da prisão. (Sociedade Histórica de New Haven)

"A PÍLULA É UM MILAGRE E É MARAVILHOSA PARA TODAS"

A disponibilização da pílula anticoncepcional mudou o rumo da história das mulheres. Pela primeira vez, elas tinham uma maneira de controlar a própria fertilidade, principalmente no mundo ocidental, embora no início tivessem que fingir que eram casadas.

As primeiras versões da pílula, sessenta anos atrás, tinham níveis hormonais muito mais altos e mais efeitos colaterais. As pílulas modernas são muito mais sofisticadas e bem "toleradas" por milhões de mulheres. Enquanto milhões a tomam como método de contracepção, outros milhões a tomam devido aos sintomas hormonais e para controlar a menstruação rebelde.

Os fabricantes de pílulas originalmente aconselhavam parar de tomar a pílula durante sete dias, o que produzia um sangramento com "sensação" e aparência de menstruação, porque achavam que as mulheres gostariam de menstruar. Essa prática não estava relacionada com a saúde e, então, atualmente, muitas meninas e mulheres tomam a pílula para não menstruar, assim como alguns homens trans.

Tem havido uma escandalosa falta de interesse por parte da medicina em fazer grandes estudos sobre como a pílula pode afetar a química do cérebro, o humor e outras coisas que as mulheres têm o direito de saber, uma vez que estão pagando por aquilo. Se os homens tomassem a pílula, você pode apostar que teríamos mais informações sobre o que ela é capaz de fazer para além de prevenir a gravidez.

Uma das perguntas que as mulheres poderiam ter feito aos médicos era: "Por que você é um babaca tão patriarcal?"; panfleto de saúde, 1970. (Museu de Artes e Ciências Aplicadas)

"A PÍLULA É TERRÍVEL E FAZ VOCÊ TRANSAR COM A PESSOA ERRADA"

Naturopatas com frequência dizem que a pílula é ruim para as mulheres porque não é algo natural. Há quem use frases como "esteroides em forma de pílula" e "pílulas de sangramento forçado" para descrever a pílula anticoncepcional. Muitos defensores da saúde "natural" se opõem à medicação hormonal por vários motivos, dizendo que ela suprime a libido e faz com que as mulheres escolham os parceiros errados. Até agora, nenhum estudo comprova a alegação de que tomar pílula pode atrasar a fertilidade, e a coisa da libido é difícil de estudar devido a muitas variáveis (seu parceiro é ruim nisso; você tem um bom livro para ler?).

Alguns estudos afirmam que a pílula faz com que as mulheres escolham homens não masculinos ou sintam o cheiro de camisetas suadas de maneira diferente, o que interfere na escolha do "companheiro" (eu sei, credo).

Já li muitos desses estudos e jamais vou conseguir pegar essas horas de volta. Eles caçam cliques com manchetes como: "Caras não sensuais irritam namoradas férteis". Um neurocientista cognitivo consultado para este livro avalia que as descobertas desses estudos são frequentemente usadas para reforçar as próprias teorias do pesquisador. Os meta-analistas discordam de se ele de fato quer dizer alguma coisa.

"CONFIE NO SEU CORPO"

Uma coisa que as mulheres ouvem bastante é que elas devem rejeitar a medicação natural por ser "não natural" e devem "confiar em seu corpo". Isso muitas vezes pode fazer com que as mulheres sintam que seu corpo é defeituoso e pouco feminino, e que é culpa delas se tiverem uma condição médica relacionada aos hormônios. Na verdade, o mau comportamento hormonal e os sintomas e condições relacionados a ele são incrivelmente comuns — e, para muitas mulheres, isso pode significar dificuldades ao longo da vida. Para muitas, a medicação hormonal é uma ajuda quase milagrosa, enquanto outras têm dificuldades de encontrar um tratamento útil.

"A CONTRACEPÇÃO 'NATURAL' É UM BOM MEIO"

Abster-se de sexo por algum tempo durante o ciclo menstrual da mulher tem sido usado por séculos como método de controle de natalidade. O principal problema é que esse método não é nada confiável.

Depois que a ovulação foi estudada na década de 1930, surgiram cálculos mais eficientes dos prováveis ciclos férteis e inférteis do ciclo menstrual de uma mulher. Abster-se de sexo durante os prováveis dias "férteis" era conhecido como "método da tabelinha" em 1934, e foi promovido pela Igreja católica como "método rítmico", ou "método Billings". Ele era especialmente valorizado pela Igreja porque não funcionava. Parteiras na década de 1950 acenavam uma para a outra na sala de descanso, fumando um cigarro, dizendo "outro bebê do Billings" a cada vez que nascia um bebê.

Apesar de ter sido rebatizado de "fertilidade natural", com termômetros vaginais e aplicativos de celular que preveem ou identificam o momento da ovulação, esse método ainda depende da esperança e da capacidade de "não fazer sexo" nos períodos indicados. Preservativos e métodos hormonais ainda têm uma taxa de confiabilidade muito maior.

Em 2019, uma *podcaster* chamada Bria Badu tuitou uma lista de "métodos de contracepção naturais alternativos" que recomendava ervas e plantas, algumas das quais, segundo médicos e botânicos, podem causar danos ao fígado e outros efeitos colaterais, incluindo morte. Nenhum deles funciona (figos e gengibre não são contraceptivos: são uma sobremesa).

"A CONTRACEPÇÃO É UM PECADO"

As mulheres carregavam o terrível fardo de não terem o direito à contracepção por parte dos líderes religiosos. As casadas tinham que continuar produzindo filhos interminavelmente, em meio a ferimentos e exaustão, depressão e pobreza — ou então iriam para o inferno. Isso foi reafirmado pelo líder dos católicos na Austrália, o cardeal Gilroy, em uma coletiva de imprensa em 1968. Gilroy estava rodeado de padres sem importância e um médico católico. Apesar de haver duas repórteres e as mulheres australianas envolvidas, Gilroy levantou-se e disse "Boa tarde, senhores", antes de continuar a condenar as mulheres católicas a uma vida de fertilidade descontrolada que já estava causando fadiga, exaustão, lesões médicas e até a morte. Se as mulheres achavam aquele decreto difícil, Gilroy afirmou, elas deveriam orar. Em todo o mundo, centenas de padres se rebelaram e milhões de mulheres ignoraram as regras que ele reafirmou. O cardeal Gilroy escreveu sobre os males da contracepção, orientando os farmacêuticos católicos a não venderem contraceptivos, proibindo-os efetivamente em alguns subúrbios e cidades do interior, situação que prevalece em alguns lugares. Ele descreveu o controle de natalidade como um mal, lamentando que ele tivesse impedido uma "ocupação branca" mais extensa.

Cinco anos antes dessa coletiva de imprensa, Gilroy enviou o padre acusado de pedofilia Denis Daly para a Austrália Ocidental, a fim de evitar que fosse preso pela polícia. Ninguém sabe dizer quantos outros padres foram realocados. Gilroy foi posteriormente nomeado cavaleiro e recebeu o título de australiano do ano.

"O ABORTO SEMPRE FOI CONSIDERADO ASSASSINATO"

O aborto costumava ser legal e aceitável para a maioria dos homens que comandava igrejas e se autodenominava filósofo, desde que ocorresse antes da "vivificação", a primeira vez que uma mulher sentia o bebê se mexer no útero. Dessa forma, a tarefa de identificar esse momento e tomar a decisão cabia à mulher. A questão era,

Catorze famílias compostas por 193 crianças participaram da competição da Smith Street Traders' Association para a maior família de crianças menores de quinze anos [...] A sra. L. Connell, de Langridge Street, Collingwood, e sua família de dez pessoas, com idades entre catorze anos e onze meses, foram as vencedoras. A sra. Connell casou-se aos vinte anos e agora tem trinta e cinco.
— The Herald, 1936

Um bando de malucos em uma cripta: o cardeal Gilroy, terceiro a partir da esquerda, diz em uma coletiva de imprensa que as mulheres católicas estão proibidas de usar contracepção; Catedral de Santa Maria, Sydney, 1968. (John Aloysius Mulligan, Biblioteca Nacional da Austrália)

de forma geral, pensar no momento em que se considerava que o feto havia desenvolvido uma alma.

Aristóteles dizia que demorava quarenta dias para o feto masculino desenvolver a alma e noventa dias para o feminino.

Teólogos discutiam se as mulheres deveriam ser punidas por qualquer aborto, se havia problema em abortar quando a vida delas estava em risco e se isso faria delas assassinas. Mulheres podem ser perdoadas por se perguntarem qual regra era qual e quando. A lei canônica católica proibiu, restringiu ou permitiu o aborto em diversos momentos.

Em 1930, o papa (o chefe global da Igreja católica) reafirmou que a mãe deveria morrer antes do feto, mesmo que o feto não pudesse viver depois que ela morresse. Em 1999, outro papa disse que Deus poderia perdoar um aborto, e outro disse, em 2015, que os padres poderiam decidir não excomungar uma mulher por isso.

Em 2019, o papa mais recente disse que, se uma mulher precisasse fazer um aborto por razões médicas, isso seria o mesmo que contratar um assassino. Ele anunciou isso usando um vestido e chinelos ao lado de um homem vestido com uma fantasia listrada de corpo inteiro do século XVI com mangas bufantes e uma pena gigante na cabeça, segurando uma lança.

"O ABORTO É UM FENÔMENO NOVO"

Instruções para causar um "aborto espontâneo" dadas pelo imperador Shen Nung em 2737-2696 a.C. foram repetidas até

> *As mulheres são frequentemente culpadas pelos conservadores pelas altas taxas de aborto. A verdade é que as mulheres não "querem" abortos, elas precisam deles.*
> — Angus McLaren, *A History of Contraception* [História dos métodos contraceptivos], 1990

o século XVI d.C. Por centenas de anos as parteiras europeias usaram receitas feitas com ervas.

Muitos anúncios existentes no século XIX tinham mensagens codificadas sobre "regularidades" e "paradas" que eu considerava ser sobre constipação, até ver uma palestra da pesquisadora e escritora Robyn Annear, que explicou que eram códigos para "fazer a menstruação vir", ou, em outras palavras, interromper uma gravidez.

É claro que as "curas" causavam menos interrupções na gravidez do que curavam "doenças", nervosismo ou qualquer outra coisa conectada a isso, mas quem estaria disposta a reclamar?

O livro de Gideon Haigh sobre a história do aborto ilegal na Austrália recebeu o título de *The Racket* [A fraude] porque durante décadas foi considerado um crime, mas a corrupção e a religião se combinaram para perpetuá-lo como um grande perigo para mulheres desesperadas que foram exploradas.

Grande parte da polícia fazia vista grossa enquanto mulheres eram dilaceradas ou mortas por abortistas de "fundo de quintal". Era raro que houvesse um processo, a não ser que uma mulher morresse. Alas inteiras de hospitais na Austrália eram dedicadas a mulheres que sofriam de lacerações e sepses resultantes desse processo.

A maioria das mulheres nos séculos XIX e XX que morreu durante tentativas de aborto tentava praticar o ato usando um arame comprido (o cabide de metal passou a ser usado como um símbolo silencioso pelo direito a um aborto seguro), ou tentava se machucar de alguma forma, inclusive se jogando das escadas. Em uma época em que poucas mulheres sabiam nadar, muitas se jogaram nos rios e se afogaram.

A escritora Kate Jennings estava muito furiosa com seus colegas homens de esquerda quando suas palavras foram incluídas em um panfleto de libertação das mulheres distribuído em um protesto contra a guerra do Vietnã na década de 1970:

> Quantos de vocês [...] que podem ver que mulheres não conseguem abortar [...] levantariam seus traseiros gordos e mesquinhos e protestariam contra o assassinato e a vitimação de mulheres em seu próprio país? Verifique os números, vejam quantos homens australianos morreram no Vietnã e quantas mulheres morreram devido a abortos clandestinos.

Ninguém sabe quantas meninas e mulheres morreram de abortos e tentativas de aborto antes que eles se tornassem legais em determinadas circunstâncias. Uma estimativa comum era de que ocorressem cerca de cem mil abortos ilegais por ano na Austrália. A ABC informou que, em 2017, a taxa anual estimada de abortos cirúrgicos modernos e muito mais seguros tenha caído para menos de 65 mil, conforme o uso de métodos contraceptivos aumentava.

Os ativistas antiaborto se autodenominam "pró-vida", enquanto os defensores do aborto legal se autodenominam "pró-escolha". Alguns dizem que, se você se opõe ao aborto seguro, você está defendendo o parto forçado.

Elementos reconhecidos de abuso e controle coercitivo por parte do parceiro incluem impedir que as mulheres tomem pílulas contraceptivas ou escolham interromper a gravidez, e, em alguns casos, inclui a interrupção forçada, sob ameaça. Conselheiros e médicos independentes conversam e orientam as mulheres a respeito das opções disponíveis no caso de uma gravidez indesejada.

Grupos religiosos e extremistas antiaborto criaram linhas telefônicas e serviços de "aconselhamento sobre gravidez" e se anunciaram com nomes semelhantes a serviços independentes. Nos últimos cinco anos, vi esses anúncios serem veiculados e em centros de informação para orientação estudantil na universidade, como serviços independentes.

Bottons da década de 1970. (Biblioteca do Estado de Victoria)

Para uma menina grávida de catorze anos, [...] uma estudante no último ano [...] ou a mãe que já não consegue lidar com circunstâncias difíceis, o aborto é a saída mais fácil [...].
— Ministro da Saúde, 2004

O direito de interromper uma gravidez ainda é negado a muitas mulheres ao redor do mundo, e, nos países em que esse direito foi conquistado, ainda está sob constante contestação das igrejas e de seus aliados governamentais.

"ABORTOS SÃO PERIGOSOS"

A medicação que causa a interrupção da gravidez é comumente tomada algumas semanas após a descoberta da gravidez, até cerca de catorze semanas. É muitas vezes conhecida como RU-486, ou uma combinação específica de dois medicamentos: mifepristona e misoprostol. É necessário ter prescrição médica, mas pode ser tomado em casa, em privado. Ambos os medicamentos são conhecidos por serem muito seguros e estatisticamente muito mais seguros para as mulheres do que o parto.

"ABORTOS SEMPRE FAZEM AS MULHERES SE SENTIREM DEPRIMIDAS E ARREPENDIDAS"

Estudos mostram que a maioria das mulheres não se arrepende de ter interrompido a gravidez. Algumas se arrependem, é claro, assim como algumas mulheres, por vezes, acabem se arrependendo de ter filhos, embora haja um tabu muito maior em dizer isso. Os sentimentos que envolvem esse tema são complicados.

Sinto muito por ter engravidado no momento errado, quando era mais jovem, mas não me arrependo de ter interrompido a gravidez. Acho que isso me permitiu ser uma mãe melhor quando a hora certa chegou.

"ABORTO É EGOÍSMO"

O aborto é frequentemente retratado como uma "escolha ligada ao estilo de vida". Muitas mulheres desejam interromper a gravidez porque querem ser uma mãe melhor para os filhos que já têm ou podem vir a ter no futuro. Elas interrompem a gravidez para serem boas mães para os filhos que já têm. E interrompem a gravidez por razões médicas que são complexas e muitas vezes muito difíceis de lidar.

"NÃO PODE SIGNIFICAR *SIM*"

Em 1992, ao julgar um caso de estupro conjugal, o juiz da Suprema Corte da Austrália do Sul, Derek Bollen, sentiu-se seguro em usar a frase "tocar de forma mais grosseira que o normal" para o que descreveu como a conduta permissível de um marido "tentando persuadir" a esposa a dar seu "consentimento relutante". O "sexo" envolvido nesse caso foi uma agressão violenta, inclusive com o uso de uma garrafa, e em que o homem se declarou culpado. Bollen disse ao júri que algumas mulheres fabricam acusações de estupro: "É uma alegação muito fácil de inventar".

Há uma boa quantidade de palavras vis como essas em nossa história recente, então é bom saber que as pessoas que defendem os direitos sexuais estão promovendo a educação e o reconhecimento legal do consentimento claro, verbal e entusiasmado antes do sexo.

Embora comentaristas conservadores tenham dito que um sistema claro de perguntas e respostas acabaria com o romance, autores de romances eróticos discordariam da falta de sensualidade em "sim, sim, sim" ou então "por favor, por favor, assim".

A revista *A Rad Sex & Consent* foi publicada em 2014 pelos departamentos de estudantes da União de Mulheres, Queers, Indígenas, Artes Criativas e PCD da Universidade de Melbourne, pela Associação de Estudantes Mulheres e Queer de Monash e pela União Estudantil de Mulheres e Queers da La Trobe (devido às circunstância que hesito em dizer "de boca cheia").

O consentimento, diz a revista, é "condicional, situacional, deve ser dado livremente e entendido que pode ser retirado a qualquer instante". A autora Cinnamon escreveu: "A foda se torna um privilégio a ser curtido por aqueles que a sociedade diz que são passíveis de foder, e todo o resto que se foda".

O conselho continuava:

> Você tem o direito de pedir por sexo. De forma educada, clara; e, antes de qualquer outra investida sexual, não há problema em expressar interesse em fazer sexo com alguém de quem você gosta

[...] deixe claro [...] que você respeitará qualquer resposta que for dada. *Não* quer dizer não. Se a pessoa disser que não tem interesse, não pergunte de novo. Não pressione ou julgue. Não a trate mal.

Você tem o direito de dizer *não*. Dizer *não* não faz de você uma pessoa ruim. Dizer *não* não deve ser o fim de uma amizade [...] Não há problema em dizer *não* dentro de um relacionamento consensual.

Tudo bem mudar de ideia. O *sim* não quer dizer um farol verde para fazer tudo relacionado a sexo [...] consentir em fazer sexo não abrange todos os atos previsíveis.

"VOCÊ É UMA PUTA"

A palavra "reputação", quando dita com certo tom de voz a uma mulher, muitas vezes é suficiente para implicar que sua reputação não é profissional, é sexual, e é ruim. Uma mulher ou uma garota que fazia sexo era menosprezada como "fácil" ou "vagabunda". A palavra "rodada" é usada para envergonhar uma garota, mas não um cara que fez sexo com mais de uma pessoa.

Quando uma garota dizia "não", por vezes era acusada de não ser mais virgem para "arruinar sua reputação", então ela poderia acabar por dizer "sim". Manter uma boa reputação era crucial.

Lady Pennington escreveu *An Unfortunate Mother's Advice to Her Absent Daughters* [Conselho de uma mãe infeliz a suas filhas ausentes], um manual escrito em 1760 para as filhas que foi impedida de ver novamente após o divórcio. Seu conselho era claro — uma vida sem culpa não era suficiente; também tinha que ser irrepreensível. E, uma vez que uma mulher fosse vista flertando,

Há tantos males que acompanham a perda da virtude nas mulheres, e as mentes desse sexo são tão amplamente depravadas quando se desviam do caminho da retidão, que [ela] destrói quase todas as virtudes públicas dos homens.
— William Alexander, The History of Women, from the Earliest Antiquity to the Present Time [A História das mulheres, dos primórdios até o presente], 1796

supunha-se que ela havia "cometido adultério". (Da mesma forma que um homicídio, a pessoa sempre "comete" adultério.)

Lady Pennington confidencia que, embora fosse virgem no dia de seu casamento, seu "temperamento incrivelmente vivaz" causou uma má impressão e ela foi eliminada da sociedade. Ela, imagino, sentiria pena das garotas cujas fotos privadas foram usadas contra elas em mensagens e nas redes sociais.

Séculos atrás, as adolescentes foram informadas de que eram maníacas sexuais loucas que precisavam fazer sexo ou enlouquecer e definhar com "clorose", também conhecida como doença verde, comum entre mulheres solteiras.

De acordo com o guia de educação sexual da década de 1930, *The Book of Nature: A Complete Marriage Guide for Men and Women* [O livro da natureza: um guia completo do casamento para homens e mulheres], de Thomas Faulkner, a "ninfomania" nas mulheres é causada por "masturbação, dieta excitante e vida indolente e voluptuosa [...] ou pela abstinência forçada". Os tratamentos incluíam uma dieta não estimulante, banhos de sal, uma dieta vegetariana, não beber chá, uma ducha fria nas partes de baixo, enfiar a cabeça em água gelada, um curativo molhado e mudar de ambiente.

"VOCÊ É FRÍGIDA"

Uma menina ou uma mulher que dissesse não ao sexo era passível de ser descrita de várias maneiras, como provocadora ou frígida, em vez de exigente.

Eu fui acusada de ser uma "vadia frígida" por um garoto barulhento no pátio da escola quando tinha doze anos. Fiquei um pouco confusa até perceber que ele poderia muito bem ter dito "gorda", ele estava apenas repetindo palavras acusatórias que deveriam perturbar as meninas.

"ADICIONE SEU PONTO G"

O ponto G não existe. É apenas o ponto na parede vaginal que está mais próximo da outra extremidade do sistema nervoso subjacente ao clitóris. Em outras palavras, não é um botão mágico — é apenas um vizinho. O clitóris é um pouco como um *iceberg*, pois a maior parte é invisível, mas ele não representa um perigo aos navegantes.

Enquanto os repórteres voltavam a cacarejar com felicidade as alegações feitas pelo homem que patenteou o nome usado para a injeção *O-Shot*, a ginecologista e autora Jen Gunter ressaltou que a "escola de medicina de Birmingham", que ele alegava ter frequentado, não era uma escola de medicina com credibilidade.

Centenas de milhares de dólares foram gastos em injeções semelhantes por mulheres que ficaram desapontadas e não tiveram nenhum tipo de resultado. Não há evidências de que esse procedimento seja seguro e não há nada que mostre que ele facilita o orgasmo.

Ainda nos dizem para fazer coisas a nós mesmas que quase certamente não funcionam e não apenas são muito caras como podem ser bastante prejudiciais. Os homens raramente são instruídos a implantar tentáculos bulbosos na base do pênis, projetados para estimular o clitóris. Tudo bem, eu posso ter tido um sonho ruim.

"QUEIME O INTERIOR DA SUA VAGINA COM UM *LASER*"

Alguns ginecologistas aproveitadores ao redor do mundo compraram dispositivos e promovem um procedimento para mulheres na pós-menopausa chamado "rejuvenescimento vaginal", também conhecido por nomes bobos como "sorriso de Mona Lisa".

As máquinas a *laser* causam queimaduras de baixo grau dentro da vagina. Alega-se, sem evidências, que a recuperação ajuda a "rejuvenescer" a vagina e torná-la mais úmida e apertada. Falarei mais a respeito disso no meu próximo livro, em que vou explodir como uma caixa de fogos de artifício.

"MULHERES QUE NÃO QUEREM FAZER SEXO PRECISAM DE CONSERTO"

Também vou deixar de lado o fato de que nem todas as mulheres têm queda de libido na perimenopausa ou após a menopausa. As mulheres são instruídas, de forma rotineira, a se submeterem a procedimentos caros e não comprovados cientificamente ou a tomar medicamentos para "curar" sua falta de libido. Os parceiros de mulheres na menopausa não são instruídos a tomar remédios para diminuir o desejo sexual, ou aconselhados pelos médicos a esfregarem seus pênis até murcharem.

"MULHERES DECENTES NÃO TÊM DESEJOS SEXUAIS"

Ah, cale a boca. Essa foi a afirmação do obsessivo militante antimasturbação do século XIX, William Acton, que acrescentou que, se as mulheres sentissem vontade de fazer sexo, a causa era a menstruação ou a ninfomania.

Em 1867, o jornal da Sociedade de Medicina de Nova Orleans alertou que as mulheres poderiam ficar sexualmente excitadas com os movimentos rítmicos do pedal da máquina de costura. Pelo amor de Deus, é melhor que eles não saibam sobre as sensações que temos ao nos encostarmos na máquina de lavar.

A pobre Lady Pennington, que se sentiu expulsa da sociedade por flertar, nunca soube que um dia os desejos insaciáveis de uma dama seriam considerados divertidos ou que um dia seria possível para uma mulher, talvez sem ler com atenção as dimensões ou dar uma olhada em uma cartela de cores, providenciar que fosse entregue, em sua casa, um vibrador vermelho do tamanho de seu antebraço que gira em um ritmo preciso e robótico e pode ser operado por controle remoto. *Isso, sim*, teria aumentado os burburinhos na sala de estar.

Eu pensei que seria bom terminar com um tom mais positivo depois de todos aqueles padres malditos. E daqueles malditos *lasers* vaginais. De nada.

FAÇA TODAS AS TAREFAS DOMÉSTICAS

4

TODA GAROTA DEVE USAR UM AVENTAL O DIA TODO, ACONSELHOU a revista *The Girl's Own Paper* na década de 1880: "Imediatamente faz com que você seja vista como cuidadosa, econômica e arrumada de forma requintada". A *Girl's Own* também fez a afirmação impressionante de que Eva, a da Bíblia, usava um avental. (Aquilo era uma *folha*, senhoras.)

Nos anos de 1600, as mulheres ricas usavam aventais como uma espécie de uniforme feminino da moda. A rainha Anne tinha um com renda dourada e lantejoulas, mas aposto que não lavava a louça.

As mulheres trabalhadoras usavam uma espécie de macacão, muitas vezes com calças, para o trabalho na fazenda e na fábrica. Na década de 1950, fomos aconselhadas a ter aventais de trabalho que cobriam nossos peitos e deveriam ser usados todo dia, podendo ficar manchados e desgastados, mas também precisávamos ter um avental de anfitriã bonito e com babados para usar nas visitas ou com o marido. Os aventais de anfitriã eram basicamente uma apresentação, uma fantasia bonita para esconder o trabalho real.

Lance Rawson, a primeira conselheira de celebridades para mulheres coloniais australianas, dizia que elas deveriam fazer seus próprios aventais pesados. Eles deveriam ser costurados a partir de sacos de juta ou chita, com mangas separadas que podiam ser puxadas para cobrir o braço, e precisavam ser de corte alto e à prova d'água para o dia de lavar roupas: "Qualquer um que tenha visto os padrões de madame Weigel sabe o que o avental significa [...] o meu durou mais de dezoito meses". (A pesada lavagem de roupas de Rawson era feita por mulheres aborígenes e vanuatuenses escravizadas que ou recebiam uma ninharia ou não recebiam pagamento nenhum; falaremos mais a respeito dos segredos sujos do trabalho doméstico da Austrália.)

Quando o ator e escritor John Clarke pediu à figurinista Kitty Stuckey para encontrar um avental adequado (mas sem sapatos) para sua cena como personagem no filme que Shane Moloney fez para a televisão, *The Brush Off*, em 2004, pode ter parecido incongruente. O personagem que ia usar o avental era um poderoso conselheiro político.

Ao ver a curta cena ir ao ar, percebi que era a primeira vez que eu via um personagem masculino na televisão usar um avental sem que fosse uma brincadeira ou para indicar um marido oprimido. Esse avental era silenciosamente subversivo: dizia que era normal e prático para um cara, assim como para uma mulher, limpar a cozinha, cuidar das crianças e fazer seu outro trabalho ao mesmo tempo.

"O TRABALHO DOMÉSTICO É UM DEVER DA MULHER"

O que devemos fazer com o fato de que, na Grã-Bretanha, *homely* [caseiro] significa adorável e aconchegante, e nos Estados Unidos, que não é bonito o suficiente?

Como as mulheres na força de trabalho remunerada são discriminadas, assediadas sexualmente, recebem salários tradicionalmente menores (especialmente como enfermeiras, professoras e cuidadoras de crianças), as mulheres que ficam em casa são consideradas não intelectuais, desinteressantes, fazendo um trabalho supostamente reverenciado, mas não remunerado e desimportante para a economia, apesar de valer bilhões. Os estereótipos classificam a "mulher trabalhadora" como egoísta e ambiciosa, e a "dona de casa" como um burro de carga santo, obediente e inútil.

Essa visão ignora o fato de que nem sempre é uma escolha e que as mesmas mulheres desempenharão os dois papéis em algum momento da vida e, muitas vezes, passarão anos fazendo os dois simultaneamente. A falsa guerra entre mulheres que "trabalham" e "mulheres que ficam em casa" é apenas outra maneira de dizer que, se você é mulher, está fazendo errado.

As mulheres forçadas a deixar os empregos remunerados quando os homens voltaram para casa após a Segunda Guerra Mundial ficaram zangadas pelo resto de suas vidas. Mulheres eram demitidas do serviço público assim que se casavam. Mulheres casadas não podiam fazer entrevistas de emprego. E então, nas décadas de 1960 e 1970, ocorreu mais uma grande mudança entre as mulheres que se rebelaram contra as regras que as confinavam em casa depois de casadas.

Elas geraram um "*baby boom*" e as crianças estavam na escola — e agora? Por que não podiam controlar sua própria fertilidade e *escolher* estudar ou trabalhar? Por que não podiam ser reconhecidas por seu trabalho artístico? Por que não podiam escrever um livro em vez de datilografar o do marido? As "donas de casa" estavam infelizes, e a prescrição generalizada de antidepressivos viciantes não estava ajudando. Muitas mulheres ficaram compreensivelmente emocionadas com a ideia de "libertação das mulheres".

A vida de uma dona de casa em tempo integral era relativamente nova na história. As mulheres eram aldeãs, trabalhadoras do campo e das fábricas ou faziam serviços domésticos. A Revolução Industrial e a ascensão de uma classe média, além de soldados que queriam todos os empregos após retornarem

Vários modelos de aventais sugeridos por *The Girl's Own Paper*, 1881. (Cortesia de Ruth Jones)

aos seus países, condenaram as donas de casa a trabalharem sozinhas. Além disso, elas tiveram que se encaixar no papel de dona da casa — mas sem os empregados que tradicionalmente vinham com ele.

Uma "dama" mantinha sua casa administrando sua equipe, costurando de forma decorativa e encomendando de outra pessoa roupas, móveis e as refeições da família. Em contraste, esperava-se que uma dona de casa fizesse todas as tarefas sozinha: costurar roupas, fazer compras, cozinhar, limpar. O serviço nunca acabava: a perspectiva medonha de anos de gravidez, amamentação, fraldas e trabalho doméstico solitário, a responsabilidade de organizar todas as consultas médicas, todas as roupas, de supervisionar os deveres de casa e a saúde da família, o dia todo, todos os dias, inclusive durante as férias, pelo resto da vida, deve ter parecido sufocante.

Embelezar sua casa deve ter sido um ato de bravura, assim como de diligência. O artesanato decorativo, a arte e o conhecimento de uma dona de casa, as coisas bonitas que ela fazia eram muitas vezes descartadas como deveres ou "*hobbies*". As mulheres cozinhavam e costuravam cheias de tédio, diferente dos homens, que passavam um aspirador na casa apenas para receber elogios; eram costureiras domésticas, mas nunca estilistas; cozinheiras, mas não *chefs*, amadoras na pintura e nunca pintoras geniais. A extraordinária decoração, o *design* e a engenharia feitos por mulheres passaram, em sua maioria, despercebidos: exceto, é claro, por outras mulheres.

Minha mãe abandonou a escola de ensino médio no interior ainda cedo para conseguir um emprego, e começou a trabalhar para grupos de datilógrafos de baixo nível e fazendo tarefas de escritório na cidade. Quando eu era adolescente, ela voltou para a escola e obteve uma qualificação do 12º ano para "alunos de idade madura". As pessoas eram contra isso: ela precisava cuidar da casa e não podia negligenciar as crianças. Ela foi em frente: deixou de lavar os lençóis tanto quanto os lavava, mas ainda era responsável por todo o resto. Com o egocentrismo da juventude, eu não fazia ideia de como era difícil para ela. Fomos aprovadas no 12º ano no mesmo ano e ela se tornou professora de arte.

Embora o anúncio de televisão da década de 1970 anunciasse que as mães "deviam ser parabenizadas", isso raramente era feito, exceto no anúncio, quando ela servia a margarina certa. "Dona de casa" tornou-se um insulto; o trabalho ainda consta em alguns formulários oficiais como "tarefas domésticas". A velha imagem de uma dona de casa sem graça e deselegante agora está sendo substituída pela ociosidade, por procedimentos cosméticos faciais visíveis e pela vulgaridade, um legado da franquia de programas de televisão *The Real Housewives*.

"O TRABALHO DOMÉSTICO SEMPRE FOI O MESMO"

O que o trabalho doméstico costumava significar para a maioria das mulheres, e ainda significa para milhões ao redor do mundo, é uma quantidade inimaginável de trabalho, muito tempo fora de casa (buscando e carregando água em baldes pesados, cuidando de animais, da colheita ou do jardim) e trabalhando dentro de casa sem qualquer máquina ou "dispositivo de economia de trabalho" para cozinhar ou limpar. A própria indispensabilidade disso — manter você e sua família vivos — significava planejamento, execução, habilidades fora do sério e fazer isso repetidamente para sempre.

Para imaginar a vida das mulheres há apenas algumas gerações, temos que lembrar de que não havia lojas para comprar roupas, nem qualquer comida que viesse em pacotes, nem móveis prontos. Não havia produtos de beleza ou medicamentos à venda. Tudo o que você ou sua família comiam, vestiam, possuíam ou em que deitavam tinha que ser feito do zero. Tudo era no estilo "faça você mesmo": sapatos, sabonete, almoço, a casa. E quando o sol se punha, tudo que você tinha para trabalhar era uma vela que você mesma fazia usando gordura animal.

As roupas costumavam ser feitas por mulheres usando suas mãos e dispositivos rudimentares de madeira para fiar a lã de ovelha crua ou as fibras da parte mais fofa da planta de algodão em longos fios torcidos que eram tecidos ou tricotados até que os teares de madeira surgissem, e então o vapor era acionado por máquinas que as mulheres operavam nas fábricas.

Até que máquinas de costura acessíveis fossem inventadas, os pedaços de tecido que sobravam eram costurados à mão em roupas. No Pacífico, sem fibras, as mulheres das ilhas trituravam as plantas para fazer tecidos a partir de cascas de árvore. Outros indígenas usavam peles e barbantes feitos à mão e prendedores esculpidos.

Tudo o que estava disponível para comer era cultivado, colhido, cozido e preservado para o inverno, se você sobrevivesse. A água tinha que ser coletada em um rio ou um poço da aldeia (se tivesse acesso a um poço que não espalhasse febre tifoide, você tinha sorte), com um balde de madeira que alguém tinha que construir, depois fervida; as roupas eram lavadas com sabão caseiro e, de alguma forma, secavam durante o inverno. Para obter leite, você tinha que manter uma vaca viva, ordenhá-la com as mãos e tentar não morrer com as bactérias ou a tuberculose que o leite continha antes da pasteurização ser inventada.

As mulheres foram informadas, assim que tiveram idade suficiente para entender, de que fariam esse trabalho. Elas aprendiam com suas mães como forragear, plantar, cortar carne, cozinhar as refeições e limpar usando cinzas, areia, pó de tijolo e vassouras feitas de galhos.

Encarregadas das tarefas domésticas, as mulheres só tiveram máquinas e aparelhos nas últimas duas gerações: uma geladeira em quase todas as casas; máquinas de lavar que enchem de água, enxaguam, torcem, centrifugam e secam roupas; fogões que não precisam de chaminé; fornos fechados com temperatura regulada e mensurável; aquecedores elétricos; aspiradores de pó; roupas prontas trazidas de lojas. Minha avó, em uma fazenda, começou a vida sem nada disso. Eu tenho tudo isso.

"AS MULHERES SÃO AS MELHORES NO TRABALHO DOMÉSTICO"

"Querida, você limpa o banheiro muito melhor do que eu. E é a única que percebe se ele está sujo, ou que se importa. Então, faz todo o sentido que seja sempre você a limpar." Antes desse tipo de bobagem, nos disseram que era nosso dever religioso sermos as criadas de nosso pai e marido.

Na década de 1950, a autora Mary Hyde listou os deveres diários de uma dona de casa, divididos em horas a partir das 7h30. Eram eles: fazer o café da manhã, despedir-se do marido sem estardalhaço, lavar a louça do café da manhã, arrumar a cozinha, arrumar as camas, limpar o banheiro e as pias, ir comprar comida, limpar bem um ambiente diferente da casa todos os dias, arrumar e tirar o pó dos outros ambientes, polir o piso, uma hora de folga para almoçar e consertar ou polir prata. A tarde ficava livre. Faça o jantar e passe a noite "divertindo seu marido".

Gerações de mães e avós ficariam escandalizadas e *sem palavras* diante da ideia de uma tarde de folga. "Cabeça vazia, oficina do diabo", diziam elas, o que significa que, se você não estivesse costurando, cozinhando, preservando, cuidando do jardim, fazendo ou limpando alguma coisa, você poderia sair correndo e roubar um banco ou adorar Belzebu.

À medida que mulheres como minha mãe emergiam da classe trabalhadora ou camponesa para a classe média baixa, elas recebiam trabalho extra para fazer, como os jantares que costumavam ser feitos por empregados.

O horário de trabalho e a infraestrutura pública foram organizados para atender os homens que devem se deslocar, sendo irrelevante para os horários escolares e os feriados, quem dirá para as necessidades de transporte público das mulheres. Os olhos não viam e o coração não sentia.

"AS MULHERES SÃO AS PIORES DONAS DE CASA"

Há uma longa tradição de homens como "*old housekeeper*" [Velhos donos de casa], com suas colunas de jornal ou livros que falam de como as mulheres são desesperadas em seu trabalho de esposa e mãe, variando de: "Elas não são econômicas o suficiente" até acusar a mãe de assassinato quando seus filhos acabam ficando doentes (porque a doença é causada pelo fato de que sua mãe não o vestiu direito).

Suas demandas peculiares eram muitas: costure de forma bonita para chamar a atenção para "suas mãos brancas e cheias" e certifique-se de que a sopa esteja a menos de 80°C.

Em sua edição de 1885 de *Men & How to Manage Them: A Book for Australian Wives and Mothers* [Homens e como lidar com eles: um livro para esposas e mães australianas], escrito por An Old Housekepper, as mulheres foram instruídas a mudar o dia de lavar as roupas para o fim da semana, a não escovar o chapéu e as roupas de um homem porque não sabiam fazê-lo direito, a só pedir coisas ao marido após o jantar e a analisar seus terríveis hábitos de gastos excessivos. Elas ignoraram o que ele dizia.

Um nervosinho de um jornal de Balmain na década de 1880 trouxe o *mansplaining* para outro nível ao dizer que as mulheres deveriam ser boas nas "ciências de assar, cozinhar, costurar, fazer e arrumar", mas eram "muito avessas ao trabalho e muito extravagantes em todos os seus gostos".

Um leitor da coluna *The Domestic Blunders of Women* [Os erros domésticos das mulheres], escrita por A. Mere Man, escreveu para reclamar: "Você é terrível por fazer com que jovens mulheres se empolguem". Outro disse: "Mere Man confundiu seu próprio estilo de vida e forma de economia com o dos outros". Mas meu favorito é: "Gostaria que alguém o tivesse estrangulado quando você escreveu aquele artigo sobre as mulheres [...] P.S.: estou tão irritado que poderia mastigar a pele dele".

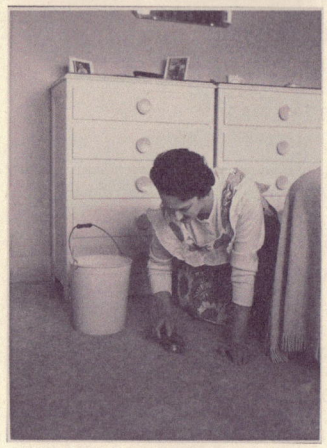

"SER UMA DONA DE CASA REPRIMIDA ESTÁ DE VOLTA À MODA"

Novos blogs de "mulheres tradicionais" e contas nas mídias sociais de "esposas rendidas" promovem a subserviência das mulheres aos maridos, um movimento que tem ligações tanto com as igrejas cristãs evangélicas quanto com grupos de supremacia branca, que estão reciclando

Após terminar, encha o balde com vodca e pegue um canudo, querida. Anúncios de produtos de limpeza, 1955. (Helmut Newton, Biblioteca do Estado de Victoria)

a velha ideia de que as mulheres são responsáveis pela criação de novas crianças brancas. Eca.

"O TRABALHO DOMÉSTICO AGORA É DIVIDIDO IGUALMENTE COM OS HOMENS"

A autora Caroline Davidson nos lembra de que, tradicionalmente, as mulheres trabalham 365 dias por ano — muitas vezes mais horas em feriados, como nos domingos e no Natal, para planejar, fazer comida para os outros e limpar. Uma pesquisa com 1.250 mulheres inglesas casadas que viviam na cidade em 1934 registrou que a maioria delas trabalhava de doze a catorze horas em pé.

Os homens casados modernos fazem, em média, mais tarefas domésticas do que seus avôs, que não faziam quase nada. Mas também sabemos que as mulheres, mesmo que também tenham um emprego remunerado, ainda trabalham consistentemente mais horas do que os homens. É raro um homem que faça a metade que lhe é devida: se o casal pode pagar, uma faxineira é contratada. Em famílias que não podem pagar, mesmo que a mulher tenha um emprego remunerado e o homem esteja em casa aposentado ou desempregado, as mulheres fazem muito mais. O trabalho doméstico ainda é considerado trabalho feminino.

Nunca discuta com um homem sobre tarefas. Isso acaba com o erotismo. Contrate uma estudante universitária sem dinheiro para limpar sua casa duas vezes por semana e abra algumas garrafas de champanhe. O casamento deve ser divertido.
– E. Jean Carroll, aconselhando uma mulher cujo marido não faz trabalhos domésticos, Elle, 2019

"TODA MULHER PRECISA DE UM GUIA DOMÉSTICO"

O *boom* em publicações do século XIX substituiu a instrução pessoal para muitas mulheres. Livros menores de receitas e dicas de remoção de manchas foram vendidos por igrejas e instituições de caridade. Havia também enciclopédias domésticas robustas para recém-casadas ou mulheres em cargos coloniais: manuais abrangentes para tarefas domésticas, cuidados médicos familiares, etiqueta e todo tipo de "como fazer algo".

O livro repleto de conselhos de William Whatley, lançado em 1619 destinado a esposas (e também maridos), chamava-se *A Bride-Bush. Or, A Direction for Married Persons: Plainely Describing the Duties Common to Both, and Peculiar to Each of Them. By Performing of Which, Marriage Shall Prooue a Great Helpe to Such, as Now for Want of Performing Them, Doe Finde It a Little Hell* [Guia da esposa — ou um direcionamento para pessoas casadas: descrevendo claramente os deveres comuns a ambos e peculiares a cada um deles. Realizando-os, será de grande ajuda para o casamento, como agora, por falta de realizá-los, achará um pequeno inferno].

Ele diz, sobretudo, que as mulheres devem ficar em casa. *A Bride-Bush* está cheio da tolice usual quanto a ser comedida, incansável, diligente, espirituosa, não fofoqueira etc. Mas, obrigada, Bill, por nos apresentar às palavras *adurido*, *loblolly* (mingau bem grosso) e *esparrimado*.

Cada manual doméstico é emblemático de sua época. As edições australianas da década de 1940 de *Book of Good Housekeeping* [Livro de manutenção da casa] têm um capítulo inteiro sobre sistemas de água quente sanitária e caldeiras, e outro sobre iluminação a gás, óleo e elétrica. Deveríamos ter uma penteadeira — uma estação para arrumar os cabelos, colocar maquiagem, joias e perfume. Uma parte da casa em que a mulher podia se refugiar, um lugar mais baixo para sentar enquanto uma empregada, em pé, penteava seu cabelo.

O espírito de guardar e reciclar tudo está à tona novamente, mas os livros costumavam ter instruções sobre como consertar tudo, desde um buraco no cotovelo de seu suéter até um buraco em um balde de metal, ou um rasgo no tapete, e uma receita para fazer seu próprio carvão vegetal.

Tudo deve ser limpo em vez de jogado fora, gerações de locutores de rádio e autores *best-sellers* combinaram cada mancha possível — tinta, batom, sangue — com uma substância que poderia "removê-la": clorofórmio, aguarrás, peróxido, refrigerante de bicarbonato. Atualmente as pessoas estão muito mais propensas a fazer uma pesquisa no Google para obter essas informações.

Um livro da Country Women's Association reformulou recentemente dicas frugais para reciclar e para truques domésticos ecologicamente corretos dados há décadas.

Em 2006, o título do livro de Victoria Heywood, *Household Hints: The Easy Way to a Clean, Clutter-Free Home* [Dicas para a casa: o caminho mais fácil para uma casa limpa e livre de desordem], foi um prenúncio da estética minimalista espiritual mais recente de *A mágica da arrumação*, de Marie Kondo, no qual ela pedia aos acumuladores que segurassem cada um de seus objetos e perguntassem se ele despertava alegria. Se não despertasse, deveriam agradecer por um dia ter servido a eles e jogá-lo fora. Isso levou a algumas piadas inevitáveis sobre maridos.

Algumas coisas não mudam, mas se transformam. A falecida especialista em dicas de rádio Martha Gardener, também conhecida como Kathleen Worrall, apresentou um programa de rádio durante décadas, o *Can I Help You? [Posso te ajudar?]*. Ela autopublicou o livro *Everyone's Household Help* [Ajuda doméstica para todos] em 1982, quando tinha quase setenta anos.

Martha aconselhava a melhor forma de limpar revestimentos, teclas de piano, peles e cortinados, mas tornou-se um nome familiar nas casas devido à sua receita de uma mistura para limpar tecidos de algodão no estilo "faça você mesma" — você ainda pode comprar uma versão comercial licenciada dela, a Martha's Wool Mix.

Após a venda e a mudança de nome da empresa, e para impedir quaisquer outras reivindicações de direitos autorais, as etiquetas do produto dizem, desde 2005, apenas "Martha" (embora o nome Gardener permaneça em alguns sites de supermercados). A foto de uma Martha de meia-idade foi substituída pela de uma jovem modelo anônima, misturada com o fundo.

> *Não tenho muita ajuda do meu marido, acho que muitas mulheres não [têm...], o trabalho dele é jogar o lixo fora.*
> *— Dona de casa e operária no documentário de Martha Ansara, Don't Be too Polite, Girls [Não sejam tão educadas, meninas], 1975*

"FAÇA O QUE O LIVRO DA SRA. BEETON DIZ"

O resumo doméstico mais conhecido é o *Mrs. Beeton's Book of Household Management* [Livro de administração doméstica da sra. Beeton] — o manual de instruções para mulheres publicado pela primeira vez em 1861. Ele fez com que homens ficassem ricos durante décadas após sua morte (o marido dela vendeu os direitos).

Grande parte do livro era um pouco maluco, com seu conselho de escolher criados não apenas por serem bonitos, e de quantos criados eram necessários levar a um piquenique. Mas as receitas culinárias eram muito úteis, com planos semanais para gororobas da moda e a carne do dia: "jantares simples" cheios de legumes cozidos até demais, pudins pesados e frango ao molho *curry*, que pretendo usar como insulto um dia. Seu... seu... *frangote ao molho curry*.

O alegre livro da sra. Beeton mentia para as mulheres que tinham dificuldade em uma rotina marcada pelo trabalho duro e pela solidão. Estabelecia padrões absurdos de limpeza, controle e listas de tarefas que só podiam ser cumpridas se você tivesse um esquadrão, senão um exército, de criados. A sra. Beeton presumia que você tinha vários, e que os filhos de seus criados "não tinham outra perspectiva" a não ser crescerem e se tornarem criados. Fica claro por suas expectativas e descrições que o trabalho das empregadas domésticas era interminável, ingrato e prejudicial.

O livro de Beeton pressupõe que você tem um jardim do qual pode cortar flores para colocar à mesa todos os dias, e a capacidade de decidir se servia a comida em estilo francês (em que cada um se serve na mesa) ou *à la russe* (criados servindo seu prato no aparador e depois trazendo-o para você).

Nosso dever — imposto por Deus — é o de sermos criadas de nossos maridos, gerando filhos, criando-os e fazendo todo o trabalho doméstico. A sra. Beeton (ou seus editores posteriores, uma vez que eles usam o "nós") vibrava: "Afirmamos, com reverência, que não deve ser possível superestimar o valor de alguém que, por paciência, energia e sacrifício, consegue deixar tudo ao seu redor contente e confortável [...] elas são as companheiras de seus maridos".

DEZ DICAS ÚTEIS DOS MANUAIS FEMININOS DO SÉCULO XIX

1. Coma raposas-voadoras no café da manhã, mesmo que elas tenham um cheiro nojento;
2. O temperamento é tão visível no rosto quanto uma doença;
3. Jogue o cocô de uma pessoa doente pela janela e queime;
4. Tire uma soneca entre uma hora e meia e duas horas e meia e tome um banho frio;
5. A praia cura a coqueluche;
6. Se você quiser empalhar um peixe, consulte um livro;
7. Passe nas frieiras tinta à base de chumbo;
8. Se alguém tiver convulsões, faça-lhe um enema;
9. Forre uma sala com jornais que tenham fotos da guerra no Sudão;
10. Escolha uma vaca com um úbere poderoso.

Uma empregada é usada para ilustrar a primeira carta do prefácio de *Mrs. Beeton's Book of Household Management* [Livro de administração doméstica da sra. Beeton], 1861.

"A LIMPEZA ESTÁ PRÓXIMA DA DIVINDADE"

Bem, afaste-a então. Havia, é claro, boas razões para a higiene básica, pois descobriu-se sua relevância para a saúde e o controle de doenças em algum momento entre a pandemia de peste bubônica e a descoberta de que lavando bem as mãos com sabão os germes poderiam ser mortos.

Os padrões de limpeza e arrumação a que as mulheres são submetidas são absurdos, alcançados apenas por meio de trabalho duro e chato, aliviados apenas pelo triunfo visível da limpeza no exato segundo antes de tudo ficar sujo novamente.

"A LIMPEZA É TRIVIAL E TAMBÉM SALVA VIDAS"

A limpeza feita por mulheres é literalmente considerada inútil pelos governos em termos econômicos, mas ao mesmo tempo

Um álbum do tamanho da palma da mão com recortes de jornais que contêm dicas domésticas com um índice sanfonado manuscrito, 2017. (Cortesia de Lyndal Thorne)

nos dizem, em conselhos oficiais relacionados à saúde pública, que o destino de nossas vidas depende de um alto padrão de limpeza.

Manuais de limpeza falavam sobre a ligação entre a sujeira e doença; um deles disse às mulheres, na década de 1940, que a "limpeza" que faziam causara a queda da expectativa de vida (para cinquenta, sessenta anos). Nos disseram que, se não limpássemos adequadamente, nossos filhos morreriam.

A partir de 1800, ativistas da higiene pública passaram a produzir panfletos emocionantes com nomes como *Under the Floor* [Embaixo do chão] ou então *A Bad Smell* [Um cheiro ruim], e o ainda mais impressionante *What Kills Our Babies* [O que mata nossos bebês].

No século XXI, as propagandas de sprays antibacterianos ainda flertam com medos semelhantes.

As mulheres foram instruídas a combater germes e moscas com esfregões e tampas de crochê feitas à mão para jarras de leite, limpando a poeira e colocando o lixo do lado de fora, pois outros perigos eram impostos por coisas que as mulheres não podiam controlar: doenças infecciosas, sistemas de esgoto, poluição de mineração e envenenamento industrial.

Enquanto isso, os produtos que as mulheres eram instruídas a usar eram muitas vezes mais perigosos do que a falta total de limpeza. Os produtos químicos desagradáveis da tinta de impressão significava que você podia usar jornal para limpar as janelas; limpava-se os banheiros com querosene e uma variedade de outras substâncias assustadoras foram recomendadas por décadas, apesar de, em muitos casos, liberarem vapores nocivos, cancerígenos e perigosos por serem corrosivos.

Se uma de suas três filhas — Wanda, Linda e Glenda — voltava para casa com lêndeas, minha avó lavava o cabelo delas com *sheep dip*, um líquido à base de inseticida cheio de organoclorados tóxicos, hoje proibido.

"AS DONAS DE CASA DEVEM SER HUMILDES"

A autora que autopublicou um livro de dicas domésticas, Marjorie Bligh, construiu a maior carreira que pôde como "dona de casa" em uma pequena cidade da Tasmânia nas décadas de 1960 e 1970. Se Marjorie não fosse celebrada, ela se celebraria muito bem sozinha.

Vencedora de centenas de prêmios em primeiro lugar por suas inscrições em concursos de culinária e artesanato, ela imprimiu seus próprios livros, solicitou depoimentos e assinou cada cópia à mão. Ela corrigiu à mão um erro de digitação em centenas de cópias. Os livros eram, em grande parte, a versão impressa de seus álbuns de recortes; um livro pode ter mais de três mil trechos, recortes de jornais e revistas, uma miríade de citações, truques de tarefas domésticas, provérbios e lemas, trechos de poemas, dicas de jardinagem e cartões comemorativos colados.

Ela era estranha à questão dos direitos autorais. Milhares de itens de jornais e revistas foram peneirados pelas mãos enluvadas de Marjorie e depois publicados em seu próprio nome. Há raras exceções: a saborosa receita de carne da sra. J. Shackcloth e os pequenos merengues de Ethel Webster.

Um de seus livros era *Homely Hints on Everything* [Dicas caseiras sobre tudo], então senti uma afinidade com Marjorie; meu primeiro livro foi *The Modern Girl's Guide to Everything* [O guia da garota moderna para tudo], embora nele eu tratasse muito mais sobre preservativos.

Conheci Marjorie uma vez em uma pequena cidade da Tasmânia, em sua casa transformada em museu, com prateleiras até o teto de sua coleção de garrafas e bonecas, e todas as coisas que ela havia feito, incluindo um chapéu feito na forma de um pote de sorvete daqueles quadrados, usando tiras de sacos plásticos de pão. Bem, eu pensei que era um chapéu, mas, por fim, era uma cesta. Ela

Cartaz da estranha campanha de higiene Destroy that Dangerous Dummy, da Divisão de Bem-Estar da Mãe e do Bebê de Nova Gales do Sul, década de 1930. (Biblioteca Nacional da Austrália)

> *Posso ir para o meu túmulo e dizer que nunca fiquei ociosa.*
> — Marjorie Bligh

> *Quando a esposa é quieta, bem-humorada, limpa e mantém hábitos de arrumação, além de boa administradora, o marido vai [...] geralmente preferir [a casa dele] do que ceder aos vícios e às casas públicas.*
> — Marianne Parrott, *The Cleanest Cottage, or The Influence of Home* [O chalé mais limpo ou a influência da casa], 1848

me lançou um olhar duro e disse rispidamente: "Esse é o seu noivo?", apontando para o homem que estava comigo. Mas ele não era, leitora.

As receitas básicas de Marjorie eram o estoque do Império britânico da época, talvez "mais aflorado" nas décadas de 1950 e 1960 com anéis de abacaxi que pareciam sair de Queensland em um carregamento de latas.

As necessidades são obrigatórias, e Marjorie incluiu possibilidades econômicas de refeições da Tasmânia, incluindo coelho recheado com pardela escura e uma receita impressionante de *wattlebird* na torrada. Isso exige que os corpos depenados dos pássaros sejam grelhados por horas em uma frigideira elétrica colocada em uma grade de arame e, depois, dispostos em fileiras na torrada. A receita parece criar mais perguntas do que respostas. Você deveria comer as garras? Quantos pássaros mortos por torrada? As pessoas faziam isso na frente de seus periquitos?

"SEJA MUITO ECONÔMICA"

Marjorie Bligh representou gerações de "donas de casa" econômicas, horrorizadas com a ideia de serem ociosas e frugais por necessidade. Mesmo que estivessem sentadas, mulheres como Marjorie e minha avó mantinham as mãos ocupadas.

Estavam sempre bordando uma toalhinha, ou juntando velhos cartões de Natal para fazer uma cesta de tricô. Costuravam vestidos de dança, encharcavam os rótulos dos frascos, cultivavam jardins inteiros com mudas e sementes. Vi toalhas de mesa bordadas à mão sendo vendidas por cinco dólares em brechós e me perguntei sobre a mulher que, décadas atrás, passara meses de sua vida fazendo aquilo.

As coisas bonitas que elas faziam eram um desafio à severidade, uma maneira de exibirem suas habilidades com orgulho, uma forma de trabalho que também servia para embelezar, uma maneira de passar as horas quando "passatempos" eram mais necessários do que "poupar tempo". Elas eram, na prática, economistas domésticas: compravam a granel quando podiam, cortavam o cabelo da família com a ajuda de uma tigela virada para baixo, cultivavam e conservavam frutas e legumes arrumados ordenadamente em potes de vidro.

O artesanato era feito com objetos do dia a dia da época: rolhas, limpadores de cachimbo, trapos. Nunca envernizarei cabaças secas para decorar a mesa, mas, se quisesse, Marjorie me diria como fazê-lo. (Suspeito que, quando minha mãe percebeu que ela estava colando lentilhas laranjas em fileiras perfeitas nas latas de comida vazias cobertas com tecido de linho para fazer "porta-lápis", foi levada a comprar uma cópia de *The Female Eunuch* [A mulher eunuco] e se tornar uma estudante de idade madura.)

Algumas das dicas de economia de Marjorie ainda são um pouco surpreendentes: vinagre e água como protetor solar; gordura animal de carne cozida para fazer um hidratante para as mãos; melado e enxofre para secar espinhas; bicarbonato de sódio úmido como desodorante para as axilas; manteiga como demaquilante. Mas mantenho uma escova de dentes entre meus produtos de limpeza porque Marjorie estava certa: ela é "imbatível" na limpeza de fendas.

Por um breve período no século XX, as escolas de ciência doméstica e economia em instituições especiais elevaram o papel do trabalho doméstico, tornando-o algo a ser aprendido e com qualificação, mas era ensinado

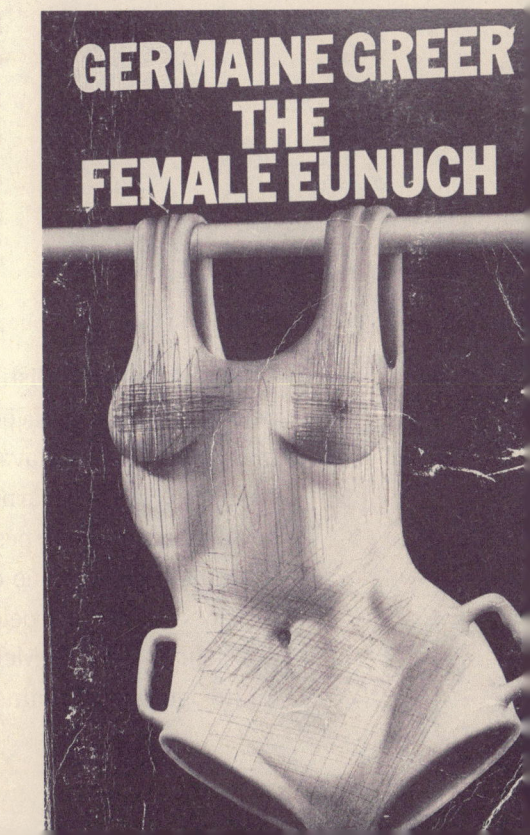

A sétima reimpressão de *The Female Eunuch*, cópia pertencente à minha mãe, com seus rabiscos desleixados, 1972.

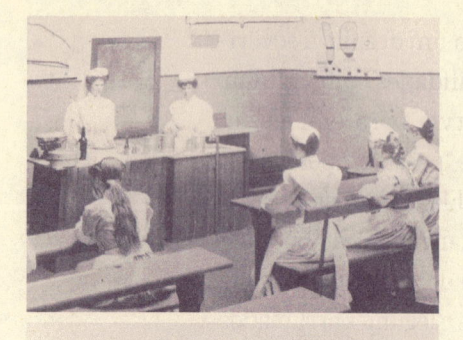

apenas para meninas e mulheres jovens. As escolas fizeram tentativas inconstantes de ensinar culinária e costura, quase sempre para meninas. Quando as feministas pressionaram para que todos os alunos aprendessem essas matérias, elas foram descartadas.

E, assim, gerações de rapazes e moças agora saem da escola sem saber coisas importantes de segurança alimentar, orçamento, como fazer e alterar roupas, ou cozinhar algumas boas refeições. Com o tempo, isso causou impacto direto no aumento do uso de pesto de potes.

O fardo da economia doméstica sempre recaiu sobre as mulheres; tanto por uma questão de orgulho quanto de necessidade, que foi mais intensa durante o racionamento em tempos de guerra ("fazer e consertar") e da recessão econômica. A vida de muitas mulheres foi transformada: para nós, comprar um par de meias é mais fácil e barato do que perder tempo consertando-as. Os custos ocultos estão nas condições dos trabalhadores que fazem as meias e nos danos causados pela indústria de *fast fashion* ao meio ambiente.

Aulas de ciência doméstica e culinária na Emily McPherson College of Domestic Economy, em 1907, na década de 1920 em data desconhecida, respectivamente. (Biblioteca do Estado de Victoria)

Eu não saberia distinguir tipos diferentes de peixe apenas pelo cheiro, mas gerações de mulheres sabiam qual peixe era mais barato e consultavam diagramas que diziam quais eram os melhores cortes de carne de acordo com o orçamento (cabeças de animais, miúdos e pés) e o que fazer com essas partes. Velhos livros de receitas estão cheios de instruções para "arrancar os miúdos" ou "puxar a pele da língua".

Quando a Emily McPherson College of Domestic Economy foi inaugurada oficialmente pela duquesa de York (mais tarde

Rainha-Mãe) em 1927, ela recebeu um diploma honorário, e teve a elegância de dizer que não era digna dele. Provavelmente ela não conhecia 101 maneiras de preparar carne moída.

Para essa grande inauguração, as ruas estavam cheias de meninas e mulheres jovens: operárias, estudantes, universitárias, enfermeiras, guias e outros grupos. Por décadas, a "Emily Mac" produziu livros de instruções e formou milhares de alunas com talentos em ciências domésticas; em 1952, a equipe tinha mais de trinta mulheres e um homem (alfaiataria), incluindo muitas senhoras e senhoritas. Todo esse respeito e orgulho, toda essa tradição feminina e sua extraordinária biblioteca e arquivos foram posteriormente incorporados pelo Instituto Real de Tecnologia de Melbourne — o premiado edifício *beaux-arts* construído para esse propósito é agora a Graduate School of Business.

"RESERVE DIAS PARA LAVAR A ROUPA"

Poucas pessoas escreveram um livro com um título mais condescendente do que *Simple Rules for the Guidance of Persons in Humble Life* [Regras simples para a orientação de pessoas na vida humilde], da insuportável Lady Eliza Darling, em 1837. Ela era a esposa rica do governador militar da colônia de Nova Gales do Sul, sendo ele considerado um dos babacas mais imponentes da história australiana.

Não há dúvidas de que os criados de Lady Eliza eram obrigados a seguir as intermináveis páginas de instruções de lavanderia em seu livro. Cuidar das roupas — feito tudo à mão em água escaldante e usando sabonetes corrosivos — levava dias. As mulheres encarregadas de lavar, também conhecidas como lavadeiras, tinham que lavar as fraldas e os panos menstruais de suas patroas à mão, além de lençóis, cobertores e roupas. Era o trabalho mais difícil, feito pelas criadas "infe-

Transforme o terno do seu irmão em uma roupa feminina enquanto ele estiver no Exército. Livreto *New Clothes for Old* [Roupas novas a partir de velhas], que veio com uma carta do primeiro-ministro, 1947. (Biblioteca Nacional da Austrália)

riores", meninas e mulheres subnutridas e malvestidas em condições de frio ou calor sufocante.

A expressão em inglês *"wet blanket"*, que se traduz literalmente por cobertor molhado, é usada para designar alguém que não apoia uma ideia. Isso vem do fato de que um cobertor molhado era conhecido por ser tão pesado, com cerca de vinte quilos, que, se fosse colocado em cima de alguma coisa, essa coisa seria reprimida e esmagada.

Primeiro, muitas vezes no domingo, o "dia de descanso", vinha a coleta, a classificação e o registro em um livro; a contagem de entrada e saída do número de cada item a ser lavado. A lavanderia era preciosa. O roubo de roupa suja, até mesmo um lenço, era um crime comum punido com transporte para a Austrália alguns anos antes. O mesmo roubo na colônia era punido com açoitamento.

Cortava-se muita madeira no dia anterior, que deveria ser usada pela manhã para ferver a água em termas gigantes. O livro de Lady Eliza lista as tarefas para o próprio dia da lavagem: buscar a água manualmente em barris ou baldes para encher as tinas gigantes e pesadas. Isso pode ser feito em um rio, em um riacho ou em uma bomba externa próxima. Uma criada, então, pegava a pilha de roupas com botões, borlas, fitas coloridas e golas de renda e as cortava, deixando-as prontas para serem costuradas novamente após lavar a roupa, para que não "escorregassem" na hora de lavar e não fossem danificadas por produtos químicos ou amassadas no espremedor.

Toda a roupa lavada de uma casa — pilhas e pilhas de toalhas, lençóis, roupas, cobertores, panos menstruais e fraldas — era encharcada, enxaguada ou fervida nas enormes tinas sobre fogueiras. Lavadeiras empurravam a roupa para baixo da água repetidas vezes com varas que tinham pezinhos e esfregavam as roupas em tábuas de lavar gigantes, parecidas com raladores de queijo, usando escovas de cerdas ou de arame e cal cáustica que esfolava a pele.

A água teria que ser derramada ou drenada e reabastecida pelo menos duas vezes para enxaguar, conforme estipulado por Lady Eliza (e todos os outros empregadores). Em seguida, cada

Crianças com a mãe lavando roupa no quintal de Collingwood, 1935. (Oswald Barnett, Biblioteca do Estado de Victoria)

item branco em uma carga de lavagem tinha que ser virado do avesso para ser "azulado" —, um estágio de lavagem extra no qual eram misturados pequenos sacos de musselina cheios de "azul" — originalmente pedras de lápis-lazúli esmagadas com bicarbonato de sódio, depois sais minerais azuis da Prússia. Isso efetivamente tingia tudo que era branco com um leve tom azul-pálido, fazendo parecer mais brilhante do que as roupas que amarelavam com o tempo.

Após o enxágue, a lavadeira mergulhava novamente tudo o que exigisse uma aplicação de goma em consistência uniforme em cada centímetro do tecido: toalhas de mesa, camisas, vestidos, toucas e aventais. O amido era feito em casa com farinha de milho, ou outra farinha vegetal, e água fervente, para criar uma cobertura gelatinosa e grudenta que deixava o tecido rígido. Tinha que ser aplicado no tecido ainda molhado, mas não encharcado.

Até os ciclos de centrifugação das máquinas de lavar na segunda metade do século XX, os itens molhados eram enfiados e enrolados entre dois rolos horizontais pesados de mármore ou madeira em um dispositivo chamado espremedor. Muitas vezes havia uma criada para enfiar roupas e outra para girar uma roda pesada, fazendo os rolos se moverem. Um espremedor era usado para espremer a água da roupa antes de ser pendurada, e também após a secagem e uma borrifada de água, como forma de passar. A maldita da Eliza Darling exigia ambos, em cada item.

Quase ninguém com menos de setenta anos sabe o que é um espremedor. Nos dias de hoje, frases como "coloque no espremedor" e "eu espremi" perderam seu significado original para uma nova geração sem instrução em formas de espremer a roupa.

As roupas eram penduradas ao sol, em uma sala de secagem ou em um galpão, em varais ou em "cavalos de roupa". Ferros de metal pesados eram aquecidos a temperaturas precisas em placas de fogão a lenha e, depois, usados para passar a roupa, muitas vezes em grandes mesas construídas especificamente com gavetas embaixo para cobertores. Se os ferros estivessem muito frios não funcionava, e, se estivessem muito quentes, as roupas eram queimadas — e a criada, punida.

Lavar as roupas de uma casa costumava levar dois dias inteiros, com doze horas diárias ou até mais. A secagem dependia do tempo, e passar a ferro e dobrar levava mais um dia de trabalho. Um jornalista informou, por volta de 1900, que era preciso duas lavadeiras e quatro dias inteiros por semana para lavar e passar roupas em sua casa. O correspondente de um jornal calculou, na década de 1890, que duas mulheres em sua casa lavavam, enxaguavam, espremiam, secavam, engomavam e passavam cerca de quatrocentas peças de roupa e roupa de casa por semana.

A lavadeira perfeita é uma mistura de mente e músculos. Ela pode esfregar com tanta força quanto o destino quando é realmente necessário [...].
– Martha McCulloch-Williams, 1893

Lavar a roupa resultava em queimaduras causadas pelo vapor, danos à pele e aos olhos causados por amônia ou outros produtos químicos, utilizados em roupas molhadas congeladas usadas no inverno, e em lesões por repetição, pelo excesso de carga e pela exaustão. Escalpelamentos e amputações eram comuns, pois os cabelos ou as mãos de mulheres e crianças ficavam presos. Padrões absurdos de limpeza e "segurança" no trabalho foram estabelecidos por pessoas que nunca tiveram que fazer esse trabalho.

Há poucas frases mais lamentáveis do que essa em uma reportagem de 1895 sobre a morte de uma mulher anônima em decorrência de um "aborto clandestino", também conhecido como "operação ilegal": "A falecida tinha cerca de 24 anos e, pela aparência de suas mãos, acredita-se que era uma lavadeira".

"FAÇA AS MENINAS MENOS FAVORECIDAS LAVAREM A ROUPA"

Mulheres condenadas na Austrália eram "enviadas para as tinas" como punição extra. A tradição de fazer as prisioneiras lavarem roupa pesada foi mantida na Austrália, permitindo os famosos e terríveis gritos de deus-não-não-a-minha-mão-no-ferro-de--passar retratados no programa de televisão dos anos de 1970 *Prisoner* e seu remake *Wentworth* em 2018.

Por décadas, meninas e mulheres vulneráveis foram enviadas por magistrados e policiais para lavanderias da Igreja, onde trabalhavam por anos sem remuneração e eram mantidas como prisioneiras, fazendo trabalhos domésticos para a instituição e lavando para clientes comerciais.

As outras categorias de mulheres prisioneiras e escravizadas forçadas a lavar roupa pesada na história da Austrália foram as meninas aborígenes e nativas das ilhas do Estreito de Torres tiradas dos pais, ou que cresceram e foram forçadas a trabalhar em missões da Igreja, "escolas de treinamento", "casas de meninas" sancionadas e escolas industriais.

Toda lavanderia administrada pelo Estado ou pelas igrejas em nossa história era criminosa: usavam trabalho forçado ou escravo, e as meninas eram abusadas emocional e fisicamente. Uma camada extra de julgamento e expiação era explicada: meninas "perdidas", "sujas" e mulheres "manchadas" por uma gravidez seriam forçadas a limpar as coisas e embranquecê-las, como penitência.

Lavadeiras estavam por conta própria, impedidas de se filiar a um sindicato. Governos, tribunais e igrejas conspiraram para isentar as lavanderias das leis de segurança e de salários. A Câmara dos Lordes britânica dispensou as lavadeiras da convenção de segurança e exigências de pagamento em 1907.

O plenário do Tribunal Industrial de Nova Gales do Sul da Austrália foi contra o Conselho

Uma jovem de onze anos caiu em água fervente enquanto trabalhava na lavanderia de um dos conventos locais e morreu.
— The Herald, março de 1905. O legista declarou a morte da pequena Sylvia no Orfanato São Vicente de Paulo em South Melbourne como "acidental".

de Empregados de Lavanderia em 1919, dizendo efetivamente que o Convento das Irmãs do Bom Samaritano, um nome absurdo para essa instituição, poderia escravizar mulheres.

Em muitas lavanderias de conventos católicos em todo o mundo era proibido até mesmo conversar ou cantar, para evitar amizades. O horário de trabalho comum era das 8h-8h30 até as 18h, com os domingos de folga, em que eram exigidas outras tarefas como costura. Meninas foram espancadas, bebês foram tirados delas e enterrados ilegalmente. As sobreviventes se lembram de coisas semelhantes: cabeças sendo raspadas, agressões diárias, o frio amargo e profundo do inverno, receber um novo nome religioso para apagar sua identidade, sentir medo da primeira menstruação — que chegava sem aviso prévio e nunca era explicada.

"O DIA DE LAVAR ROUPAS É IGUAL PARA TODAS"

Ainda que o dia de lavar roupa fosse penoso para muitas, as mulheres encontraram alegria na camaradagem, no orgulho de um trabalho bem-feito e no cheiro maravilhoso da roupa seca ao sol. (Em 2020, a cientista ítalo-dinamarquesa Silvia Pugliese identificou os compostos oxidados e os comportamentos moleculares que produziam o cheiro singular de tecido seco ao sol.) Para as mulheres, o dia de lavar roupa pode evocar muitos tipos diferentes de memórias e contar diferentes histórias.

Wanda Gibson, do clã Nukgal Wurra, uma artista de Hope Vale, no extremo norte de Queensland, desenhou um tecido

"Junte-se ao exército..." e lave 12.500 artigos por semana em um hospital da base do Exército australiano no norte da Austrália, 1943. (Biblioteca do Estado de Victoria)

estampado para a empresa de moda Magpie Goose chamado *Family Washing*, inspirado nas lembranças das férias na praia que ela e sua família faziam uma vez por ano, levando dois dias para caminhar até a praia de uma missão luterana. Quando criança, Wanda ia, depois da escola, trabalhar como "doméstica" na missão.

> Só tínhamos duas semanas de férias da vida missionária. Quando precisávamos lavar, rolávamos um tambor de 44 galões até o riacho, fervíamos água no tambor, pendurávamos e esperávamos secar! Desenhei o estilo dos vestidos que a Igreja luterana costumava nos dar no Natal [...]. Nos permitiam ter apenas três vestidos e calcinhas. Um para lavar, um para vestir, e o outro como extra.

"PASSE TUDO A FERRO"

Quando li *O conto da sra. Tiggy-Winkle* de Beatrix Potter para minha filha no começo dos anos 2000, ficamos perplexas com o que a pequena e velha ouriço poderia estar fazendo, "gofrando um avental". Significava, no fim das contas, usar um tubo de metal para passar pequenas dobras na roupa, como aquelas que tradicionalmente se encontram em um avental. Nas ilustrações do livro, a sra. Tiggy-Winkle lavava as roupas de todos os outros animais.

Artigos de jornais instruíam as lavadeiras a ter ferros de tamanhos diversos, que tinham que ser limpos ao esfregar tijolo em pó, segurando papel marrom para proteger as mãos.

Tudo costumava ser passado em casas onde havia criadas. Pesados cobertores para serem usados embaixo de lençóis eram tirados das gavetas e colocados em grandes mesas para serem passados. Conforme as criadas desapareciam, e as tarefas domésticas se tornavam um "faça você mesma" para quase todas as pessoas, os padrões mudaram, e as mulheres começaram a passar menos roupas. Muitas de nós não passam roupa alguma.

Uma memória que tenho do fim da década de 1960 era de assistir à minha avó esquentar seu ferro em um fogão a lenha e, então, passar vestidos na mesa da cozinha, usando um pano limpo. Mais tarde ela se mudou para a cidade, e sempre pensava que ferros elétricos eram maravilhosos. Ela ficaria encantada ao ver como meu ferro passa com vapor apenas ao apertar um botão.

Minha mãe usava um ferro elétrico a vapor para me ensinar a ordem certa de passar uma camisa: o colarinho primeiro, depois as mangas e os punhos, a parte de trás e, por fim, a frente. Ela me mostrou como usar um pano de prato embaixo do ferro para que a saia plissada da escola não ficasse tão lustrosa. Recentemente descobri que minha filha, com vinte e poucos anos, não sabia como soltar a alavanca para abrir a tábua de passar. Aquele choque momentâneo rapidamente se transformou em alívio.

"COZINHE A COMIDA DURANTE MUITAS HORAS"

Antigamente, a maioria dos conselhos culinários para mulheres dizia quais carnes ou vegetais deveriam ser cozidos, ou os ingredientes de um cozido. Você tinha uma escolha: cozinhar algo até a exaustão ou não cozinhar tanto assim. As mulheres começaram a usar a própria experiência e as dicas que davam umas às outras para usar panelas com tampas como pequenos fornos, adivinhar a temperatura de cozimento usando a cor do carvão, o ruído do fogo e da comida, o toque, a cor da comida no forno ou panela em que estavam.

Antes que métodos confiáveis de medir a temperatura em fogões a gás existissem, nas décadas de 1920 e 1930, mulheres tinham que adivinhar a temperatura do forno e qual seria a sua velocidade de cozimento de acordo com a cor de um pedaço de papel colocado no forno ou marcando o tempo com uma panela de água, para verificar quanto tempo ela demorava para

As alunas deveriam saber que o fotógrafo iria até a sala de passar roupa da Emily McPherson College of Domestic Economy: olhe só para todas essas roupas engomadas, tão bem passadas. (Biblioteca do Estado de Victoria)

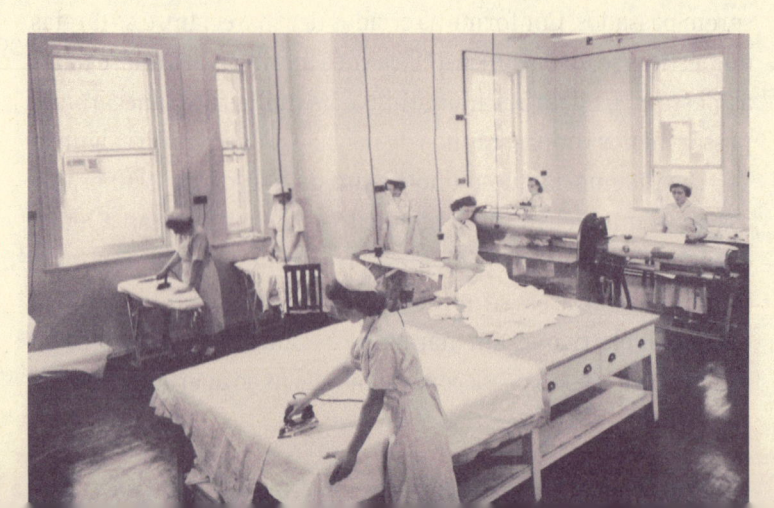

esquentar, a sensação do calor no rosto quando abriam o forno, ou colocando a mão, protegida por um pano, na alça de metal.

Bilhões de mulheres ainda cozinham em fogo aberto e em fogões rudimentares, por exemplo, na África, Índia, Nepal, China e América do Sul — mas não somente nesses lugares. O perigo desses fogos abertos (como inalar fumaça, queimar-se e machucar-se por causa de explosões), e as horas que levam para acendê-lo, faz com que mulheres e crianças não possam estudar ou trabalhar. A Clean Cook Alliance, com a ajuda da Organização das Nações Unidas, estima que mulheres trabalhem de onze a catorze horas por dia (homens trabalham dez horas) devido ao trabalho extra para conseguir água e fazer fogões funcionarem.

"A CULINÁRIA AUSTRALIANA NÃO EXISTIA"

Bem, agora existe, e os livros de receitas modernos refletem personalidades, heranças familiares e a inteligência dos editores. Mas até as últimas décadas, a maioria dos livros de receitas era uma *mistura* (ou um manjar branco) de plágios, cópias e roubos.

Como a maioria dos primeiros conselhos coloniais para mulheres foram dados por homens, o primeiro livro de receitas australiano, de Edward Abbott, continha receitas de outras pessoas. O plágio significava que velhas atitudes e ideias se perpetuavam por mais tempo, e as ideias inglesas eram transportadas para a Austrália, aonde, como um barco cheio de prisioneiros, não pertenciam ali. Abbott recomendava receitas que outros consideravam melhor esquecer, com vombates, equidnas, emus e *slippery bob* — cérebros de canguru empanados e fritos em gordura de emu e samambaia fervida.

Um *best-seller* posterior, *Kingswood Cookery* [A culinária de Kingswood], foi escrito pela famosa e elegante professora de cozinha do Sydney Technical College na época, Harriet Wicken. Em 1898, o *Brisbane Times* resenhou não apenas o livro, mas sua lombada leve e robusta, perfeita para anos de abuso pegajoso e farinhento enquanto ficava aberta nos bancos de cozinha de casa.

As donas de casa "pioneiras" foram encorajadas a desenvolver uma cozinha australiana: toneladas de carne de carneiro; eventualmente, coelhos selvagens e quaisquer vegetais que

Se você costuma guardar bastante pão de ló [...], faça-o em uma lata de bolo bem fechada, para que nunca faltem bolos para o chá ou para o jantar de domingo à noite.
— New Standard Cookery [Novo padrão de culinária], editado por Elizabeth Craig, 1933

pudessem manter vivos. A nova mulher australiana aceitou pouco ou nenhum conselho de mulheres aborígenes, além do conhecimento especializado das estações do ano que afetavam a vida selvagem e a disponibilidade de peixes.

Milhares de anos de conhecimento sobre tubérculos, grãos, saladas verdes, nutrição, sabor e conhecimento sobre ervas não eram procurados, mas ativamente desprezados, enquanto as "mulheres pioneiras" tiravam os besouros que apareciam em sua farinha, e suavam enquanto cozinhavam seus assados por tempo demais em um dia quente de Natal.

A primeira autora de livros de receitas publicada na Austrália foi Lance Rawson — também conhecida como Wilhelmina, ou Mina —, que começou sua carreira de autora de livros guias em 1894 com *The Antipodean Cookery Book and Kitchen Companion* [O livro de culinária antípoda e companheiro de cozinha] e depois seguiu com *The Queensland Cookery Book* [O livro de culinária de Queensland], *Australian Poultry Book* [Livro das aves australianas] e *Australian Enquiry Book of Household and General Information* [Livro australiano de informações gerais e domésticas].

Ela aconselha os noivos a pedirem coisas antes do casamento: se gaba de ter pedido um fogão e um espremedor em vez de um piano, mas "ganhar os três". Ela continua explicando como tirar o máximo proveito de um "dia de matança" em uma estação de gado ou ovelhas: ter o máximo de carne possível ao salgar os miúdos, fazer bochechas em conserva, chá de carne, fígado frito e calcanhar de vaca cozido. Ela diz onde serrar um crânio de bezerro e afirma que bife e miolos de animais salgados "são um bom prato de café da manhã". Passou longe da "cozinha de conforto".

As mulheres coloniais eram encorajadas a cultivar alface, beterraba, escarola, aipo, tomate, rabanete, cebola e pepino: não consigo imaginar quantas vezes eles precisavam ser regados no interior do extremo norte de Queensland, com água que devia ser carregada até lá. Em um de seus livros, Rawson fala de barris de madeira que deviam ser rolados do rio, e aposto cem guinéus que ela nunca fez isso.

Décadas foram desperdiçadas cozinhando comidas horríveis e pesadas até que algumas cozinheiras nascidas na Austrália, como a rainha dos livros de receitas Margaret Fulton, adotassem novas ideias e conhecimento cultural. Mulheres orgulhosas de suas heranças ensinaram novas gerações a cozinhar, incluindo Charmaine Solomon, nascida no Sri Lanka, e a chino-australiana de terceira geração Kylie Kwong.

"COSTURE TODAS AS ROUPAS DA SUA FAMÍLIA"

As mulheres ajudaram a desenvolver todas as habilidades e técnicas extras para tingir tecidos de cores diferentes, imprimir e decorar tecidos e usaram técnicas complexas de tecelagem para fazer tudo, desde rendas delicadas até tecidos de proteção pesados em padrões complicados.

Elas usavam técnicas de engenharia de tecidos — dardos, mangas bufantes e costura em curva para fazer o tecido seguir, acentuar ou minimizar as linhas do corpo. Lençóis eram virados — quando ficavam mais finos no meio, eram cortados em uma linha central, cada metade virada, e costurados novamente no meio.

Remendar e fazer coisas delicadas, a costura decorativa, os bordados e outros ofícios que tornavam as coisas mais bonitas eram vistos como uma extensão do dever. As mulheres se orgulhavam da costura simples e do trabalho de criatividade.

Padrões de papel e máquinas de costura domésticas revolucionaram as habilidades de costura das mulheres e economizaram tempo. Quase todas as casas tinham uma. Lojas de tecido (e cobertas) estavam em todas as ruas

Um dia ela será uma esposa e você pode fazer os dias de pré-casamento dela muito mais felizes ao ensiná-la a cozinhar agora.
— Anúncio da farinha de milho Wade, dando conselhos de como criar as filhas, década de 1940

comerciais, e criadoras de padrões, incluindo madame Weigel, Enid Gilchrist, Butterick e Vogue, eram nomes conhecidos. Em apenas uma geração, nós mudamos a costura: a maioria das casas hoje não tem uma máquina de costura.

"O ARTESANATO FEMININO É UMA BOBAGEM"

Devemos ignorar como as mulheres têm sido recusadas em oportunidades de treinamento e exposição artística por séculos, colocadas apenas como musas e muitas vezes não reconhecidas como pintoras, escultoras ou fotógrafas, raramente chamadas de gênio, mesmo que seu trabalho seja inovador e brilhante? E como aquelas que conseguiram ter uma vida de artista foram menosprezadas e negligenciadas, ao contrário de muitos de seus colegas homens pervertidos e banais? Como elas não têm o apoio de galerias públicas e privadas e são consideradas amadoras e menos importantes? Como as histórias e danças das mulheres aborígenes e nativas das ilhas do Estreito de Torres e, mais tarde, suas pinturas foram automaticamente consideradas inferiores por uma sociedade repressiva que proibia sua prática? Ah, tudo bem, não falemos disso por enquanto, então.

Um artefato colonial muito raro mostra a costura decorativa feita por meninas aborígenes sob a "tutela" da sobrinha do comandante das tropas no assentamento de Swan River perto de Perth, em algum momento antes de 1848. Uma colcha pequena e desbotada com enchimento está enrolada em um tubo de papelão resistente suspenso em uma caixa na Biblioteca Nacional da Austrália. A bibliotecária Catriona Anderson e eu a desenrolamos, muito devagar e com cuidado, em 2019.

Tantos minúsculos pontos feitos à mão. Cada um representando uma história que não conhecemos. A colcha, de cerca de um metro por 1,4

Do livreto da McCabe Dressmaking Academy, 1930. (Biblioteca Nacional da Austrália)

metro, foi enviada para a Inglaterra, depois doada para a Commonwealth Library de Londres em 1959, de onde foi despachada para a Biblioteca Nacional de Camberra com uma nota pedindo desculpas pelo fato de a "estranha relíquia" não ser um achado de muito valor. É uma das coisas mais emocionantes que já vi.

"APENAS MULHERES RICAS PODEM FAZER ARTESANATO DECORATIVO E SOFISTICADO"

Em 1882, Lady Wolverton anunciou uma associação de bordadeiras que faria itens úteis para os pobres, em vez de panos *antimacassar* decorativos (toalhinhas para proteger poltronas do óleo do cabelo masculino). Mas, em geral, prevaleceu a satisfação e a alegria das mulheres em fazer coisas bonitas, junto com a necessidade de fazer coisas sensatas.

A colcha feita por crianças aborígenes na escola dominical do assentamento militar de Swan River, Austrália Ocidental, antes de 1848. Cada quadrado tem cerca de 4,5 centímetros de largura. (Biblioteca Nacional da Austrália)

As bibliotecas estaduais estão cheias de álbuns de recortes femininos em folhas de algas desbotadas e prensadas. Em Londres, uma mulher do século XIX guardou espinhas de peixe por anos e as exibiu, transformadas em esculturas florais.

Irritadas com a dominação masculina em exposições e mostras agrícolas, senhoras elegantes e mulheres agricultoras pressionaram seus maridos a incluírem seções de trabalho feminino, de Mackay a Hobart. Havia prêmios para o "melhor" artigo em dezenas de categorias, desde bolo de frutas e marmelada até vestido de boneca e pintura de paisagem a óleo. Em 1905, Lady Northcote, esposa do governador de Victoria, organizou uma prestigiada e extravagante exibição de trabalho feminino no Exhibition Buildings em Victoria, com livros comemorativos e prêmios em abundância. Nos sessenta anos seguintes, as mulheres costuraram milhares de guardanapos e kits de bordado. Já em 2010, as plataformas de mídia social possibilitaram o renascimento do bordado por meio de contas em perfis como @badasscrossstitch, com lemas feministas bordados.

Minha bisavó Nene (pronuncia-se *Niinii*), uma mulher rica sem nenhum outro lugar para mostrar sua diligência, habilidade e criatividade, especializou-se nas artes decorativas, entrando em todas as categorias do Royal Melbourne Show, incluindo bordados, pirografia (queima de uma imagem artística na madeira com um atiçador) e decoração em objetos pequenos, fazendo molduras e objetos de uma espécie de plasticina dura, pelo menos até ela ganhar, em 1938, o prêmio geral de Trabalho Feminino.

Ela era conhecida por sua bondade, mas também por conseguir o que queria. Uma história de família sobre Nene é a vez em que a mulher da casa ao lado não compartilhava um padrão de costura, então ela sequestrou o bebê dela, tirou as roupas dele, deu-lhe um biscoito e tirou um padrão de seu macacão, depois o vestiu novamente e empurrou-o de volta pela cerca viva. Nene e sua irmã, Hebe, não faziam nenhum trabalho doméstico pesado. Sua culinária e seu artesanato eram literalmente para serem exibidos.

"CRIADAS DEVEM SER EXPLORADAS E BRUTALIZADAS"

É difícil não ficar indignada e exausta só de ler a lista de coisas que se esperava que os criados fizessem. Das damas de companhia que tinham que amarrar os espartilhos da patroa e cumprir a impossível tarefa de limpar a lama dos sapatos de cetim às "empregadas gerais" que limpavam os excrementos dos patrões em penicos, descendo lances de escadas para esvaziá-los, fazendo todo o trabalho pesado de lavar a roupa e cuidar da copa de doze a catorze horas por dia (criados que moram no trabalho e muitos outros criados em todo o mundo ainda trabalham uma quantidade de horas semelhante).

Os criados também deveriam ser tão invisíveis quanto possível, e inaudíveis. Uma governanta que trabalhara para minha ta-ta-ta-tataravó escreveu a ela que sua patroa ficou furiosa com o som do espartilho de uma empregada quando ela esperava à mesa. A sra. Beeton advertiu as empregadas do barulho produzido pelas botas delas e da necessidade de pedir algo; elas devem antecipar os desejos das pessoas, entregando-lhes coisas sem serem solicitadas.

A empregada mais humilde era a "empregada geral", também conhecida como *slavey*[3], *slavvy* ou *tweeny* (criada auxiliar), porque tinha que trabalhar em todos os departamentos de limpeza e cozinha. No século XIX e início do XX, essa criada trabalhava mais horas do que qualquer outra, geralmente das seis e meia da manhã até as onze da noite.

Em seu livro publicado em 1908, *Women of England* [Mulheres da Inglaterra], Bartlett Burleigh James diz que os criados costumavam ser homens, especialmente nas casas compartilhadas de homens religiosos (o.k., mosteiros), nas quais as únicas mulheres eram empregadas no tradicional comércio de fabricação de cerveja.

Nos tempos da rainha Elizabeth I, diz ele, os criados eram tão humildes e despreparados que se esperava que dormissem onde caíam na cozinha ou nos corredores da casa.

Os empregos mais igualitários e comunitários que as mulheres costumavam ter foram aniquilados pelas fábricas, pelas fábricas de costura e pelas minas da Revolução Industrial, e entre os cartunistas do século XIX pairava a ideia de que os homens pareciam ridículos por fazer "trabalho de mulher" ou por vestir roupas femininas.

"CRIADAS SÃO PREGUIÇOSAS E IMPERTINENTES"

Aqueles que tinham criados eram descritos como dono e dona, mesma palavra usada para quem tem cachorros. "O problema dos criados" foi levantado nos jornais australianos quase desde a chegada do primeiro navio de condenados.

Lembra-se de Lady Eliza Darling, a esposa do governador militar colonial, que escreveu o livro muito rude chamado *Simple Rules for the Guidance of Persons in Humble Life: More Parti-*

---

[3] (N. T.) Povos indígenas das Primeiras Nações do grupo Dene.

> *Cuidado para não ceder ao amor pelas ruas, companhias e diversões [...]. Não permita que te visitem, nem mesmo seus próprios parentes, [...] evite companhias perdidas e impróprias.*
> *— Eliza Darling, 1837*

cular for Young Girls out to Service [Regras simples para a orientação de pessoas na vida humilde: particularmente para jovens que devem servir]? Ela disse às suas criadas que elas eram "obrigadas pelo Evangelho" — as ordens de Deus — a obedecer aos seus empregadores. Se não o fizessem, era provável que elas se tornassem profissionais do sexo, e não lhes era permitido se divertir ou então ter coisas boas.

A exigência de Darling em 1837 era de que as cinzas fossem removidas de cada lareira, de que as paredes e o piso da lareira e todos os utensílios de fogo (como o atiçador) fossem higienizados com sabão e água carregados em um balde, a grelha limpa com cerdas de arame e polida com tijolo em pó, e depois pintados mais uma vez com tinta preta à base de chumbo: todas essas etapas deviam ser feitas diariamente. Varrer os tapetes todos os dias; limpar as janelas; tirar o pó dos móveis e poli-los; limpar e polir o recipiente em que o carvão é guardado; esfregar o chão; arrumar as mesas; limpar os pratos — páginas e páginas de instruções. Quando estivesse ociosa (o que, pode ter certeza, não acontecia), a criada devia bordar, ela escreveu.

O trabalho doméstico cobrava seu preço por meio da exaustão, das quedas, das queimaduras, das lesões por excesso de peso e

> *Os motivos pelos quais um criado contratado pode ser demitido são: incompetência, negligência constante, desobediência intencional, má conduta e grosseria, desonestidade, embriaguez, incapacidade permanente por doença.*
> *— The Book of Good Housekeeping*
> *[O livro da boa arrumação de casa], 1948*

por repetição de movimento, dos danos causados à pele devido aos produtos químicos e das lesões por inflamação — uma dessas condições era chamada de "joelho de empregada".

Alguns empregadores não se incomodavam em aprender o nome das próprias criadas, chamando-as de Abigail, Bridget ou Mary-Ann. A descrição do trabalho usada para fazer anúncios no jornal era muitas vezes para uma Bridget, não para uma empregada. Após a Primeira Guerra Mundial, houve um declínio constante no número de criados que residiam na casa dos empregadores, já que outras oportunidades começaram a surgir. Colunas de jornais estavam repletas de reclamações de que as criadas preferiam ter as noites livres que as professoras, operárias, balconistas, garçonetes e costureiras tinham. A ideia de mulheres querendo seu próprio tempo livre foi ridicularizada como "independência hercúlea".

UMA NOTA AOS LEITORES SOBRE A VIVÊNCIA DOS POVOS ABORÍGENES E NATIVOS

A seção a seguir inclui fotos de aborígenes que morreram e relatos de assassinato e crueldade perpetrados por colonos brancos. Trata-se de um conteúdo sensível, com referências à história de brutalidade na indústria do "serviço doméstico", e a inclusão de linguagem ofensiva em documentos primários, pessoais e oficiais da época.

Lamento não poder incluir o nome dos aborígenes na legenda das imagens históricas que aparecem; não encontrei descendentes que pudessem identificá-los. As organizações e pessoas aborígenes que me ajudaram e aconselharam estão listadas nos agradecimentos; qualquer nova informação será recebida com gratidão. As mulheres aborígenes e das ilhas do Estreito de Torres têm suas próprias memórias gravadas, seus escritos e gravações de suas experiências e o legado da indústria forçada de "serviço doméstico". Essas histórias eloquentes pertencem justamente a elas.

"AS MULHERES BRANCAS AUSTRALIANAS VALEM MAIS DO QUE AS MULHERES ABORÍGENES"

Esta é uma das mentiras mais enraizadas e duradouras da Austrália. Mulheres brancas e negras receberam conselhos diferentes e falsos. As mulheres aborígenes e nativas foram informadas de que não tinham direito a seus próprios filhos, seu próprio corpo, sua própria vida, à proteção legal efetiva ou à sua cultura estabelecida continuamente ao longo de dezenas de milhares de anos.

As mulheres brancas foram informadas de que as mulheres indígenas tinham direito apenas a uma vida de "serviço doméstico" e que as mulheres brancas tinham o direito de escravizá-las para tal. As coisas ditas às mulheres australianas são um pano ainda tecido com os fios da vergonhosa supremacia branca e de milhares de crimes, invenções e hipocrisias de todos os tipos.

Como parte da pesquisa para este livro, fiquei grata por ficar em Camberra durante três meses, com uma bolsa para trabalhar na Biblioteca Nacional. Meu tio Terry havia catalogado e doado muitos documentos da história da minha família, incluindo evidências das instruções da minha ta-ta-ta-tataravó Sarah para o primeiro acordo "pré-nupcial" na Austrália.

Então, uma tarde, na biblioteca, reservei alguns dos álbuns de memórias e papéis da família para que me fossem entregues a fim de que eu pudesse lê-los na silenciosa Sala de Leitura. Havia muitos, e eles vieram embalados em caixas de arquivo cinza-claro, empilhadas em um carrinho de dois andares com rodas. Levei-os até uma das longas mesas laminadas sob a supervisão da mesa dos bibliotecários.

Abri um frágil e elegante álbum de família dos anos de 1890 com legendas escritas embaixo. Aqui estavam os descendentes daquela ta-ta-ta-tataravó Sarah e seu marido condenado Edward, que chegaram nos últimos meses de 1700. Eles prosperaram, pois eram trabalhadores que aproveitaram todas as vantagens que lhes ofereciam: tiveram a primeira chance de prosperar nos primeiros tempos do *boom* de Sydney, por meio de concessões de terras e outros favores políticos. Uma pequena parte de sua renda veio da vil indústria de focas da Tasmânia, com sua dependência do estupro catastrófico e da escravização de mulheres aborígenes. (Acontece que o "óleo de elefante" em seus livros de importação e exportação significava óleo de elefante-marinho.)

Enquanto eu virava as páginas de papelão rígido, salpicadas de manchas marrons pálidas, as fotos deslizavam, soltas de seus suportes de papelão. De repente, vi algo que não esperava. Voltei algumas páginas e comecei a folhear de novo.

Havia fotos de meninas e mulheres aborígenes, no que pareciam ser vestidos descartados, e alguns grupos familiares com homens: os "criados" da estação. Essas, percebi, eram pessoas "empregadas" por meus ancestrais — mas vamos ser francas a respeito da realidade da época, certo? Sem escolha ou proteção, eles foram escravizados. Apenas uma dessas mulheres teve seu nome gravado em uma legenda: Kittie, a Rastreadora. As mulheres e meninas nas fotos compartilham um semblante digno e um olhar direto.

Se essas pessoas eram todas kairi locais (também conhecidas como gayiri)[4] isso significa que eram sobreviventes ou órfãs de uma recente guerra que ocorrera na fronteira, que matara centenas de pessoas. Uma das primeiras batalhas em 1861 culminou em derrota, com uma emboscada devastadora feita aos invasores brancos por aborígenes armados com bastões de combate e pequenos machados.

Despertado de uma soneca do meio-dia em sua barraca, meu ta-ta-ta-tataravô Horatio Wills foi morto em um massacre junto com seus funcionários e suas famílias — dezenove homens, mulheres, crianças e bebês brancos — quando ele chegou para se "estabelecer" na terra kairi, com um rebanho de dez mil ovelhas. As estimativas variam de quantos homens, mulheres, crianças e bebês aborígenes foram mortos em represália aos assassinatos de colonos brancos e da temida "polícia nativa": provavelmente entre duzentos e trezentos.

Minha família sentia orgulho do espírito empreendedor e ousado de nossos ancestrais — especialmente Horatio. "Nós"

---

4   (N. T.) Povo aborígene australiano do estado de Queensland.

tínhamos chegado em um navio de prisioneiros, casado com os Redferns, conseguido trabalhos para imprimir o primeiro jornal de Sydney, servido chá da tarde aos Macquaries, viajado por meses para criar novas fazendas em Victoria e Queensland, importado a primeira prensa de lã.

O filho mais velho de Horatio, meu tio-avô Tom Wills, mais tarde se tornou uma das primeiras estrelas do esporte da Austrália, o coinventor do futebol australiano, e gerenciou um time de críquete aborígene, o primeiro time australiano a visitar a Inglaterra. Não deveríamos falar de Tom "vivendo em pecado", ou de sua morte por suicídio com uma tesoura, enquanto estava nas garras do *delirium tremens*. "Ele morreu, querida", era o que Nene dizia, se alguém perguntasse sobre Tom (pelo amor de Deus, não mencione o antepassado condenado. Ele não era, e, se fosse, quase certamente era parente de um... senhor, acho que você vai descobrir.)

O massacre de Cullinlaringo-Wills tornou-se uma abreviação, em toda a Austrália, para um ultraje. Ele cimentou, entre os colonos, o medo do povo aborígene e a ideia de que era aceitável matá-los assim que fossem vistos, especialmente na colônia separada de Queensland, onde o historiador Henry Reynolds estima que dezenas de milhares de aborígenes foram assassinados. A família Wills manteve um terrível prestígio de celebridade. Décadas depois, o anúncio do casamento de Nene dizia que a família estava "em luto por Cullinlaringo" e os avisos de morte da família continuaram a se referir ao massacre até meados do século XX. Cartas enviadas logo após o massacre mostram que os membros da família Wills, incluindo Tom, aprovaram represálias contra os aborígenes na época. Minha ta-ta-ta-tataravó Sarah, encarregada de "criados domésticos" em Cullinlaringo na década de 1890, tinha o costume de manter por perto uma pistola em miniatura amarrada às cordas de seu avental "para atirar em negros" em caso de insurreição ou ataque.

Sua filha Nene nasceu na década de 1880, seus estilos de cabelo e vestido mais tarde foram definidos pela moda da década de 1930. Eu a conheci na década de 1960, quando era uma garotinha. Lembro de uma rara visita à casa dela, com seu silêncio pouco

Famílias no acampamento na estação Cullinlaringo, descritas como "negras"; década de 1890. (Biblioteca Nacional da Austrália)

familiar, relógios tiquetaqueando, toalhinhas, cortinas pesadas, pinturas em molduras douradas e uma mesa de exibição de bolos de Natal cobertos de maçapão e decorados com cornucópias de nozes, cerejas glaceadas com um vermelho e verde fortes e chocolates Bertie Beetle em embalagens de papel alumínio furta-cor (nunca colocamos as mãos em um). Ela era formal e adepta da respeitabilidade, mas generosa e alegre. Foi gentil com minha mãe, uma garota do campo de outro mundo. Ainda tenho seis delicadas xícaras e pires, com pontinhos dourados na estampa, que pertenceram a ela.

Eu estava guardando duas informações em meu cérebro adulto sem conectá-las. Nene viveu em uma fazenda de ovelhas no final de 1800. Os aborígenes foram escravizados em fazendas de gado e ovelhas no final de 1800. Na minha cegueira branco-australiana, nunca juntei as duas informações para enxergar a verdade inevitável, até ver aquele álbum de família. Minha bisavó cresceu em uma casa com meninas aborígenes escravizadas.

Nene e suas irmãs cresceram em uma vida de conforto, com seus dias sendo preenchidos com chás da tarde e jogos de

A arma do tamanho da palma da minha ta-ta-ta-tataravó Sarah, que ela carregava amarrada ao avental no final dos anos de 1800. (Biblioteca Nacional da Austrália)

cartas, brincando em carros grandes e preparando trabalhos premiados de culinária e costura para o Melbourne Show. Mas o que aconteceu com aquelas "criadas" nas fotos de Cullinlaringo? Como tinha sido a vida para elas — carregando e buscando e levando e pegando e limpando e engomando e passando? O que aconteceu com elas quando a família Wills vendeu tudo durante a Depressão da década de 1890 e se mudou para o Sul? Imagino que não tiveram muitas oportunidades de exibir seus prêmios.

"MULHERES PIONEIRAS CORAJOSAS FAZIAM TODO O TRABALHO DOMÉSTICO"

Lembra-se da primeira mulher a publicar um livro de receitas na Austrália, Wilhelmina, ou Lance Rawson? Ela escreveu sobre sua vida de esposa pioneira e corajosa no interior de Queensland, colocando mãos à obra para trabalhar desde o começo, costurando noite adentro com velas de gordura de carneiro para embelezar sua pequena casa. Suas lembranças de jornais e livros foram publicadas da década de 1860 até a década de 1920: *The Australian Inquiry Book of Household and General Information: A Practical Guide for the Cottage Villa and Bush Home* [O livro australiano de consulta e informações gerais e domésticas: um guia prático para cabanas e casas] foi um sucesso na década de 1890.

E *havia* muito trabalho a ser feito naquelas fazendas e estações: parir e enterrar bebês; pendurar e esfregar lençóis molhados;

cobertores e fraldas para serem lavados à mão; costurar à mão todas as roupas; buscar água; matar, preservar e esfolar animais; colocar frutas e vegetais em potes; fazer almofadas com sacos de ração animal e móveis com latas de querosene; plantar pomares; cuidar das plantações; cortar madeira; elaborar receitas para guisado de ema; e ficar "sozinha" quando os maridos saíam para reuniões. Mas Rawson também era um símbolo do segredo obscuro das "mulheres pioneiras". Sua história real é narrada em diários, cartas, relatórios oficiais do governo e artigos de jornais da época — que foram posteriormente erradicados de conversas brancas, livros didáticos e museus de cidades do interior.

As primeiras mulheres brancas da Austrália não estavam sozinhas no interior. Rawson e suas irmãs pioneiras escravizaram e exploraram mulheres e crianças aborígenes, e também mulheres das ilhas do Pacífico, e as forçaram a fazer o trabalho mais sujo e difícil.

Os livros de Rawson mal mencionam as aborígenes, mas usa os conselhos delas a respeito do uso de cinzas e folhas de eucalipto em uma ferida e da estação certa para ostras e caranguejos. Ela não tinha respeito ou curiosidade por mais nada que as aborígenes conhecessem, apesar de sua vida estar entrelaçada com a delas desde o início: primeiro como parte das guerras de fronteira e depois como exploradora. Rawson escreveu alegremente, em suas próprias palavras, de como participou das brutalidades e foi uma grande apoiadora da "escravidão".

Detalhe de um cartaz com a falsa promessa de igualdade de direitos sociais e legais para as mulheres aborígenes nas colônias. (*Governor Davey's Proclamation to the Aborigenes*, 1816, litografia, Biblioteca Nacional da Austrália)

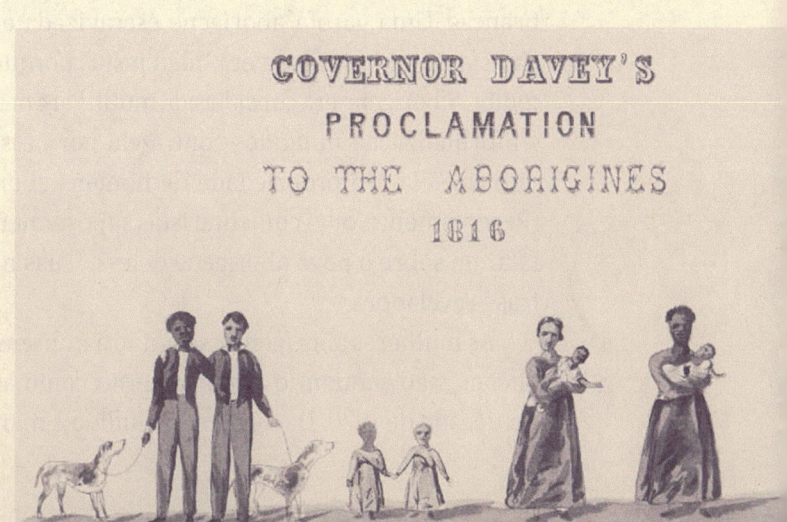

Em uma carta de 1901 a um jornal, ela exigiu, furiosa, que o "tráfico de escravos" continuasse em Queensland, porque, caso contrário, os brancos teriam que fazer todo o trabalho. Ela queria evitar "a escravização das esposas e dos filhos [brancos] dos homens". Segundo ela, se as mulheres brancas tivessem que fazer o trabalho que se esperava que os negros fizessem, "suas aparências seriam arruinadas" e elas iriam acabar parindo "filhos idiotas". (Em 1926, ela acrescentou uma nova versão, dizendo: "Não havia escravidão", apesar de "os meninos trabalharem sob ordens, com capatazes".)

Mina Rawson escreveu relatos alegres destinados a mostrar sua própria coragem ao atirar e arrastar aborígenes pelo mato, amarrados em seu cavalo. Ela pediu ao governo que aprisionasse meninas aborígenes "mestiças" em "campos de concentração" (um termo que ela aprendeu na Guerra dos Bôeres), podendo ser usadas para fazer os trabalhos domésticos.

As mulheres brancas da minha família foram informadas de que os "negros" poderiam matá-las. Os brancos não se incomodavam em dizer às mulheres aborígenes que seriam estupradas, assassinadas e escravizadas. Eles apenas o faziam.

"AS MULHERES ABORÍGENES DEVEM FAZER O 'TRABALHO DOMÉSTICO'"

A sociedade colonial colocava as mulheres aborígenes na base de uma hierarquia assumida. O Estado mentiu *para* as mulheres aborígenes, mas também mentiu *sobre* elas para as mulheres brancas. Uma garota aborígene escravizada em uma fazenda da estação ou na cidade era "algo justo" porque sua vida como mulher aborígene era considerada inútil. Para desculpar o estupro e a brutalização infligidos contra ela por pessoas brancas, foi dito que ela era propriedade de homens aborígenes "brutos". (Recentemente, ouvi comentaristas supostamente progressistas falarem sobre o povo aborígene deles e "suas mulheres". É uma frase reveladora.)

As mulheres aborígenes, segundo a imprensa e os relatórios oficiais, não sentiam o amor materno como as mães brancas. Na década de 1920, Daisy Bates, a iludida e maníaca-salvadora-

-branca, informou àqueles que liam sua coluna no jornal do sul da Austrália que as mulheres aborígenes costumavam comer seus próprios bebês.

Do outro lado do continente, Rawson explicou a suas leitoras que as lavadeiras aborígenes de Maryborough tinham sido devidamente chicoteadas por policiais brancos todas as noites em que as forçavam a nadar até uma ilha no meio do rio para dormir, caso contrário elas invadiriam as casas e comeriam os bebês brancos.

Diários em primeira pessoa, colunas de jornais e cartas mostram que as "criadas" aborígenes eram tratadas como animais de comércio (como gado, e não animais de estimação). Elas nunca eram mencionadas como senhoras, e, da mesma forma, quase não eram referidas como mulheres.

Eram, de forma horrível, chamadas de "negras da casa" e "*gins*" (termo ofensivo para essas mulheres). Insultos racistas eram usados de forma rotineira. As aborígenes eram chamadas de burras e preguiçosas, e era normal que brancos batessem em suas "criadas" com pedaços de madeira ou chicotes. Os brancos tratavam os ferimentos dos negros como uma piada e lidavam com a morte dessas pessoas dando de ombros. Dizia-se que os aborígenes "não sentiam dor".

Rawson escreveu sobre um ferimento que fez com que o nariz de uma menina, quebrado, sangrasse sem parar, dizendo que era "uma das coisas mais engraçadas que alguém poderia imaginar", e, quando um tubarão feriu o pé de outra menina, ela escreveu: "Devo admitir que ela ficou muito magra e desgastada, mas duvido que tenha sido por sentir dor". Meu próprio ta-ta--ta-tataravô Horace, em uma de suas cartas românticas para a esposa Sarah conta como ele usou um lenço para tirar uma bala da parte de trás da cabeça de uma "*gin* feia e velha" que havia sido baleada por um rastreador nativo. Ele queria levar a bala como lembrança.

Se devo me orgulhar do fato de meus ancestrais terem importado a primeira prensa de lã, também devo, com certeza, reconhecer e me sentir profundamente envergonhada por sua depravação. Minha família participou e se beneficiou da matança

Todas as mulheres [aborígenes] lavam roupas, limpam, carregam água, regam o jardim. A senhora branca nunca faz nada. Grande Rainha.
— Maggie Ross, mulher Aranda, citada em *White Aprons, Black Hands: Aboriginal Women Domestic Servants in Queensland* [Aventais brancos, mãos negras: empregadas domésticas aborígenes em Queensland], escrito por Jackie Huggins, 1995

das famílias aborígenes. O mínimo que devo fazer é olhar com clareza, admitir a extensa história de escravidão da Austrália e seu terrível legado, e reconhecer que meus próprios privilégios foram construídos com base nisso. Eu sinto muitíssimo.

Por gerações, as mulheres brancas australianas foram informadas de que poderiam ter uma garota aborígene como "criada", bastava pedir uma. Crianças aborígenes eram entregues a esposas em fazendas como espólio após a polícia nativa assassinar seus pais e outros parentes; depois, elas passaram a ser designadas por departamentos governamentais. A escravização e a exploração dos aborígenes, de nativos das ilhas do Estreito de Torres e dos habitantes das ilhas do Pacífico da Austrália se transformaram em um sistema oficial que destruiu famílias, roubou crianças e as forçou ao trabalho infantil em missões e "casas" infantis. Em muitas famílias aborígenes, gerações de mães tornaram-se "empregadas domésticas".

As mulheres no "serviço doméstico" foram informadas de diferentes maneiras de que seu trabalho interminável não valia quase nada: elas não eram pagas, seus salários eram retidos e roubados, ou recebiam uma ninharia ofensiva e rações de farinha e chá, tabaco e talvez um vestido descartado — muitos feitos de tecidos ruins e que pinicavam, em uma atitude clara de crueldade.

As pessoas de fora frequentemente ficavam chocadas. Escritores que visitaram a Austrália, incluindo Anthony Trollope e A. J. Vogan, registraram o que viram como uma escravização imprópria de mulheres e crianças aborígenes, às vezes desde o nascimento, e a chocante indiferença à humanidade por parte das mulheres brancas no comando.

"AS MENINAS ABORÍGENES RECEBIAM CUIDADOS"

A ficção das missões e escolas bem-intencionadas que ajudavam e protegiam meninas e mulheres foi exposta em centenas de documentos oficiais desde 1800 até o relatório *Bringing Them Home: Report of the National Inquiry into the Separation of Aboriginal and Torres Strait Islander Children from Their Families* [Trazendo para casa: relatório do Inquérito Nacional sobre a separação de crianças aborígenes de suas famílias do Estreito de Torres] e além. Por décadas, as mulheres australianas foram instruídas a comprar livros de receitas nos eventos de caridade da igreja para financiar missões encarregadas de educar meninas em tarefas delicadas. Em vez disso, meninas missionárias e "prisioneiras" de instituições estatais infames, como as "casas" de Cootamundra e Parramatta, sofreram anos de trabalho forçado, crueldade emocional, privação de alimentos e agressão. (Algumas mulheres mais tarde se lembravam de algumas experiências com carinho, mas, no geral, as histórias são horríveis.)

Inúmeras meninas foram enviadas por funcionários do governo para viver em casas e fazendas distantes, para trabalhar para pessoas brancas, sem proteção contra estupro e outras brutalidades. Muitas meninas — em alguns lugares, a maioria — estavam grávidas quando eram devolvidas às missões. Relatórios oficiais descreviam isso como inconveniente. Outras meninas e mulheres trabalharam por décadas, até a década de 1980, quando seus empregadores e o governo roubaram os salários que lhes foram prometidos. Dezenas de milhões de dólares foram pagos aos aborígenes

> *Eu costumava servir com os pés e as mãos. Servia como uma escrava. Havia um pequeno sino que tocavam para que eu entrasse e limpasse a mesa [...] não podia comer na mesma mesa, não naqueles tempos. Aqueles eram tempos de escravidão.*
> *— Mary Griffith, citada em* That Was Slavery Days: Aboriginal Domestic Servants in New South Wales in the Twentieth Century *[Os dias de escravidão: servos domésticos aborígenes em Nova Gales do Sul no século XX], escrito por Inara Walden*

nos últimos anos. Outros processos judiciais ainda estão sendo finalizados.

Às meninas aborígenes foi deliberadamente negada a possibilidade de estudar, a não ser as tarefas domésticas, ouvir trechos da Bíblia e a matemática e a alfabetização rudimentares que eram necessárias para ser empregada doméstica. Muitas escolas estaduais e escolas de enfermagem não permitiam sua entrada na segunda metade do século XX. Garnett, esposa do superintendente da missão Point Pearce, no sul da Austrália, disse a uma Comissão Real em 1913, que meninas a partir dos oito anos foram enviadas para trabalhar. Treiná-las em habilidades de culinária e costura era uma perda de tempo, "porque há uma demanda delas como matéria-prima. Todas podem lavar a louça e esfregar o chão".

Mulheres aborígenes continuam a contar suas próprias histórias por meio da oralidade, muitas delas na Biblioteca Nacional, e em livros, peças de teatro, músicas, documentários e outros filmes (muitos disponíveis no canal NITV). Memórias emocionantes foram coletadas em todo o país, algumas na antologia *Hibiscus and Ti-Tree Women in Queensland* [Hibiscos e Mulheres

Meninas aborígenes carregando latas pesadas de querosene cheias de água na missão luterana Koonibba, no sul da Austrália, durante a década de 1920. Elas não foram nomeadas no álbum de fotos desse missionário. (Biblioteca Nacional da Austrália)

Ti-Tree em Queensland] e *Take This Child* [Pegue esta Criança], de Barbara Cummings, ativista aborígene da cidade de Darwin.

Outras mulheres contaram suas memórias do trabalho doméstico para um público mais amplo por meio dos autores Christobel Mattingley, Francesca Merlan e Jackie Huggins — a história da mãe que foi enviada para ser empregada aos treze anos é contada em *Aunt Rita* [Tia Rita]. As memórias da servidão incluem comer restos, dormir em galpões, esfregar um número infindável de roupas, apanhar por não limpar bem as panelas, abrir buracos nos postes das cercas e instalar linhas ferroviárias.

"AS MULHERES ABORÍGENES PERDERAM SUA CULTURA"

Não perderam. Tenazes mulheres aborígenes e nativas das ilhas do Estreito de Torres, de centenas de grupos e comunidades de línguas originais em todo o país, continuam a compartilhar e incutir conselhos e conhecimento cultural. Fizeram isso em meio a uma tentativa oficial e duradoura de genocídio e brutalidade, e continuam a fazê-lo em frente ao persistente racismo.

De Kimberley ao Deserto Central e à Tasmânia, em ilhas dispersas e em vilas e cidades, as mulheres aborígenes e nativas das ilhas do Estreito de Torres passam sua cultura de forma contínua às suas filhas, sobrinhas e netas: versões antigas e contemporâneas de linguagens, leis, tradições, sistemas de parentesco complexos e pontos de vista. Usam diferentes linguagens, danças, histórias, artes visuais, música e canto, comédia, filmes e documentários. Compartilham informações antigas, como cultivar raízes de lírio sazonais em um lago, e novos conhecimentos, de dissertações de doutorado perspicazes a pesquisas em ciência e medicina.

June Oscar, comissária de Justiça Social aborígene e das ilhas do Estreito de Torres da Comissão Australiana de Direitos Humanos, divulgou o Wiyi Yani U Thangani Report [Relatório "Vozes das mulheres"], disponível no site da comissão, escrito após consultas com centenas de mulheres indígenas em toda a Austrália, com uma mensagem:

"Leia este relatório", disse ela. "E ouça as vozes delas."

TRABALHE DURO, RECEBA MENO$

5

AS MULHERES FIZERAM TODOS OS TRABALHOS QUE OS HOMENS podem fazer (com a possível exceção de *Puppetry of the Penis*[5] [Marionetes de pênis] e, francamente, acho que estamos bem assim). E, no entanto, cada uma dessas mulheres é apresentada como um tipo excepcional de mulher rara, uma novidade, algo "único". Cada "desbravadora" teve que refazer os mesmos caminhos repetidas vezes, pois seu avanço era barrado, proibido ou encoberto por homens e leis e convenções. Quando outras tentavam segui-la, as pioneiras já tinham sido esquecidas, ignoradas; seus registros, obliterados ou sua existência, negada.

Portanto, a história das carreiras das mulheres é, em parte, uma série de encobrimentos e zombarias destinada a nos desencorajar. As conquistas das mulheres foram suprimidas e, na imprensa, as histórias apresentavam qualquer mulher em uma carreira não tradicional como alguém singular e, talvez, com uma má reputação. Proibiram-nos de entrar nas universidades e, depois, quando permitiram nossa entrada, fomos ridicularizadas. Fomos contratadas em empregos com remuneração menor por falta de oportunidades, sofremos discriminação na contratação,

---

5   (N. T.) Show cômico de arte performática ao vivo em que o pênis é usado como uma marionete.

nos submetemos a regras que baniam as mulheres de qualquer carreira pública a partir do dia em que se casavam, com barreiras sendo colocadas para aquelas que queriam cargos de gerência ou diretoria. Enquanto isso, o movimento sindical ainda luta por trabalhadoras de fábricas, profissionais de hospitalidade e cuidado e outras que trabalham em turnos fracionados ou em turnos longos.

Ainda nos dizem que muitos empregos não são para mulheres, mesmo que possamos mergulhar em cavernas, pilotar aviões de combate, cavar buracos por milhares de quilômetros, ajudar a reunir dezenas de milhares de ovelhas usando um cavalo ou um helicóptero, comandar navios, administrar empresas multibilionárias, iniciar negócios empresariais no meio da África, calcular as trajetórias para pousos na Lua, subir no topo de arranha-céus da cidade de Nova York, fazer uma criança parar de chorar, trocar fraldas cheias de cocô verde, atirar flechas em alvos minúsculos e andar em fios finos nos circos.

E ainda colocamos "mulher" antes de qualquer trabalho feito por elas, por ser algo, literalmente, notável. Dizemos mulher cirurgiã, mulher astronauta, mulher bombeira, porque ainda é bastante incomum, ainda é difícil chegar lá, e todas as que o fazem têm histórias de demissão, assédio e injustiça, somente por serem mulheres.

As mulheres não têm músculo, nem olho, nem mão [...] para a agricultura, a engenharia, a guerra, a navegação, a construção de ferrovias, a arquitetura, a construção de máquinas [...] todas as formas mais pesadas, ásperas e tensas de trabalho criativo.
— Horace Bushnell, *Women's Suffrage: The Reform Against Nature* [Sufrágio feminino: a reforma contra a natureza], 1869

Mulheres que pesquisaram, analisaram, escreveram, datilografaram e editaram livros e estudos que tiveram seus nomes omitidos. Por mais de 150 anos, mulheres que foram cientistas, astronautas, pesquisadoras, matemáticas, médicas e inventoras tiveram seus nomes omitidos em pesquisas e descobertas, patentes e listas de prêmios — muitas vezes eram vistas como cidadãs de segunda classe por seus maridos ou pelos membros de sua equipe.

Saber o que as mulheres alcançaram, e poderiam ter alcançado se não fossem restringidas e discriminadas, boicotadas e barradas, é ver o mundo de forma diferente.

Não é que os homens sentem em uma cabala e conspirem para tirar nossos direitos (exceto quando o fazem). O fator principal é que não pensam na nossa inclusão. Listas de Melhores álbuns de todos os tempos e Top 100 livros de ficção científica são criadas sem que uma única mulher seja incluída nelas. Imagine fazer isso de propósito. Imagine não perceber.

Autobiografias de homens famosos e poderosos tendem a citar apenas as mães santas, secretárias e esposas eficientes — eles não têm mulheres como colegas de trabalho, modelos de inspiração, iguais, amigas. A maioria dos homens pode querer coisas melhores para suas filhas, mas raramente se preocupa com as necessidades e a igualdade das mulheres em seu próprio local de trabalho, a menos que sejam forçados a isso.

O historiador Geoffrey Blainey escreveu certa vez sobre o desperdício de jovens na Primeira Guerra Mundial.

> Talvez o efeito mais drástico da guerra na Austrália nunca seja numerado: a perda de todas essas pessoas talentosas que poderiam ter se tornado primeiros-ministros e premiês, juízes, teólogos, engenheiros, professores, médicos, poetas, inventores e fazendeiros, prefeitos e líderes de sindicatos, e os pais de uma geração de australianos.

Sem querer diminuir a tragédia que é uma guerra, também podemos pensar nos bilhões de mulheres, em todas as gerações ao longo de toda a história, que foram privadas da chance de ser o que queriam e de tudo o que poderiam ter sido. Nosso progresso é, ao mesmo tempo, imenso e insuficiente.

Minha avó se recusou a ensinar suas filhas a ordenhar uma vaca porque não queria que elas ficassem presas em uma fazenda. Minha mãe não me deixava aprender a datilografar, porque não queria que eu fosse uma secretária de escritório como ela. Eu não fui para a universidade e queria que minha filha tivesse essa chance.

"VOCÊ NÃO PRECISA ESTUDAR"

Poucas mulheres recebiam educação; eram muito mais propensas a serem alfabetizadas apenas o suficiente para ler um pouco da Bíblia, se fossem cristãs. Até o final do século XX, nos países "desenvolvidos", era improvável que as mulheres aprendessem mais do que habilidades domésticas; e, se fossem de famílias ricas, aprendiam também algumas atividades mais refinadas, como costura decorativa, pintura e acompanhamento ao cravo.

Durante séculos, meninas foram proibidas de estudar qualquer coisa que não fosse trabalho doméstico e religião, sob o pretexto de que eram "inferiores" e tinham que fazer todo o trabalho doméstico e parir. Em 1900, as justificativas apenas mudaram.

O livro de 2014, *Picturing Women's Health* [Retratando a saúde da mulher], um ensaio da historiadora e professora Hilary Marland, explica como a educação ainda era negada às meninas por volta de 1900 com base no fato de que não era saudável para elas. Os médicos diziam que a educação as murchava e arruinava a menina em relação ao seu dever futuro de parir.

Cerca de dez anos depois, um maluco que se autodenominava dr. Maloney estava dando uma palestra em Melbourne, alegando que a educação das meninas causava a ruína de sua "infância e beleza"; as fazia confundir fatos clássicos; levava ao colapso físico

Várias meninas se vestiram de acadêmicas para o Children's Fancy Dress Ball de Adelaide, em 1887, incluindo Bella McFarlane. (Biblioteca do Estado do Sul da Austrália)

e mental; provocava o uso de óculos; e a indiferença. Ele acrescentou que não havia problema em ensiná-las a nadar.

Quando as regras foram alteradas, permitindo que as mulheres fossem aceitas em universidades e escolas de comércio, elas muitas vezes enfrentavam assédio e agressões de cunho sexual, a hostilidade aberta do corpo docente e a acusação desdenhosa de que estavam tentando encontrar um marido.

"VOCÊ NÃO MERECE RECEBER O MESMO SALÁRIO, E PRONTO"

Esta frase, sem brincadeira, costumava ser o único argumento. Diziam que as mulheres não precisavam sustentar uma família como o marido. (Viúvas e mães solteiras que ficassem de lado.) Em seguida, outras razões foram adicionadas: as mulheres não sabiam como pedir aumentos salariais, as mulheres preferiam ter trabalhos mal remunerados que, coincidentemente, eram mal remunerados porque as mulheres os faziam, depois porque escolhiam sair de seus empregos inferiores pois queriam ter filhos, mas quando não quiseram mais e pediram creches acessíveis… Já deu para entender. Mulheres ainda não recebem salário igual, principalmente porque… São mulheres.

Nós passamos do estágio de nos preocuparmos com uma imagem de "boa dama" porque as mulheres foram educadas e elegantes por muito tempo e ainda assim eram ignoradas.
– Zelda D'Aprano, ativista dos direitos das mulheres, 1995

Zelda D'Aprano protestando contra a rejeição do Conselho de Arbitragem à igualdade salarial para as mulheres, que recebiam 75% do salário dos homens para fazer o mesmo trabalho. As mulheres que protestavam se recusavam a pagar mais de 75% de sua passagem nos transportes, 1969.

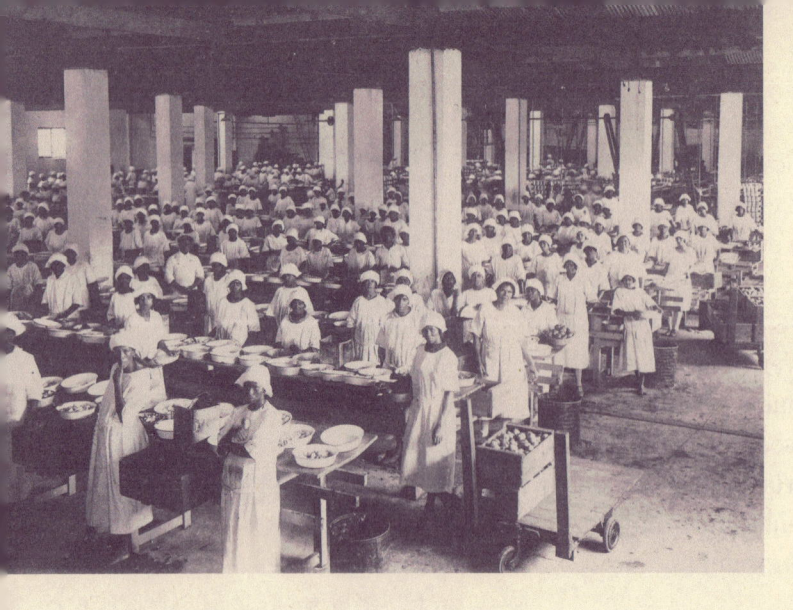

Trabalhadoras em massa, incluindo grávidas, em uma fábrica de conservas de frutas perto da Cidade do Cabo, África do Sul, no início dos anos de 1920. (George Bell, Biblioteca do Estado de Victoria)

"MULHERES DEVERIAM TRABALHAR EM CARGOS INFERIORES"

Um absurdo total, é claro.

"MULHERES BRANCAS E MULHERES RICAS SÃO MAIS DELICADAS"

Puta merda.

"HOMENS TRABALHAM MELHOR QUE MULHERES"

Na década de 1970, as orquestras tinham uma pequena proporção de mulheres tocando. Isso mudou quando a forma das audições foi alterada, sendo feita "às cegas": a pessoa que iria fazer a audição ficava atrás de um biombo. A proporção de mulheres nas orquestras subiu para cerca de 50%.

Pesquisadores do mercado de trabalho e acadêmicos dizem que um fenômeno semelhante ocorre com mulheres e pessoas não brancas na hora de fazer entrevistas de emprego, a não ser que seu nome, seu gênero e sua raça sejam removidos do currículo, mantendo apenas as qualificações e as experiências.

"MULHERES NÃO PODEM FAZER TRABALHO DE HOMEM"

Em seu livro de 1796, *The History of Women, from the Earliest Antiquity, to the Present Time* [A história das mulheres: da antiguidade ao presente], William Alexander falou das mulheres da Groenlândia que comandavam navios, nativas do Mar do Sul, mulheres gregas que eram mergulhadoras de águas profundas e mulheres que lutaram em exércitos. Então ele saiu pela tangente ao falar sobre a força dos homens e a beleza das mulheres, mas não vou te aborrecer falando disso.

Há provas arqueológicas de que mulheres eram e continuam a ser caçadoras e guerreiras desde séculos atrás. Antes da Revolução Industrial, as mulheres eram comerciantes, tecelãs, donas de mercearia, mercadoras, exportadoras e importadoras, comerciantes de cavalos, vendedoras de rodas, produtoras de seda, barbeiras, boticárias, fabricantes de armaduras, construtoras navais, alfaiates, fabricantes de esporas e entregadoras de água.

As mulheres foram as primeiras cirurgiãs, pedreiras, carpinteiras, fabricantes de chapéus, artistas, escritoras e ilustradoras de manuscritos, encadernadoras, retratistas, gerentes de padaria, gestoras de plantações, joeireiras, debulhadoras e, em casos mais raros, lavradoras, mas muitas vezes jardineiras, criadoras de porcos, leiteiras, tecelãs e mais.

Sufixos adicionados ao final de um título de trabalho indicavam que as mulheres também o faziam, incluindo "-a", "-ora", "-ita", "-ira" — como em leiteira, fazendeira, moleira —, "-esa", "-ada". Uma "empregada pessoal" esvaziava penicos e a *tweenymaid* era a mais jovem das criadas. Uma lista de trabalhos comuns às mulheres dos anos de 1600 e de 1700 incluía ser solteirona, tecelã, cervejeira (fabricante de cerveja), gerente de bar (dona de cerveja), padeira, parteira, agricultora, bordadeira, lavadeira, cabeleireira, faxineira, gerente de laticínios, gerente de seda.

Algumas ocupações são tão presumivelmente feitas por mulheres que, quando não o são, precisam de uma especificação: enfermeiro, o babá, modelo masculino, *stripper* masculino e, meu Deus, garoto de programa. Alguns empregos são tão presumidamente masculinos que também recebem uma especificação quando são ocupados por mulheres: mulher piloto, mulher médica, mulher jóquei, mulher astronauta e pai que fica em casa.

De alguma forma, as mulheres sempre ouvem que são inferiores. Patrão (masculino) é o chefe que está no comando, muito experiente e habilidoso. Patroa (feminino) significava a mulher do patrão. Cavalheiro é um termo de respeito. Madame ou dama, seus equivalentes originais, eram usados para se referir à dona de um bordel.

> *As mulheres trabalhadoras alimentam este país, tanto por meio de trabalho remunerado quanto não remunerado [...] e recebem 14,6% menos do que os homens.*
> *— Michele O'Neil, presidente da ACTU, destacando que as aposentadorias de mulheres têm em média um valor 43% menor que a dos homens, 2018*

Hire him. He's got great legs.

Cartaz de direitos trabalhistas iguais, impresso pelas feministas da Universidade de Sydney em 1974, após a Organização Nacional de Mulheres aparecer, em 1972, na revista *Ms*. (Museu de Artes e Ciências Aplicadas)

Dizer "cara" nem sempre é uma ofensa terrível, mas também não é uma palavra sem gênero. Estou tentando parar de falar essa palavra. De fato é um pouco estranho chamar uma mulher de "presidenta", mas é menos estranho do que dizer "presidente". E que tal a palavra "humanidade" que, em inglês, *mankind*, deixa de fora metade da humanidade?

"MULHERES CASADAS NÃO DEVERIAM TER EMPREGOS"

Desde a Depressão da década de 1930, empregar mulheres era visto por muitos como retirar a oportunidade de trabalho dos homens, que tinham mais direito a trabalhar. Em seu discurso inaugural (podemos, *por favor*, chamar apenas de discurso?)

Pôster "Women & Work" de Alison Alder, 1988. (Redback Graphix, Museu de Artes e Ciências Aplicadas)

de 1969, Paul Keating, de 25 anos, disse ao Parlamento que o governo deveria ter vergonha de impulsionar as oportunidades de empregos para mulheres casadas.

Em 1932, uma nova lei chamada Lei das Mulheres Casadas (Professoras e Palestrantes) exigia que as mulheres renunciassem de seu cargo quando se casassem. As leis foram introduzidas com o mesmo efeito em todo o serviço público. Décadas se seguiram em que o talento e os diplomas universitários femininos eram desperdiçados. "É a sina da mulher casar e dividir a casa com aquele que faz o dinheiro", dizia, de forma esquiva, o diretor-geral da Educação, na época, um homem.

As regras foram relaxadas para as mulheres durante o período da Segunda Guerra Mundial e impostas novamente logo após seu fim.

Em 1966, a proibição foi rescindida, após exigências de empregadores do serviço público, incluindo a ABC, os bancos, uma companhia aérea, os militares e os laboratórios de ciências, que sofreram uma ridícula "fuga de cérebros" de funcionárias experientes, talentosas e indispensáveis.

Não vá para a cama sem jantar. As mulheres que trabalham no jornalismo, no ensino ou como secretárias conhecem muito bem a sensação de estar completamente esgotadas [...].
— Charlotte Humphry, também conhecida como Madge, *How to Be Pretty Though Plain* [Como ser bonita mas simples], nas páginas da revista Truth, 1899

Os homens vão trabalhar. As mulheres varrem o chão. *Situational English for Newcomers to Australia* [Inglês situacional para recém-chegados à Austrália], preparado pelo Departamento de Educação e Ciência para o Departamento de Imigração, 1969-1972. (Biblioteca Nacional da Austrália)

"AS MÃES SÃO FUNCIONÁRIAS RUINS"

As mulheres enfrentam desafios adicionais para permanecer ou retornar ao mercado de trabalho: falta de creches acessíveis, falta de apoio, de treinamento, de planos de carreira e o fato de serem alocadas em cargos com salários mais baixos, o que pode parecer "lógico" quando se deseja que elas "fiquem em casa" com as crianças pequenas. As mulheres são mais propensas a fazer trabalhos de meio período ou temporários e trabalhos *"freelance"* sem benefícios, como auxílio-doença ou aposentadoria. Isso mostra mais uma desvantagem, porque a aposentadoria acaba sendo, em média, muito menor do que a de um homem, o que leva à falta de moradia e privação para mulheres em idade mais avançada.

De vez em quando, as mulheres são confrontadas com o rosto presunçoso de um tesoureiro ou de um primeiro-ministro que apoia o financiamento inadequado de creches, declarando que as mulheres de classe média (mas não as pobres) deveriam ter mais filhos para ajudar na economia. Isso poderia ser diferente se cada um dos ministros do gabinete tivesse que trabalhar durante uma semana com uma criança na sala o tempo todo.

"AS MULHERES SÃO MUITO TÍMIDAS E INFERIORES PARA SEREM CHEFES"

Alguns dos pontos levantados para defender a não promoção de mulheres a cargos de gestão incluem o fato de sermos muito tímidas e de que os homens não gostam que as mulheres digam o que devem fazer. Algumas mulheres, no entanto, subiram na hierarquia devido à sua capacidade superior de gestão e às suas habilidades organizacionais e, então, atingiram um "teto de vidro" — um limite invisível acima do qual dificilmente eram promovidas a CEO ou a cargos de alto escalão.

As empresas que não incluem mulheres em seus conselhos estão sendo desafiadas. Os ativistas apontam para as vantagens comerciais de empresas que têm uma melhor representação das mulheres. Eles apoiam o treinamento e a orientação de mulheres para se tornarem membros do conselho, sugerem ou impõem metas para a inclusão de mulheres e chamam a atenção para o número surpreendente de empresas sem mulheres ou com apenas uma mulher em seu conselho. As mulheres representam cerca de um quarto dos membros de conselhos de grandes empresas.

Pedimos desculpas pelos inconvenientes, mas eles estão nos assassinando.
– Faixa na greve das mulheres mexicanas, 2020

"AS MULHERES SÃO AGRESSIVAS DEMAIS PARA SEREM GERENTES"

Palavras usadas para colocar as mulheres em seu lugar no trabalho incluem *mandona, agressiva, ambiciosa*; qualidades que fazem os homens serem vistos como duros, decididos e aptos à liderança. As mulheres sempre foram trabalhadoras convenientes e mal pagas, e fazem os trabalhos necessários que permitem que indústrias inteiras funcionem.

"AS MULHERES NÃO PERTENCEM À POLÍTICA"

Disseram-nos que fazer parte da política danificaria nosso cérebro, irritaria nosso útero e faria nossa voz ficar mais grossa. Os caminhos tradicionais para a política eram o movimento sindical

Cartaz de campanha de quando Shirley Chisholm concorreu à presidência pelo Partido Democrata nos Estados Unidos. O mote foi também o título da sua autobiografia.

repleto de homens e um caminho marcado pela excessiva confiança de meninos de escolas particulares que nunca tiveram aulas de empatia. Os papéis de liderança de mulheres em povos indígenas foram aniquilados e proibidos pelos colonizadores. Ao redor do mundo, mulheres só podiam herdar o poder se o marido ou o pai morressem.

O caminho que nos mostram ainda é diferente daquele percorrido pelos homens: o nosso está bloqueado por um sistema que nem se preocupa em calcular quanto os orçamentos oficiais prejudicam as mulheres; por um machismo audaz; e por uma falta discriminatória de treinamento, apoio, cuidados infantis, oportunidades, pré-seleção e promoção.

Se conseguimos chegar a uma posição de liderança, é porque somos harpias esquisitas e ambiciosas, e somos ameaçadas e abusadas por homens nas mídias sociais. Se estamos na política, deve ser porque negligenciamos nossos filhos; mas se não temos filhos, não exercemos nosso papel como mulher (o senador Bill Heffernan descreveu a líder da oposição Julia Gillard como "deliberadamente estéril" em 2007).

A política ainda é administrada como se os homens vivessem e trabalhassem em outro estado enquanto suas esposas fazem tudo em casa. As mulheres sofrem com a sub-representação em quase todos os partidos políticos, governos e oposições, em democracias e juntas militares — onde não há sistema de cotas exigindo que pelo menos metade das vagas sejam ocupadas por mulheres. (Sim, pode ser que eu tenha acabado de dizer que é um escândalo que não haja mais mulheres em juntas militares. Quem quer um chá?)

Líderes partidários masculinos e fanfarrões que odeiam cotas nos dizem que candidatos e ministros são escolhidos por mérito.

Presumivelmente, é assim que acabamos com uma representativa ralé de idiotas, em sua maioria homens, com um brilho nos olhos causado pela autoestima equivocada e que perdoam dívidas de sonegadores de impostos bilionários que administram empresas que tentam nos levar mais rápido rumo à destruição climática. É, minha chapa. Esse é o *crème de la crème*.

"AS MULHERES NÃO DEVEM TER SEU PRÓPRIO DINHEIRO"

É possível proibir as mulheres de estudar e de conseguir empregos melhores, mas como controlá-las se elas tiverem seu próprio dinheiro e bens? Basta dizer que, legalmente, eles pertencem ao pai ou ao marido.

Em seu livro *A Woman's Work Is Never Done: A History of Housework in the British Isles 1650-1950* [O trabalho de uma mulher nunca acaba: uma história do trabalho doméstico nas ilhas britânicas 1650-1950], Caroline Davidson diz que a *English Married Women's Property Act* [Lei inglesa de propriedade de mulheres casadas] de 1883 — que também foi implementada em algumas colônias — significava, por fim, que a mulher poderia possuir sua própria propriedade e seu próprio dinheiro, sem ceder o controle e a posse deles a um marido. Antes disso, apenas as viúvas herdeiras podiam administrar seus negócios de acordo com a lei.

Como Diane Bornstein conta em *The Lady in the Tower: Medieval Courtesy Literature for Women* [A mulher na torre: literatura de cortesia medieval para mulheres], em 1800, leis foram aprovadas especificamente para impedir que as mulheres controlassem ou herdassem seu próprio dinheiro e suas próprias propriedades após muitas delas, por centenas de anos, serem responsáveis pela gestão e pela contabilidade de seus pequenos negócios e de sua família.

Minha ta-ta-ta-tataravó nascida na Inglaterra, Sarah Wills, se beneficiou de uma brecha na lei no início de 1800 na Austrália: ela

> *Se eles não te derem um lugar à mesa, traga uma cadeira dobrável.*
> — Shirley Chisholm, a primeira mulher negra no Congresso. Ficou no cargo durante sete mandatos

podia controlar legalmente o dinheiro e administrar um negócio porque o marido não podia — em 1797, ele foi condenado por assalto à mão armada e transportado para a Austrália.

Sarah deve ter sido bastante destemida; depois que a sentença de morte do marido foi comutada, ela pagou para vir à Austrália como uma mulher livre, com uma criança pequena, no mesmo navio que o transportou acorrentado. Ela sobreviveu à jornada de nove meses a bordo de um infame "navio da morte", violento e tumultuado e cheio de febre tifoide, no qual quase metade dos condenados morreu, e chegou no continente em 1799. Uma vez em Sydney, seu marido foi designado ao trabalho forçado com ela. Eles montaram um negócio, compraram seus próprios navios, administraram um restaurante e alguns armazéns.

Sarah era uma empresária astuta com muita coragem. Em 1808, ela escreveu à mãe para dizer que estava "ganhando dinheiro muito rápido". Seus pés doíam, ela escreveu, de ficar de pé e embalar o novo bebê, e ela

Queremos ver as mulheres crescerem. Mas não queremos ver as mulheres crescerem apenas baseadas em outras que fizeram pior.
— *Scott Morrison, primeiro-ministro australiano, no, Dia Internacional da Mulher, 2019*

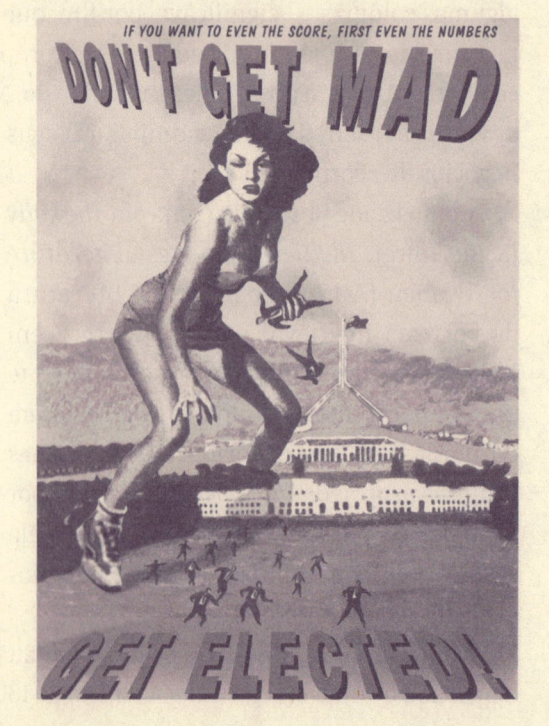

"Não fique brava, seja eleita!" Cartaz de Carol Porter, Red Planet Posters, 1997. (Biblioteca do Estado de Victoria)

estava ficando sem velas. Logo depois, aos 32 anos, ela ficou viúva, com sete filhos sobreviventes e mais um a caminho e, por direito próprio, herdou surpreendentes quinze mil libras em bens, incluindo três fazendas e um pequeno navio, bem como "duas éguas e duas potras; três vacas e dois bezerros".

Não há nenhuma foto de Sarah, mas sua parceira de negócios, Mary Reibey, teve o rosto representado nas notas de vinte dólares australianos. No que foi quase certamente o primeiro acordo "pré-nupcial" da história australiana, ao se casar com um patife chamado George Howe, em 1812, Sarah pagou para que um documento legal fosse elaborado a fim de proteger seu dinheiro e sua propriedade. Ela não conseguiu obter o título de concessão de terras em seu próprio nome de sua casa, no número 96 da George Street, em The Rocks, perto da beira do porto. Seu novo marido secretamente mudou o testamento que tinha sido elaborado e, quando morreu, deixou a casa para seus filhos e enteados, e nada para a esposa, fazendo com que Sarah passasse anos contestando tal testamento.

Até a década de 1980, a maioria das mulheres achava impossível fazer empréstimos em bancos — eles só emprestavam dinheiro para os homens. Embora as leis e os regulamentos tenham mudado, a muitas mulheres ainda é negado o direito de controlar suas próprias finanças: uma característica fundamental em muitos casos de abuso e controle por parte do parceiro. As mulheres são coagidas e controladas, e muitas vezes não têm acesso a ou qualquer opinião sobre o dinheiro que ganham ou herdam.

Mary Reibey na nota de vinte dólares australianos.

"AS MULHERES NÃO SÃO INTELIGENTES O SUFICIENTE PARA TRABALHOS INTERESSANTES"

Loïe Fuller inventou holofotes coloridos giratórios para o teatro no final de 1800 — usados até a era digital. Rosetta Tharpe inventou o estilo de guitarra elétrica que deu início ao gênero rock 'n' roll. Ela só foi reconhecida no Hall da Fama do Rock 'n' Roll em 2018, quase cinquenta anos após sua morte.

Impedida de receber uma educação científica ou *status* social, a mais importante paleontóloga britânica, Mary Anning, encontrou e estudou dinossauros e outros fósseis em penhascos em condições perigosas, mas foi excluída da Sociedade Real de Geologia e proibida de publicar, sendo forçada a vender suas descobertas para cientistas do sexo masculino. Sua inteligência foi atribuída ao fato de ter sido atingida por um raio quando criança. Mais tarde, os cineastas apimentaram sua vida com uma subtrama lésbica.

Quando as mulheres ousavam e alcançavam algo, com frequência isso significava um esforço redobrado para manter outras mulheres de fora. Hertha Ayrton tornou-se engenheira elétrica na Inglaterra em 1899. A certificação de outra mulher só ocorreu dezessete anos depois. Em 1922, apenas 22 dos 18 mil membros eram mulheres.

Se você colocar "Walyer, a Guerreira" em um mecanismo de busca, ele perguntará "Você quis dizer Walter, o Guerreiro?". Não, estou falando de Tarenorerer, também conhecida como Waloa, que liderou as lutas de guerrilheiros em uma guerra de resistência contra os colonos invasores e a indústria das focas na Tasmânia na primeira metade do século XIX. Ela foi sequestrada e escravizada quando ainda era criança, como tantas mulheres aborígenes da Tasmânia, sendo estuprada e forçada a trabalhar em navios para os caçadores de focas, enquanto o governo colonial ignorava tais condições. Após conseguir escapar, juntou um exército de homens e mulheres com algumas armas roubadas. Yellilong (Mary Ann Bugg) foi uma das várias mulheres aborígenes que eram *bushrangers*.

Gráinne Ní Mháille, também conhecida como Grace O'Malley, foi uma comandante da marinha pirata irlandesa e política dos anos de 1500. Sua biógrafa Anne Chambers conta como Grace, quando menina, foi informada de que não podia velejar porque seu cabelo ficaria preso no timão e, por isso, cortou-o bem curto. Ela negociou pessoalmente com a rainha Elizabeth, e uma vez viajou no convés inferior enquanto paria e atirou em piratas que os atacavam com dois bacamartes.

Escrevendo sobre ela, centenas de anos depois, um escritor do sexo masculino achou apropriado observar que ela não era "bonita". Espero que ele tenha cólera.

Sabemos que Marie Curie ganhou um Nobel — poucos sabem que, na verdade, ela ganhou dois, em química *e* física, e sua filha Irène também ganhou um Nobel de química. Ambas morreram após a exposição à radiação.

Há também as exploradoras *vikings* Freydís Eiríksdóttir e a esplêndida Unn, a Mente Profunda, uma das muitas mulheres conhecidas por se vestir como homem para poder seguir em frente. E a velejadora e colonizadora espanhola Catalina de Erauso, que invadiu o país dos índios araucanos, cujas mulheres — seus nomes não foram registrados — sem dúvida lutaram com todos os meios que puderam.

Para cada "mulher exploradora" que tinha formas de viver uma vida mais interessante, tendo seus traseiros amarrados a camelos ou posando com rifles, em culotes atrevidos, ao lado de um elefante ou um tigre morto, havia mulheres indianas, africanas e sul-americanas que eram forçadas a servir àquelas que tinham armas. Para cada singular botânica, entomologista e antropóloga, havia milhões de outras mulheres que não tinham tempo, nem dinheiro, nem folga entre um parto e outro, nem escolhas, nem estudo para chegar lá.

A era de ouro das mulheres "aviadoras" e pilotos que ajudaram nos

Repórter corajosa, situação complicada: os quadrinhos de Brenda Starr combinavam "mulheres más", mulheres aventureiras e mulheres de carreira; anos 1950. (Biblioteca do Estado de Victoria)

Pilotos arrojadas, décadas de 1930 a 1950, no sentido horário a partir do canto superior esquerdo: as pioneiras do voo solo de biplano Freda Thompson e Evelyn Koren; a piloto de testes de jatos e bombardeiros Cecil "Teddy" Kenyon em seu *Lockheed Lightning*, Grace Cavanagh e Marie Richardson. (Biblioteca Nacional da Austrália)

esforços de guerra não foi impulsionada por homens que ofereciam oportunidades às mulheres. Isso aconteceu porque mulheres jovens e ricas que tinham meios para comprar ou alugar seu próprio avião e também pagar por suas próprias aulas provaram seu valor.

A correspondente de guerra e repórter da Casa Branca Fay Gillis Wells voou em seu próprio avião e relatou a coroação do imperador Pu Yi da Manchúria em 1934 (após tirar algum tempo para ter seu filho, ela inventou as mesas dobráveis para barcos em 1961).

Quando um jornal anunciou, em 1912, que o primeiro voo de uma piloto havia sido feito por Harriet Quimby, através do Canal da Mancha, as opiniões de um piloto masculino foram solicitadas. As mulheres provavelmente não eram adequadas como pilotos, explicou ele, porque tinham "gargantas delicadas" e podiam "distrair os outros ou a si mesmas". Ele literalmente disse que uma mulher não poderia fazer algo quando solicitaram que comentasse o fato de que uma mulher tinha acabado de fazer aquilo. Ele teria adorado o Twitter.

Quando ela ganhava, eles diziam: "O cavalo é muito rápido"; e, se ela perdesse, eles diziam: "Bem, vocês não deveriam colocar mulheres para andar a cavalo".
— *Aisling Bea, no programa QI, falando sobre sua mãe, a jóquei Helen Maloney, 2020*

Zora Neale Hurston escrevia lindamente e ajudou a tornar o Harlem um centro de excelência afro-americana nas artes, além de estudar as paisagens culturais das pessoas com herança africana no Caribe. A geóloga Kathy Sullivan foi a primeira mulher a "andar" no espaço. A esquiadora de resistência Valentina Kuznetsova liderou uma expedição científica feminina que cruzou a Antártida em esquis na década de 1980, quando

Olhe para essas lindas trabalhadoras camaradas em uma fábrica de munições australiana; local não revelado, década de 1940. (Biblioteca do Estado de Victoria)

as mulheres foram proibidas de entrar nas estações polares russas. A comodoro Robyn Walker, especialista em submarinos e saúde, tornou-se a vice-médica oficial da frota da Marinha Real Australiana em 2000.

A escritora e viajante Nina Murdoch inventou o Clube das Argonautas para crianças na Rádio ABC em 1933, que durou décadas: mais de cinquenta mil crianças australianas aderiram ao clube. Ela escreveu o compromisso de adesão: "Prometo permanecer fiel a tudo o que é corajoso e belo; prometo buscar aventura e, tendo descoberto algo que cause maravilha, alegria ou ainda encanto, compartilhar à vontade com minhas camaradas".

Há um enorme álbum de recortes de notícias da década de 1940 na Biblioteca Nacional. Sem ele, não saberíamos quanto Marjorie Goodison (também conhecida como McDonald) era uma jornalista de guerra inteligente. Ela escrevia histórias quando não havia nada a ser escrito, e cobria notícias na Austrália e também como correspondente em Londres, em Berlim e na Malásia. Ela escreveu sobre mulheres que cuidavam de motores e carregavam bombas na força aérea australiana, a prejudicial disseminação de ISTS entre mulheres jovens em Sydney por conta dos militares, as mulheres patrióticas que ainda usavam meias brancas até o joelho, de antes da guerra, e a encenação de mulheres que faziam "escapologia". Marjorie guardava e colava as histórias que escrevia, quase todas publicadas sem seu nome.

Como muitos jornais australianos não têm mais uma parte dedicada ao obituário, muitas histórias fascinantes de mulheres nunca serão contadas para desafiar a ideia de que toda mulher idosa que vemos é "apenas" uma "velhinha" ou uma "babá".

"AS MULHERES NUNCA INVENTARAM NADA"

A água do chá ainda deve estar quente. Faça uma pausa e pesquise no Google por "mulheres inventoras".

"A CARREIRA DOS HOMENS É ARRUINADA POR ACUSAÇÕES DE ASSÉDIO"

O destino de uma mulher "desprotegida" (sem pai ou marido e fora de casa) é presumido há séculos: na melhor das hipóteses ela

Hedy Lamarr, atriz e inventora, no filme *Ziegfeld Girl*, 1941. Sua invenção, o "salto de frequência", ajudou no uso de torpedos na Segunda Guerra Mundial. A tecnologia acabou formando a base para o bluetooth sem fio. (Não era um capacete feito de estrelas.) (Michael Ochs Archives/Getty Images)

será assediada e alvo de sugestões e ameaças sexuais, visto como algo que deve ser feito. Na pior das hipóteses, ela será estuprada e irá engravidar. À medida que as mulheres ingressavam no local de trabalho, elas imediatamente entravam na mira.

Durante muito tempo, o assédio sexual no local de trabalho foi considerado tão normal que as mulheres abandonavam seu emprego e sua profissão porque era a única maneira de se livrar dele. Ainda é difícil provar sem testemunhas. "Ele disse, ela disse", é apenas outra maneira de dizer que tudo o que ele disser será levado em consideração.

Os ganhos feministas nas décadas de 1970 e 1980 significaram que regulamentos, leis gerais e leis antidiscriminação fizeram com que as coisas melhorassem um pouco. Mas, sem linhas que determinam claramente e trazem consequências para esses tarados, as mulheres ainda entendem, de várias maneiras, que se defender significará mais discriminação e recriminações, serem rotuladas como difíceis ou terem uma promoção negada.

> *Na hora do almoço, as trabalhadoras da indústria de vestuário, principalmente mulheres jovens, são "perseguidas por gangues de jovens hooligans lascivos — eles puxam e atacam essas mulheres no local de trabalho".*
> *— Brisbane's Truth Newspaper, 1903*

Os mesmos cenários insultantes têm surgido repetidas vezes por décadas: um apalpador aqui, um malicioso ali. O conselho é sempre ficar quieta e sair do caminho — mudar de assento no cinema, na sala de aula, no trabalho. Já é difícil o suficiente para que uma mulher diga em voz alta, dentro do trem: "Pare de me tocar e vá embora!" — e se não houver mais ninguém no vagão? E se o cara ficar violento? Eu mencionei que ele é meu chefe?

Quando minha mãe estava na casa dos oitenta anos, perguntei como tinha sido para ela. Ela me contou coisas que eu nunca soube sobre a vida dela, desde seu primeiro emprego na cidade, na sede de um grande banco, por volta de 1950.

Era costume ter que dar um jeito de ficar invisível quando os homens se revoltavam. Eu tinha dezessete anos. Não sabia o que fazer, me sentia presa. No trabalho, ao lado da mesa, nas escadas. Eu nunca conseguia olhar os homens nos olhos no bonde porque você não podia confiar em nenhum deles. Eles ocasionalmente tentavam colocar o joelho entre os seus quando o bonde estava lotado; e você tinha que continuar andando. As mãos vagavam por todas as partes do corpo, você se sentia incomodada quando eles se esfregavam em você — era apenas intimidação. Agora que estou velha, posso falar com qualquer um.

> *O toque discreto é uma provocação difícil, e há pouco que possa ser feito a respeito [...] é melhor mudar de assento.*
> *— Manual de orientação do Women's World, 1958*

Perguntei à minha mãe o que ela achava que mudaria as coisas. "Podem ser criadas muitas leis que podem não ser aplicadas. Mas é necessário começar por aí e pela educação — algumas pessoas desonestas apenas procuram por oportunidades".

Milhões de mulheres foram assediadas sexualmente, muitas expulsas de suas profissões, perdendo oportunidades. O número de homens cujas carreiras foram desestabilizadas é tão pequeno que isso nem parece ter um efeito relevante para dissuadi-los.

"O ASSÉDIO SEXUAL ACABOU"

Enquanto escrevo, há casos de assédio relatados em indústrias e instituições, incluindo universidades, escolas, instituições de gestão financeira, no jornalismo, no tribunal superior, entre militares, na medicina, em equipes de limpeza, entre trabalhadoras em turnos de fábricas de aço, na aviação, nos escritórios, em

A atriz Lily Brayton deixa claro seus sentimentos; década de 1890. (Cartão-postal teatral, Biblioteca Nacional da Austrália)

O executivo-chefe da AMP Capital, Boe Pahari, nomeou-se presidente do "Conselho de Diversidade e Inclusão" da empresa, pois a empresa se recusou a discutir se havia feito esforços "persistentes e enganosos" para minimizar o suposto assédio sexual do executivo a uma colega.
— *Financial Review, 2020*

comédias *stand-up*, nos restaurantes, nas padarias, nas reportagens esportivas, na degustação de vinhos, nas belas-artes, na indústria da música, na indústria cinematográfica, no varejo de primeira linha e nos bastidores da política. Algumas indústrias e locais de trabalho estão melhorando tanto nos relatórios quanto nas consequências. A lei ainda precisa melhorar muito.

Parece que o assédio sexual continuará a existir em qualquer lugar e que não haverá, em lugar algum, uma política ativa contra isso — uma política que envolva investigação e consequências adequadas. Jovens mulheres heroicas estão rejeitando a ideia de que isso é normal e estão se manifestando.

Seria mesmo remotamente plausível que [o requerente], como um profissional consumado, tivesse assumido um risco tão grande por um momento de suposta gratificação sexual?
— *Parte da conclusão legal em um caso de difamação de 2019 julgado por Michael Whitney, juiz do Tribunal Federal Australiano*

Cartaz "Leave Us Alone" de Marie McMahon para o Conselho Antidiscriminação do Conselho Consultivo das Mulheres de Nova Gales do Sul, 1984. (Museu de Artes e Ciências Aplicadas)

SEJA UMA MÃE PERFEITA, O QUE É IMPOSSÍVEL

6

UMA DAS NOVAS TENDÊNCIAS NOS LIVROS DE MATERNIDADE ESTÁ ligada às mães hippies, representada pela imagem de uma mulher estranhamente calma e com cabelos ondulados na praia, com suéter tricotado à mão e saia longa, parecendo uma modelo sensual, por mais que um bebê tenha acabado de vomitar em seu ouvido. São mães que assam o próprio pão e fazem tudo "naturalmente", exceto a parte em que mostram uma visão mais curada de sua vida nas mídias sociais.

Não é tão diferente da visão igualmente irreal da maternidade que era "aspiracional" na década de 1950, que exigia outro tipo de imagem: a da dona de casa glamorosa e cheia de spray de cabelo usando um avental de anfitriã e desinfetando todas as superfícies horizontais existentes. Ou, ainda antes, a mãe angelical da década de 1890, com seus longos cabelos presos em um coque, gola alta de renda e espartilho pós-parto, educando o bebê para ser um bom cristão com a ajuda de uma empregada-faz-tudo.

O penteado mudou, assim como a ênfase em permanecer "sensual". Mas a pressão para manter-se em qualquer que seja a nova definição de "perfeição" continua a mesma. Babás ou ajudantes estão fora de cena. O parceiro masculino como coadjuvante ainda é uma característica: invisível em 1890; sentado no canto fumando um cachimbo na década de 1950; agora, uma imagem borrada de um cara surfando enquanto as crianças estão na praia com a mãe.

Um dos livros de mães mais glamorosos que vi recentemente afirmava apresentar exemplos aspiracionais de mães comuns: incluíam chefes de relações-públicas globais da Adidas e da Armani, uma instrutora de exercícios da Nike com um corpo "tudo em cima", supertonificada mas não trincada de uma maneira "estranha", uma modelo e uma "musa dos DJs franceses", e nenhuma delas deveria me fazer rir tão alto.

O problema com esse maior apoio e veiculação de conselhos direcionados às mães nas mídias sociais é que grande parte deles não é filtrado por uma rede confiável que possua conhecimentos médicos e de segurança o suficiente. Analise os conselhos nutricionais sem sentido de dietas pós-parto e outras modas, além das sugestões de exercícios para mães que só servem para agravar casos de diástase abdominal, e a ideia de esguichar perfume na vagina durante as primeiras seis semanas após o nascimento, o que pode causar uma infecção.

Um dos "remédios naturais" para a tristeza pós-parto que li certa vez era: "Sorrir pode enganar seu cérebro, fazendo-o pensar que você está feliz. Tente fazer isso para ver o que acontece". Ou que tal quem escreveu isso explodisse em mil pedacinhos? E, por favor, não me envie aquela matéria que sugere que mães com um recém-nascido devem depilar o corpo inteiro, comprar uma boa garrafa de vinho e "tentar se sentir sensual". Quer dizer, por que não tentar puxar o períneo por cima da cabeça para usá-lo como uma touca vistosa?

Devido às intermináveis e estressantes revisões e novas reimpressões do meu livro sobre gravidez, *Up The Duff* e sua sequência *Babies & Toddlers* ("O que perdi, o que perdi? Arghhh!"), perco o sono com as mudanças em conselhos médicos e emocionais para as mães, com medo de que leiam uma edição antiga que tenha conselhos desatualizados e possivelmente perigosos sobre posições para dormir, do agora extinto *Kidwrangling*. Só fico calma por saber que, ao menos, não estou repetindo os conselhos de maternidade do passado, que diziam para dar veneno ao bebê caso ele tivesse tosse e ópio caso chorasse.

Uma série de livros sobre maternidade ao longo dos anos conspirou para dizer às mães que se uma criança ficasse doente ou morresse, a culpa era delas. As mulheres eram aconselhadas a embrulhar seu bebê em pedaços de flanela apertados ou deixá-los do lado de fora da casa, totalmente pelados; eram instruídas a induzir o vômito ou a diarreia; a administrar emplastros quentes ou banhos frios; a fazer carinho vigorosamente *ou* deixar o bebê chorar... A lista de opostos era quase interminável.

O autodenominado Mere Man, autor de *The Domestic Blunders of Women*, em 1900, dizia que as mães "matavam" os filhos devido à sua incompetência. "Por que morrem mais crianças a cada ano do que bezerros ou cordeiros, gatinhos ou cachorrinhos, ou qualquer outra coisa? [...] Porque são as mulheres que cuidam delas [...] a maioria das crianças morre por causa dos doces." Mas também por causa do "absurdo costume de tirar a parte de baixo das roupas da criança e ficar surpresa e chorar rios de lágrimas quando ela morre [...]". É difícil não ter calças, mas é mais triste não ter empatia.

Esse perturbador de mães usou as assustadoras estatísticas de mortalidade infantil de, digamos, bebês de até um ano de Londres no final da década de 1890 — 3.191 mortes a cada 10 mil nascimentos, e dos 6.809 sobreviventes, 1.235 mortos em seu primeiro ano. Cinquenta por cento morriam antes de completar três anos. Muitos bebês não usavam roupas íntimas: então, a causa dele fora provada. Na verdade, a principal causa eram as infecções, as doenças e a subnutrição, e as informações abismais dos médicos.

As mulheres sempre foram instruídas a se tornarem mães e depois ouviam que eram ruins em serem mães. Os primeiros guias escritos tinham nomes como *General Management of Infants* [Cuidados infantis gerais] e o tom do texto era tão frio e sombrio quanto o próprio título sugere. Nos primórdios, os principais conselhos verbais para as mães falavam como manter os bebês e as crianças vivas, uma tarefa que só foi alcançada por sorte, nenhum "bom cuidado" podia garantir a sobrevivência de um bebê ou de uma criança.

Por muito tempo, o número de bebês que morria era maior do que aqueles que sobreviviam. No século XIX, apesar de serem avisados pelas parteiras e pelo bom senso, os médicos ainda

Tenha todos os filhos, use todos os aventais e faça tudo enquanto o homem fica sentado no canto. Até o bebê está chocado. Livreto de política do Partido Liberal, 1949. (Biblioteca Nacional da Austrália)

222

realizavam partos de maneira insalubre, causando infecções fatais nas mães após o parto. Elas não tinham defesa alguma contra doenças que causavam o vômito e matavam bebês, contra infecções bacterianas e doenças virais antes do advento da imunização e dos antibióticos, e ainda assim eram culpadas, acusadas de "negligência" ou de "excesso de cuidados".

"TODAS AS MULHERES DEVERIAM SER MÃES"
Pura bobagem. Próxima.

"A GRAVIDEZ É A GLÓRIA DE UMA MULHER CASADA"

Antes das explicações científicas, a gravidez e o aparecimento dos bebês eram conectados às fases da Lua, ao animismo, às orações, às bênçãos e à magia. Médicos do século XVII afirmavam com veemência que as pessoas deviam usar uma pena gigante para escrever conceitos como cada esperma tem um minúsculo ser humano nele e a mulher é apenas o recipiente em que ele cresça.

As ideias sobre a gravidez e o parto serem o propósito de uma mulher podem ser expressas em um círculo. Imagine um relógio. Começaremos ao meio-dia com "as mulheres devem criar filhos para ajudar a sustentar a família", iremos no sentido horário e passaremos por "as mulheres devem fornecer novos cristãos para a igreja", depois por "as mulheres devem fornecer novos soldados para a guerra", chegando à parte de baixo com "as mulheres devem parir meninos, que são mais importantes", seguido por "as mulheres devem fornecer mais filhos brancos para consolidar o controle colonizador e a supremacia branca", depois por "as mulheres que não têm filhos são erradas ou egoístas", em seguida por "precisamos de mais crianças para a economia" e, faltando cinco minutos para a meia-noite, por favor, lembre-se: "se você tem filhos, está arruinando o planeta, mas esse é o seu destino biológico".

"Homem grávido" usado para anunciar um serviço de aconselhamento contraceptivo; Associação de Planejamento Familiar de Victoria, década de 1970. (Biblioteca do Estado de Victoria)

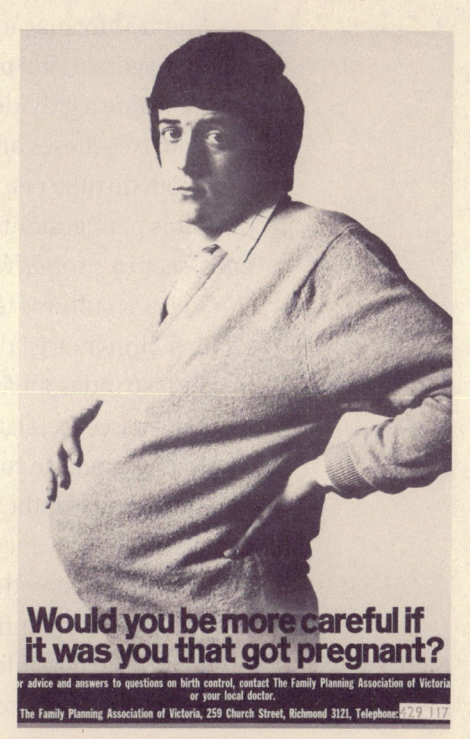

"A GRAVIDEZ DE UMA MULHER SOLTEIRA É SUA RUÍNA"

Se dizem que a vida de um homem "acabou", é provável que ele tenha morrido na guerra. Se a vida de uma mulher acabou, entende-se que ela está grávida e solteira, ou que é uma profissional do sexo. Essas frases são a herança de todos esses anos, e peço a você para ter um guarda-chuva sempre por perto e cutucar com ele qualquer um que as pronuncie.

"AS MULHERES TÊM INSTINTO DE GRAVIDEZ"

Certa vez, um homem em um restaurante me disse, em tom de desdém: "Por que você sequer perde tempo escrevendo um livro sobre gravidez? Mulheres sabem o que fazer há séculos, não é?". Você devia ter visto a expressão no rosto da esposa dele. Comecei dizendo: "Muitas mulheres e muitos bebês morreram para que pudéssemos ter o conhecimento que temos agora". Ele olhou para a esposa. Ela respirou fundo. Imagino que ele ainda esteja dormindo na garagem.

"AS MULHERES GRÁVIDAS FAZEM TUDO ERRADO"

Desde os dias dos faz-tudo que iam de porta em porta e da invenção dos "remédios" homeopáticos, os anunciantes têm culpado as mulheres de forma sutil ou escancarada por quaisquer vontades ou defeitos percebidos em seus filhos.

Muita informação conquistada com dificuldade e dor de cabeça é agora usada para ajudar as mulheres a protegerem seus fetos durante a gravidez: nos dizem para tomar um suplemento de folato três meses antes e, durante a gravidez, devemos evitar condições do tubo neural, como a espinha bífida. O marketing de produtos para gestantes e novas mães ainda usa palavras como *puro, seguro* e *saudável*.

Todas as culturas têm suposições e advertências relacionadas a tabus alimentares durante a gravidez. As mulheres inglesas foram instruídas a não comer morangos para não causar uma marca de nascença, algumas regras culturais aborígenes impedem a mulher grávida de comer animais saltitantes para que a criança não sofra com claudicação, algumas culturas asiáticas proibiam camarões de água doce ou salgada às mulheres grávidas porque a curva das costas deles estava associada a deficiências, ou porque eles eram animais conhecidos por "esconderem-se" de predadores e, dessa forma, comê-los poderia fazer com que o bebê não saísse na hora certa.

Algumas recomendações alimentares provaram ser úteis, mas muitas outras acabaram por fazer com que as mulheres não recebessem a proteína e os nutrientes extras de que precisavam. As restrições de alimentos e bebidas agora são baseadas em estudos científicos, que provam danos causais: desde o menor risco de listéria em alguns alimentos, até o alto risco de dano cerebral fetal causado pelo consumo de álcool.

"ROUPAS DE MATERNIDADE DEVEM SERVIR PARA ESCONDER A GRAVIDEZ"

A gravidez visível é, óbvio, uma evidência de que você provavelmente fez sexo, sua vadia. Na repressiva cultura inglesa que herdamos, era esperado que as mulheres não aparecessem em público durante os últimos meses de gravidez — o que era impossível, é claro, a não ser que você fosse rica e tivesse criados. Usavam-se anáguas gigantes e ocultas, suspensas por corpetes com botões; crinolinas funcionavam muito bem e as roupas de maternidade de meados do século XX pareciam capas de carrinho de bebê tamanho família com a gola do Peter Pan. O advento de suéteres de tecido elástico e roupas estilo "atleta" (calças de ioga, mesmo que você não faça ioga) e a aceitabilidade de chinelos ou botas ugg como roupas a serem usadas de dia têm sido uma bênção para as grávidas.

Não sei o que o ocasionou. Mas estou preocupada de que seja uma punição por algum pecado em particular.
– Elizabeth Turner, procurando uma razão para seu aborto espontâneo, 1662

"NO PASSADO, AS MULHERES NÃO SE IMPORTAVAM COM ABORTOS ESPONTÂNEOS"

É bastante difamador dizer que só porque morriam mais bebês e isso era algo mais comum, nossos antepassados não amavam tanto os filhos e não se importavam tanto com aborto, com crianças natimortas e com a mortalidade infantil. Era algo tão comum em séculos passados que não existe uma palavra especial para um pai cujo filho morre, assim como existem as palavras viúva e órfão. Mas uma análise feita por mulheres historiadoras

Um dia para nunca ser esquecido; quando senti os frutos amargos do pecado de minha avó Eva [...]. O céu é algo mais completo para o meu bebê.
— Anne Hulton, 1695, cujo bebê morreu durante o parto; citação tirada de *Blood, Bodies and Families in Early Modern England* [Sangue, corpos e famílias na Inglaterra moderna], de Patricia Crawford, 2004

em diários e cartas escritas em primeira pessoa centenas de anos atrás refuta a ideia de que as mulheres não sentiam o mesmo por seus filhos, mesmo sabendo que provavelmente os perderiam.

A dor intensa das mulheres que perdem bebês e crianças pequenas estava em todos os lugares se alguém se preocupasse em registrá-la: da Europa medieval ao deserto central da Austrália. Crenças e rituais variados foram usados para tentar evitar o aborto ou a morte de bebês, e para tentar evitar o que se acreditava ser prejudicial para o feto.

"DANÇAR CAUSA ABORTO"

Hoje sabemos que abortos espontâneos — a interrupção da gravidez pelo corpo da mulher — não são raros, nem causados pela própria mulher. Foi apenas nos últimos cem anos que alguns dos motivos reais do aborto foram identificados, incluindo sífilis, problemas no útero ou na placenta; e cromossomos ou outras condições genéticas.

Quando minha ta-ta-ta-tataravó Sarah Wills teve um aborto espontâneo em 1873, sua sogra, Elizabeth, enviou-lhe uma carta que dizia: "Você sabe que a culpa é sua", porque ela andava a cavalo quando estava grávida. O desejo que Sarah sentia em buscar sua própria liberdade era a causa, repreendeu Elizabeth. O bebê, disse ela brevemente, estava "em seu lar celestial [...]. Acredito que você se lembrará para sempre dessa lição".

Mulheres ouvem diferentes justificativas para o aborto espontâneo. A lista a seguir foi criada ao analisar algumas das razões mencionadas em revistas médicas australianas do século XIX, de 1856 a 1921, por Eugenia Pacitti; no livro de Shannon Withycombe, *Lost: Miscarriage in Nineteenth-Century America* [Perdido: aborto na América do século XIX]; nas razões dadas desde 1400 até o século XX em livros didáticos para médicos e parteiras e nos livros de medicina doméstica, bem como em estudos sobre as possíveis causas em Qatar, Quênia, Inglaterra, Estados Unidos e Austrália. Agora sabemos que um aborto espontâneo nunca é "culpa" da mulher ou o resultado de qualquer coisa que ela pensou ou viu, e muito, muito raramente de algo que ela fez de "errado".

Muitos abortos espontâneos, crianças natimortas, casos de cegueira e outras condições médicas de bebês e mulheres foram causados pela devastação desenfreada da sífilis e da gonorreia. Algumas mulheres não eram informadas de que tinham uma doença venérea porque isso era "vergonhoso" ou implicaria a participação do marido nesse acontecimento. Até que uma triagem mais eficiente e tratamentos com antibióticos fossem disponibilizados após a Segunda Guerra Mundial, as gestações eram com frequência afetadas por ISTS.

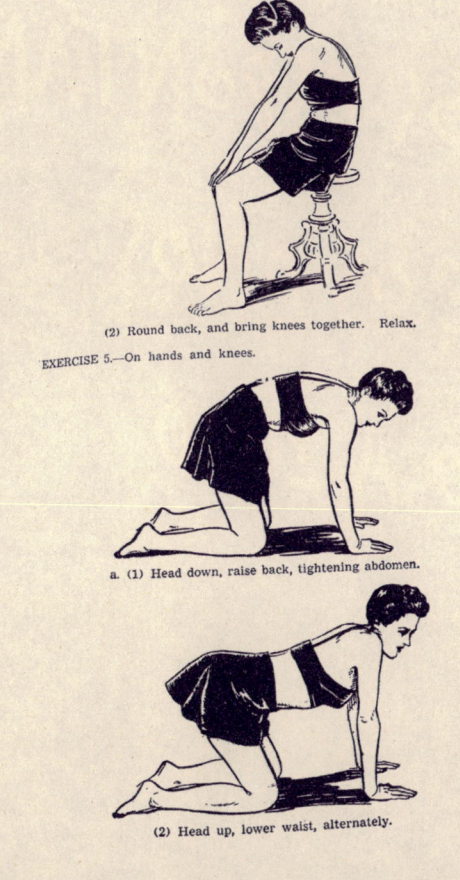

Exercícios de gravidez, livreto pré-natal, do Departamento de Saúde, Victoria, 1946. Possivelmente por Betty Paterson, Biblioteca Nacional da Austrália

MOTIVOS ABSURDOS APRESENTADOS PARA ABORTOS ESPONTÂNEOS ENTRE OS ANOS DE 1300 A 2000

- Não comer o suficiente
- Útero cansado
- Sexo excessivo
- Melancolia
- Supernutrição do feto
- Útero fino
- Ansiedade
- Alegria excessiva
- Pisar em falso nas escadas
- Ventre mal-acostumado
- Muitos óvulos
- Estado de morbidez
- Alto-astral
- Inflamação
- Pouco exercício
- Extração de dentes
- Fúria
- Não urinar o suficiente
- Irritação dos mamilos
- O olho do mal
- Recorrer a uma clínica de fertilidade
- Tomar purgante
- Muito trabalho doméstico
- Ver outra mulher em trabalho de parto
- Histeria
- Dor de dente
- Idade avançada
- Andar a cavalo
- Bebida e exercício
- Viajar
- Ter feito sexo antes do casamento
- Tristeza
- Vigilância
- Infidelidade
- Usar salto alto
- Visões terríveis
- Falta de costume de sentir frio
- Fraqueza
- Ser magra
- Fome
- Não estar vacinada
- Correr
- Plenitude
- Luto
- Medo da morte
- Anemia
- Estar sexualmente excitada
- A vontade de Deus
- Uso prévio de anticoncepcional
- Banhos de mar
- Constipação
- Dançar
- Irritações intestinais
- Hemorroidas
- Uma longa caminhada
- Forças sobrenaturais
- Ser possuída por um gênio
- Ouvir fofocas
- O solavanco da carruagem
- Tomar um susto
- Choque ou tristeza avassaladora
- Falta de costume de sentir calor
- Comer carne de uma vaca grávida
- Comer fungos
- Excesso de comida
- Tentar alcançar algo
- Ser gorda
- Algo desconhecido que a mãe deve ter feito e… entrou em êxtase

"OS MÉDICOS ENTENDEM DE GRAVIDEZ; AS MULHERES NÃO"

O tom condescendente de alguns obstetras foi celebrado por um criador de índices desonesto na 15ª edição do livro-padrão *Williams Obstetrics [Obstétrica de Williams]*, de 1976. Entre as entradas para palavras que começavam com C, ele inseriu: "Chauvinismo, masculino, quantidades variáveis, p. 1-923". Na 16ª edição (1980), o índice havia sido revisado, alterando a entrada para "Chauvinismo, masculino, quantidades volumosas, p. 1-1.102".

Lamento dizer que as edições subsequentes estão perdendo essa entrada. Ainda assim, foi bom enquanto durou. (Como Diane Madlon-Kay apontou em um artigo no *The New York Times* em 1991, a remoção dessa palavra do índice não significa que o machismo em si tenha sido removido por completo.)

Por décadas, o livro de Williams dizia que a náusea que as mulheres sentem durante a gravidez era uma condição psicológica: a mulher que vomitava sofria de "instabilidade emocional". Posteriormente, as mulheres passaram a receber receitas de medicamentos sedativos para a condição, incluindo a talidomida, não testada em mulheres grávidas e que causou a morte de fetos, danos cerebrais e o nascimento de muitos bebês com condições médicas graves ou sem membros. Os efeitos diferiam dependendo do dia em que o medicamento foi tomado.

A irmã Pat Sparrow, do Crown St. Women's Hospital, em Sydney, foi a primeira a alertar o dr. William McBride, que prescrevia tal remédio. Ele a ignorou e depois reivindicou os créditos por perceber tal conexão em uma carta para um jornal médico. Mais tarde, ele perdeu o registro de medicina por fraudar uma pesquisa médica.

"A DOR DO PARTO É A PUNIÇÃO DAS MULHERES"

Dizem que os médicos da rainha Vitória inicialmente se recusaram a administrar clorofórmio para ela no parto, porque acreditava-se que a Bíblia instruía as mulheres a sofrerem pelos pecados de Eva (maçã, cobra e assim por diante). De todo modo, a rainha exigiu que assim fosse feito em seu oitavo parto, em 1853, e depois teceu

> *Se ao menos pudéssemos ter filhos sem a ajuda das mulheres!*
> — Hipólito, peça de Eurípides, 428 a.C.

elogios ao composto: "Abençoado seja o clorofórmio; suave, calmante e delicioso além da medida".

Alice B. Stockham é mais conhecida pelo conselho contraceptivo relacionado à abstinência chamado Karezza, em seu livro de 1883, *Tokology*. Ela insistia, de forma estranha, que o parto só doía se as mulheres grávidas não tomassem ar fresco o suficiente e comessem frutas. Isso, dizia ela, explicava o (mito do) parto indolor e curto de mulheres de "nações selvagens", uma suposição racista comumente repetida por conselheiros ignorantes. Os cuidados obstétricos, as opções e as consequências para mulheres não brancas, incluindo mulheres aborígenes na Austrália e mulheres afro-americanas nos Estados Unidos e em outros países, continuam, de forma consistente, a ser estatisticamente piores do que aqueles dispensados a mulheres brancas.

A ideia de garantir um parto fácil caso a gestante faça ioga, coma alimentos orgânicos e não passe por intervenções cirúrgicas ainda existe. As mulheres ainda são culpadas, ou se culpam, por não terem a sorte de ter um parto "perfeito".

"MULHERES FORAM FEITAS PARA PARIR"

O parto sempre foi perigoso para as mulheres, mas agora é muito menos perigoso em lugares em que estão disponíveis serviços de parteira e instalações de atendimento a emergências obstétricas. Os maiores assassinos do passado estão "resolvidos": febre puerperal (infecção causada por médicos e parteiras que não lavam as mãos), condições como descolamento prematuro da placenta e placenta prévia (é mais provável que sejam detectados precocemente por um ultrassom ou tratados melhor em hospitais, pré-eclâmpsia), geralmente detectada e tratada antes de a grávida desenvolver

> *À mulher ele disse: "Multiplicarei as dores de tuas gravidezes, na dor darás à luz filhos. Teu desejo te impelirá ao teu marido e ele te dominará".*
> — Gênesis 3,16, Bíblia

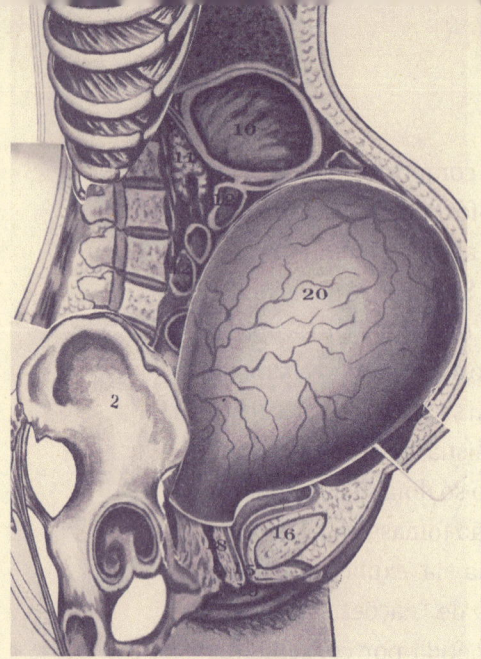

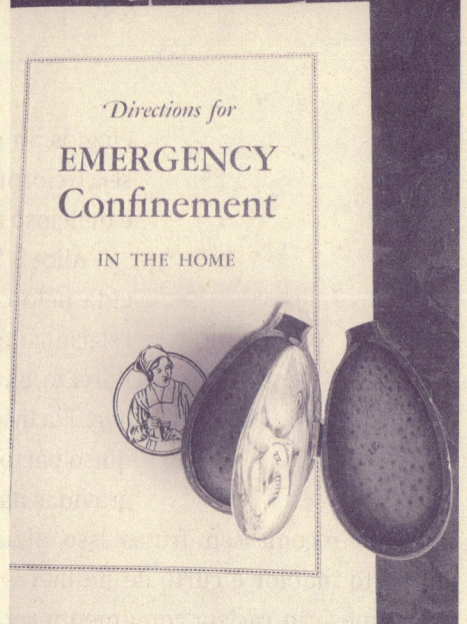

The Ladies' Handbook of Home Treatment [O manual de tratamento doméstico para mulheres], de Eulalia Richards, tinha uma riqueza de diagramas e um discreto guia para partos do tipo "faça você mesma" na contracapa da edição de 1912. (Biblioteca Nacional da Austrália)

eclâmpsia, e a hemorragia uterina que pode ser tratada com sucesso após um parto hospitalar.

Se algo der errado durante o parto, não é culpa da mulher que está em trabalho de parto. O fator que mais colabora para um parto fácil não é a dieta, os exercícios ou o fato de ter uma piscina no quarto: é a sorte. Cuidados e exames de alta qualidade feitos durante a gravidez, além da disponibilidade de ajuda médica em casos de emergência, são os grandes e decisivos fatores.

"RECUPERAR-SE DO PARTO É FÁCIL"

A maioria das culturas tem diversas recomendações de alimentação e cuidados especiais para as novas mães, para que possam se concentrar em seus bebês. Caldos, pudins, um festival de proteína disponível e vários tipos de mingau caracterizam o jeito inglês.

Em seu estudo *Two Cultures and a Baby* [Duas culturas e um bebê], Alice Pung falou sobre o conflito entre os conselhos dados por médicos especialistas australianos e a tradição asiática na hora de se preparar para a gravidez e o parto. A prática chinesa e sul-asiática de *zuo yue zi* permite que uma nova mãe fique em um quarto aquecido por um mês e seja alimentada com "sopas e tônicos especiais" por parentes. Como ela observa, é uma tradição que centraliza e dá apoio tanto à mãe quanto ao bebê. "Quando Kate Middleton levou o bebê [príncipe] George para os degraus da frente do hospital para mostrá-lo ao mundo, a cobertura que a mídia chinesa e a taiwanesa fizeram do evento não demonstrou empolgação, mas preocupação", escreveu Alice.

Além da parte de não lavar o cabelo durante um mês, essa tradição não é diferente do que as inglesas mais ricas podiam fazer ao ficar "internadas" em hospitais ou contratar uma empregada mensal, alguém que seja especializada em cuidados com o bebê e que vá morar com ela durante um mês.

As mulheres sul-americanas têm uma tradição semelhante de "*cuarantena*" que dura de um mês a seis semanas. Essa tradição permite criar o vínculo familiar, que familiares e amigos tragam comida e, em alguns casos, exige uma irmã ou um parceiro que possa barrar uma enxurrada de conselhos ou expulsar visitantes que não vão embora.

O Conselho de Bem-Estar Materno e Infantil foi fundado em 1928, ano em que 691 mulheres morreram durante o parto na Austrália. Metade delas tinham menos de vinte anos.
— E. A. Waterworth, vereadora, Burnie Advocate, 1939

"O CORPO PÓS-PARTO NÃO DEVE TER TAL APARÊNCIA"

Parecer-se com uma mãe após se tornar mãe é algo proibido desde, aproximadamente, 1991. Você deve se encaixar em qualquer definição momentânea de "sensual", por mais que algo do tamanho de uma caixa de sapatos tenha acabado de sair da sua vagina ou da sua barriga recém-cortada, ou apesar do fato de você mal ter tido tempo para tomar banho desde a quinta-feira passada ou de não dormir mais do que algumas horas por noite durante um ano.

Vou alterar esse conselho para: se alguém usar a sigla MILF[6] perto de você, você tem permissão de bater nessa pessoa com um de seus móveis.

---

6 (N. T.) *Mothers I'd like to fuck* [mães com quem gostaria de transar].

> Se você não se preocupa, você é negligente, e se você se preocupa, você é neurótica. Conselho para novas mães. (Revista *Australian Women's Weekly*, 1967)

"AS MÃES SE PREOCUPAM DEMAIS"

Quando seus bebês nascem no hospital, algumas mães recebem uma sacola de lenços umedecidos e uma loção de massagem para bebês para promover a fidelidade à marca. Elas também recebem uma amostra metafórica de culpa que diz que nunca serão perfeitas o suficiente, além de uma lista de coisas a que devem prestar atenção porque podem ser perigosas e, em seguida, alguém diz que estão ansiosas demais caso pareçam preocupadas. Certa vez, pedi a um oftalmologista grosseiro que fosse mais gentil com meu filho conforme o examinava. Ele disse: "Não faça um estardalhaço, mãe". Eu disse: "Não estou fazendo um estardalhaço e não sou sua mãe". Ele quase caiu da cadeira.

"AMAMENTAR É FÁCIL"

Há mães que sempre tiveram problemas para amamentar; alguns textos medievais incluem relatos de tentativas de dar mingau para bebês quando eles não conseguiam sugar, ou quando as mães tinham problemas para produzir leite. Médicos e parteiras sabiam que era mais provável que os bebês sobrevivessem se fossem amamentados — não havia pesquisa ou regulamentação de leite em pó, apenas "água com açúcar", uma gosma terrível com purê de grãos ou óleo de peixe misturados ao leite, caso você tivesse uma vaca, ou então feito apenas com água. Muitas vezes, láudano ou conhaque podiam ser adicionados para impedir que o bebê chorasse (ou vivesse, por acidente).

No final dos anos de 1600 e de 1700, amas de leite — pagas, mães de aluguel — eram comuns, e registros mostram que muitas enfermeiras adoravam os bebês que alimentavam. Sem dúvida, em muitas famílias, as irmãs ou outras mulheres ajudavam se pudessem. Não era um trabalho ruim, e você recebia uma boa alimentação — bastante cerveja e cerveja preta em todas as refeições, já que o "licor de malte" era considerado a cura para a exaustão.

Havia todo tipo de regras malucas para escolher uma ama de leite com base em suposições de que a religião poderia ser transmitida pelo leite materno e que bochechas rosadas significavam um leite de qualidade.

Mais recentemente, a amamentação, de alguma forma, se tornou assunto público, com algumas pessoas exigindo saber por que você não amamentava, e outras insistindo que isso não fosse feito em público (essa insistência é ilegal) (e irritante).

Já no *Directory for Midwives* [Diretório para parteiras], de 1651, escrito por Nicolas Culpepper, os conselhos sobre amamentação eram muitos: "Ah! Quanto falatório dos autores a respeito disso! O que incomoda e é contraditório, não para os outros, mas para eles mesmos?". Culpepper disse que alguns de seus filhos haviam morrido, e recomendou que a ama de leite não tivesse "ombros caídos nem cabelos

A legenda original dessa foto era: "Máquina para alimentar bebês no Hospital St. Margaret, 1967". Bom, não era bem isso, não é mesmo? Uma engenhoca em um hospital que roubou bebês de mães solteiras por oitenta anos. (Ern McQuillan, Biblioteca Nacional da Austrália)

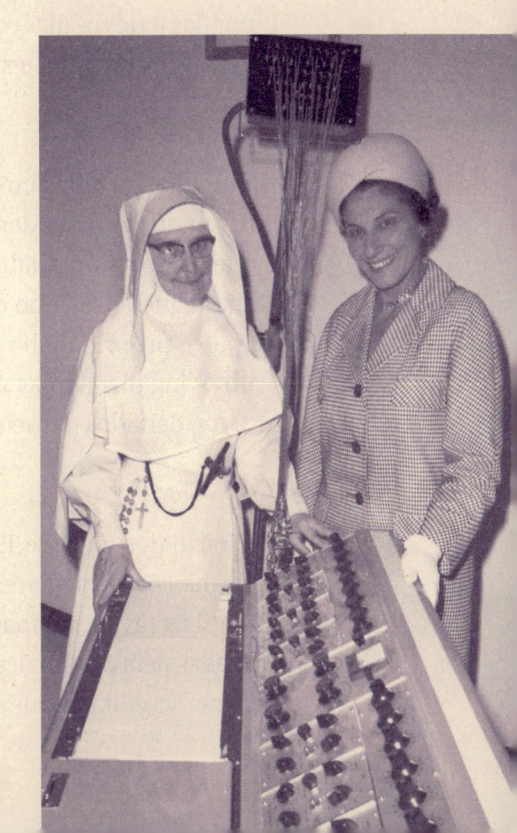

amarelos", e também que não tivesse nenhum dente preto. E, como você pode adivinhar, o autor de *Directory for Midwives* nunca participou de um parto.

Os horários de amamentação impostos pelos médicos das mulheres europeias e coloniais refletiam as regras muito rígidas do livro de administração doméstica da sra. Beeton, decretando que isso acontecesse às "seis, dez, catorze, dezoito e vinte e duas horas".

Em seu livro *The Wife's Guide and Friend* [O guia e amigo da mulher] (1927), o dr. Warren mentiu para as mães, dizendo:

> Mais bebês morrem por excesso do que por falta de comida [...] alimente a cada duas horas nas primeiras quatro semanas, depois a cada duas horas e meia até os seis meses e depois a cada três horas até os dezoito. Nada de amamentar durante a noite, entre vinte e três horas e cinco ou seis horas, após as primeiras semanas.

As mulheres foram erroneamente avisadas de que podiam passar seus sentimentos por meio do leite materno, influenciando o comportamento do bebê. Conselhos inúteis sobre amamentação e mamilos ao longo dos anos incluíam perfumá-los (1905), limpá-los todos os dias com uma escova de dentes (1965) e colocar enfeites giratórios neles (1998 — ah, isso fui eu que disse.)

"IGNORE SEU BEBÊ"

Há uma longa e desonrosa tradição, sobretudo entre homens, de dizer que as mães demonstram amor demais por seus bebês, o que os torna "mimados". Desde Nicolas Culpepper, em 1600, falando que "o carinho das mães com os filhos causa mais mal do que o próprio diabo seria capaz" até o escocês-neozelandês Truby King dizendo às mães para deixar os bebês sozinhos ao ar livre, deitados em seu carrinho, durante horas.

"HORÁRIOS ESTRANHOS SÃO BONS PARA BEBÊS"

No início dos anos de 1900, especialmente na década de 1920, enfermeiras particulares e serviços beneficentes de bem-estar infantil tentavam combater as altas taxas de mortalidade infantil causadas pela desnutrição e por doenças relacionadas à falta de higiene. Acredita-se que os esforços do dr. Truby King para criar a

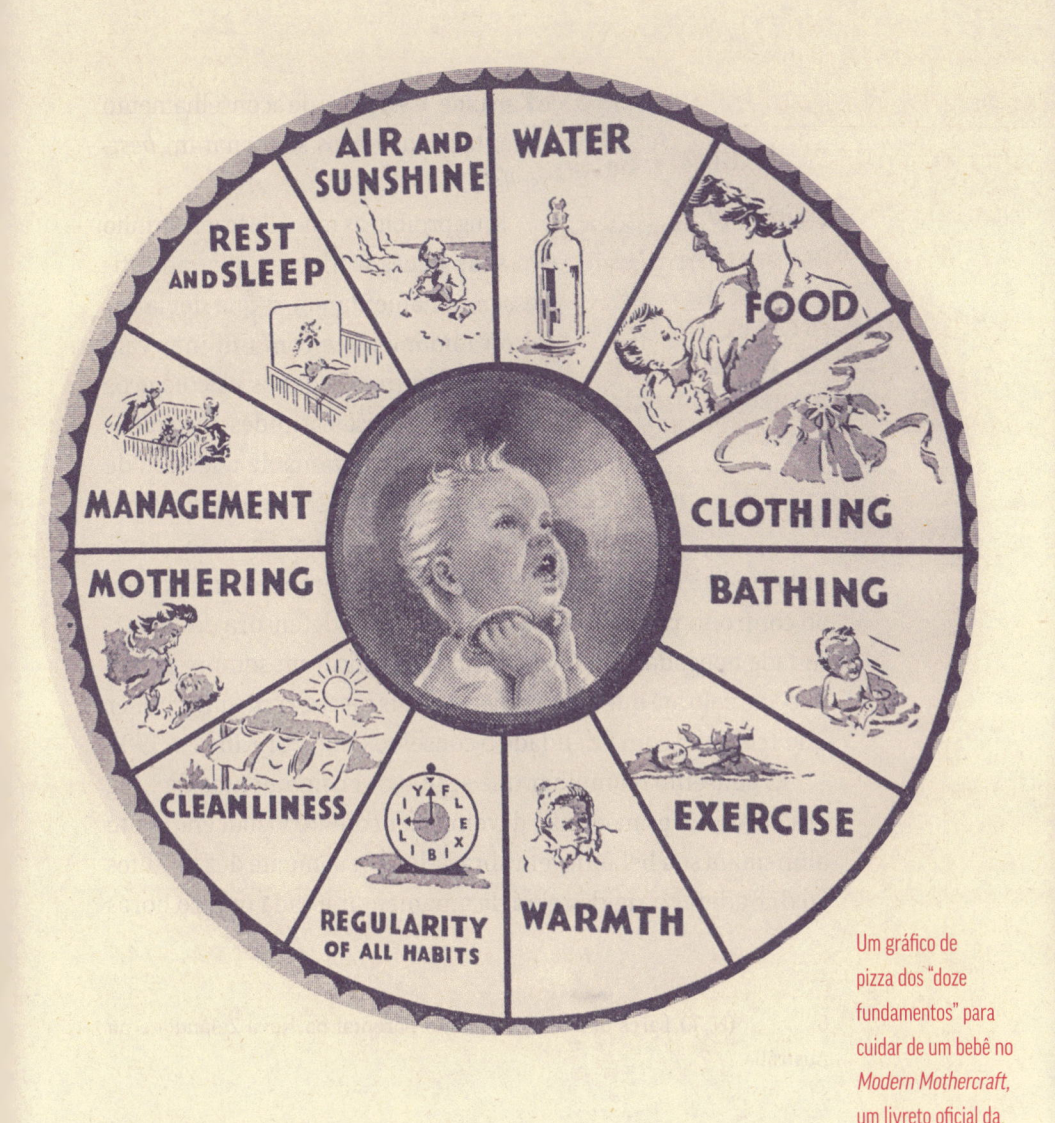

Um gráfico de pizza dos "doze fundamentos" para cuidar de um bebê no *Modern Mothercraft*, um livreto oficial da Plunket Society dado à maioria das mães da Nova Zelândia, 1945 a 1950.

melhor fórmula infantil daqueles tempos, ao mesmo tempo que promovia a amamentação quando possível e estabelecia regras rígidas de higiene, tenham contribuído para reduzir as taxas de mortalidade infantil na Nova Zelândia; por isso, o outro conselho dado por ele também foi adotado pelos primeiros lares Plunket[7]

---

7   (N. E.) Na imagem retirada do livreto da Plunket Society, tem-se, em sentido horário, a partir de water (água): comida, confecções, tomar banho, exercício, cordialidade, regularidade de todos os hábitos, limpeza, maternidade, gestão, descansar e dormir, ar e sol.

> *Chorar [...] é uma forma de exercitar e expandir os pulmões do bebê; portanto, não é preciso prestar muita atenção ao choro [...]*
> — dr. Warren em *The Wife's Guide and Friend* [O guia e amigo da mulher], 1927

e Karitane[8] e serviços de aconselhamento parental: seus livros se tornaram *best-sellers*.

King proibiu as mães de fazer carinho em seus bebês a não ser quando estivessem amamentando, o que devia ser feito rapidamente e com um intervalo de quatro horas. Os danos psicológicos causados por essas atitudes são imensuráveis. Um programa de televisão de 2007, veiculado no Channel 4 no Reino Unido e feito para pais, chamado *Bringing Up Baby* [Criando o bebê], gerou uma grande controvérsia ao confrontar os conselhos dados por uma defensora da "paternidade apegada", que dizia para os pais ficarem sempre com o bebê no colo até que ele completasse seis meses, com uma mulher que reciclava com fidelidade o conselho dado por King em 1907.

O conselho da mulher que seguia os ensinamentos de King era perverso: as mães não devem fazer contato visual enquanto alimentam seu bebê, devem abraçá-los por somente dez minutos ao dia, adotar a rígida regra de amamentar a cada quatro horas

Detalhes de uma sátira feita com bebês pelo cartunista do *Punch*, John Leech, em que é concedido um prêmio por ter um filho encantador; a "dieta natural" é uma provocação aos vegetarianos. (Biblioteca Nacional da Austrália)

---

8   (N. T.) Lares de aconselhamento parental na Nova Zelândia e na Austrália.

e deixar os bebês do lado de fora de casa. Especialistas em medicina e psicologia ficaram profundamente irritados, assim como muitos pais. Foi revelado que a mulher não possuía uma única qualificação em enfermagem nem em cuidado infantil. A ABC na Austrália transmitiu esse programa de merda em 2009, com um aviso ridículo.

No final da década de 1960, o governo da Nova Zelândia ameaçou retirar o financiamento e assumir os serviços materno-infantis se a Plunket Society não atualizasse seus conselhos e fornecesse serviços adequados aos menos abastados e às mães maoris e nativas das ilhas.

"TODA MULHER TEM INSTINTOS MATERNOS"

As mulheres sempre foram ávidas por informações sobre maternidade, viessem elas de enciclopédias domésticas, de clínicas de assistência infantil ou da internet. Nas décadas de 1920 e 1930, centenas de mulheres do campo frequentavam as palestras móveis do Better Farming Train. O trem era uma iniciativa conjunta das ferrovias do governo vitoriano e do departamento de agricultura, e tinha carruagens para a propagação e o cuidado de gado, ovelhas, mel, aves, batatas e bebês.

Carruagens femininas se fizeram presentes em cada uma das 38 viagens feitas pelos trens entre 1924 e 1935, com instrutoras de bordado e culinária, recrutadas nas escolas técnicas de Melbourne. Lideradas pela irmã Muriel Peck, as aulas de artes manuais incluíam instruções sobre higiene doméstica e eram destinadas a prevenir doenças e fornecer dicas para evitar o tão comum problema da desnutrição infantil em zonas rurais.

"AS MÃES DEVEM FICAR SOZINHAS COM OS FILHOS"

Parte da crueldade do mito da "dona de casa feliz" era a ideia de que as mulheres deviam ficar sozinhas com crianças pequenas. Essa ideia contrastava com anos de tradição de camaradagem e proximidade de mulheres indígenas e que viviam em aldeias. Essa ideia era responsável por impor a solidão e a insegurança, eliminando o desejo humano natural de compartilhar experiên-

Calma, é a irmã Muriel Peck, a primeira enfermeira de bem-estar infantil em Victoria, palestrando na carruagem do Better Farming Train, 1927. (Biblioteca do Estado de Victoria)

cias, trocar e avaliar conselhos. As "donas de casa" não estavam nos círculos de costura da aldeia, nem iam juntas pegar água no riacho ou poço mais próximo, nem entregavam os bebês a uma vizinha quando estavam exaustas, nem cantavam canções juntas enquanto analisavam o comprimento correto do tecido no pote de corante.

"AS MÃES CRIAM A PERSONALIDADE DE SEUS FILHOS"

O *Miss Leslie's Behavior Book* [Livro de comportamento da srta. Leslie], de Eliza Leslie, foi publicado em 1839 e era fortemente a favor da crença popular da época de que bebês deveriam começar a ser punidos aos três meses.

Leslie dizia que os bebês choravam porque suas mães os vestiam com roupas desconfortáveis ou colares ásperos em vez de contas de coral lisas (todo o conceito de colocar colares em bebês é, nem preciso dizer, uma péssima ideia). Bebês com cabelos longos pareciam indisciplinados e isso não deveria acontecer. Cinturas finas causavam tuberculose e também mau comportamento em um bebê. Tenha cuidado com babás irlandesas, elas farão com que seu filho seja secretamente batizado como católico; e babás europeias são conhecidas por levar bebês para becos escuros para se encontrar com outros imigrantes sujos. Há uma enorme quantidade dessa porcaria no livro da srta. Leslie, então acho melhor sairmos desse buraco, mexendo nossas cinturas elásticas.

"SE VOCÊ TEM UM TRABALHO PAGO, VOCÊ NEGLIGENCIA SEUS FILHOS"

Ainda é possível ler esse tipo de porcaria em sites de tabloides e comentários nas mídias sociais, sendo ambos inúteis e sem provas. A sociedade e a mentalidade de políticos homens trabalham contra as necessidades das mães, incluindo os horários escolares, os horários de trabalho, os horários do transporte público, os horários de abertura e fechamento de lojas, os anúncios de produtos e a disponibilidade e o subsídio para os cuidados com crianças. Tudo isso age contra as mães modernas.

"MÃES SOLTEIRAS SÃO DEPLORÁVEIS"

Apesar de as estatísticas mostrarem com frequência que mães solteiras utilizam programas de auxílio governamental por períodos relativamente curtos, além de realizarem um trabalho infindável e importante que não é reconhecido ou pago, e contribuírem para a sociedade atual e a do futuro, elas continuam sendo alvo de críticas. Isso é um resquício moral dos dias em que a expressão "mãe não casada" era considerada um insulto e a Igreja e o Estado não proviam proteção e não tinham respeito por uma mãe a não ser que o parceiro a ajudasse. Uma viúva ou uma mulher abandonada era imediatamente considerada inferior e digna de pena, mas de todo modo moralmente suspeita.

Em um livro da década de 1940, *Sex Instruction for the Adolescent Girl and the Young Woman: the Facts without the Humbug* [Instruções sexuais para a menina adolescente e a jovem mulher: os fatos sem enrolação], as meninas adolescentes eram avisadas:

> Uma mulher não casada [...] pode morrer de fome ou de doenças. Jovens meninas que se encontravam nessa trágica situação, por vezes, enlouqueciam de preocupação e se matavam [...] qualquer criança de uma mãe não casada é chamada de ilegítima. A criança não tem direito ao nome do pai e é praticamente ninguém. Essas pobres crianças, bem como suas mães, com frequência são tratadas como se fossem cachorros vira-latas por pessoas rudes. Você gostaria de ser mãe de uma dessas pobres crianças?

Vai se fo... Ah, olha só, chegamos ao fim do capítulo.

SEJA MAIS BONITA

7

COMO UMA ADOLESCENTE PRESTES A SE TORNAR MULHER, A POETA Edith Sitwell ganhou um livro do pai que ensinava como se virar quando não se é bonita. *How to Be Pretty Though Plain* [Como ser bonita mas simples] era uma coletânea de colunas da revista *Truth* escritas pela sra. Humphry em 1899. O sr. Sitwell era um aristocrata rico e cheio de si que inventara uma arma minúscula para atirar em vespas e ordenara que suas vacas fossem estampadas em um padrão Willow. Infelizmente, suas excentricidades não parecem ter feito dele um pai mais gentil.

Edith, posteriormente, referia-se a si mesma como simples, talvez como reflexo de ter recebido tal presente. Na verdade, ela era o oposto — uma mulher de aparência fascinante, com uma coleção de roupas malucas. Era com frequência fotografada tocando o rosto, de forma a mostrar seus anéis extraordinários.

De qualquer forma, de volta a *How to Be Pretty Though Plain*. A sra. Humphry era mais uma filha de clérigo tentando ganhar seu próprio dinheiro como jornalista assessora. Sob o pseudônimo de "Madge", ela escreveu sobre boas maneiras, administração doméstica, moda, mas acima de tudo sobre como ser "bonita" sem ter que "recorrer a cosméticos e tinturas de cabelo, artifícios que nenhuma mulher de verdade deveria usar".

Como então uma mulher poderia se tornar bonita? Mantendo, constantemente, "uma expressão agradável, um semblante brilhante, uma postura graciosa, modos encantadores e atenção aos detalhes do toalete e do vestuário". A sra. Humphry foi logo depois arrastada por uma indústria de beleza de bilhões de dólares, sendo esse o seu fim.

"MAQUIAGEM É COISA DO DIABO"

Santo Agostinho denunciava as mulheres solteiras que tentavam ser "mais bonitas". "Pintar-se com tintas para ter uma tez mais rosada ou mais pálida é uma falsificação mentirosa". Elas eram terríveis pecadoras se a intenção com isso era atrair os homens, mas menos pecadoras se fossem apenas "vaidosas". Ele também acreditava que todo ato sexual era mau, então é melhor nos afastarmos dele lentamente com as mãos erguidas.

A maquiagem era na verdade antideus, disse Cyprian em 200 d.C., um dos primeiros bispos cristãos, para quem um pingo de rímel era "um ataque à obra divina, uma distorção da verdade". Thomas Tuke, em 1616, proferiu o *A Discourse against Painting and Tincturing of Women Wherein the Abominable Sinnes of Murther and Poysoning, Pride and Ambition, Adultery and Witchcraft Are Set Foorth & Dicovered* [Discurso contra a pintura e tintura de mulheres, em que os abomináveis pecados de assassinato e envenenamento, orgulho e ambição, adultério e bruxaria são postos em evidência e descobertos]. Rostos pintados eram a "maior falsidade existente na terra", diz ele antes de ficar ainda mais agitado ao entrar no assunto dos "*papes*" [peitos] visíveis. As mulheres devem aceitar

Edith Sitwell, aos 75 anos, possivelmente usando um cesto de roupa suja na cabeça, com um anel do tamanho de um ovo de ema; 1956. (Hulton Archive/Getty Images)

Sou um nada popular poraquê em um lago de peixes-dourados.
— Edith Sitwell, 1963

sua aparência natural: "A cor natural do rosto e do cabelo é verdadeira e correta [...] mas tem a aparência superficial e errada, quando tingido pela obra de arte de uma corça mentirosa e devassa". A não ser que ele tenha pensado em dizer falsa. Quem sabe.

Em 1665, um cara ainda mais desequilibrado chamado Ambrose Parey foi direto:

> O discurso a seguir não se destina às mulheres que, viciadas em luxúria imunda, procuram embelezar seu rosto, como iscas e atrativos para prazeres imundos; mas destina-se apenas àquelas que, para melhor conter as luxúrias errantes de seus maridos, podem se embrenhar pela arte para remover aquelas manchas e deformidades que surgem em seu rosto por acidente ou idade.

O batom laranja, tão popular hoje em dia, não combina com lamê. O tom deve se inclinar mais para o carmesim.
— The Daily News, Perth, 1934

Uma lei inglesa aprovada em 1770 dizia que os casamentos seriam anulados se a esposa fosse condenada por "bruxaria e contravenções semelhantes", que incluíam o uso de "perfume, tintas, cosméticos, se limpar, dentes artificiais [...] corpetes de ferro, argolas, sapatos de salto alto ou quadris reforçados".

Sabendo que seu assassinato estava para acontecer, Jezebel, na Bíblia, "pintou o rosto e prendeu os cabelos", o que é interpretado como maquiagem e peruca, mas pode ter sido apenas um rabo de cavalo alto. Levou algumas centenas de anos para que o nome Jezebel fosse associado à imoralidade sexual, à vaidade e ao uso de cosméticos.

Nos Estados Unidos, o termo era frequentemente usado para caluniar as mulheres afro-americanas. Bette Davis usou um vestido vermelho escandaloso no filme *Jezebel*, de 1939. Margaret Atwood usa *jezebel* como a palavra para trabalhadoras do sexo no romance *O conto da aia*. Quando Kamala Harris, uma mulher não branca, se tornou vice-presidente dos Estados Unidos, representantes masculinos da Igreja evangélica imediatamente a chamaram de "Jezebel sem Deus".

Os artistas do Music Hall e do *vaudeville* usavam blush e delineador no palco, pelo mesmo motivo que os figurinos costu-

Algo incomum para a época: o batom visível em um registro da queridinha da Austrália, a atriz de teatro Nellie Stewart; 1906. (N. J. Caire, Biblioteca do Estado de Victoria)

mavam ter cores berrantes, grandes manchas e listras: para que a última fileira os enxergassem bem. Mais tarde, a maquiagem passou a ser associada a profissionais do sexo.

Um homem idoso em uma parada de bonde uma vez apareceu do nada e disse à minha filha de dezoito anos que seu batom vermelho faria com que algumas pessoas a vissem como uma "mulher fácil".

O capitalismo pôs fim ao negócio de Jezebel rapidamente; não é possível construir o império Revlon ao dizer para as mulheres que o batom as faz parecer prostitutas.

"VOCÊ PRECISA GASTAR DINHEIRO PARA SE EXPRESSAR"

Hoje em dia, as empresas de cosméticos, mais modernas e inteligentes, têm sido muito mais gentis conosco, em vez de nos dizerem para camuflar nossas diferenças ou esconder nossas "falhas". Elas reconheceram que muitas de nós, incluindo pessoas LGBTQIA+, usamos maquiagem para nos expressar, e nos conectamos com a parte de "autocuidado" dos produtos para a pele. As garotas modernas são muito mais propensas a fazer um mimo para si mesmas ao comprarem maquiagem do que a usá-las como forma de, de acordo com os anos de 1950, "encontrar um namorado".

Na década de 1970, a L'Oreal aproveitou a capacidade das mulheres de gastar dinheiro consigo mesmas. À medida que o capitalismo encontrou o movimento de libertação das mulheres, a ideia de "ser mais bonita para os homens" ficou em segundo plano, e o slogan tornou-se "Porque eu mereço", depois "Porque você vale muito" e, finalmente, o mais inclusivo "Porque nós valemos muito".

"A MAQUIAGEM É OBRIGATÓRIA"

A ideia de que é aceitável que homens estejam de cara limpa, mas mulheres não podem fazer o mesmo, não passa pela cabeça da maioria dos homens. Todos os dias e todas as noites, os homens simplesmente se levantam e saem pela porta usando o próprio rosto. Mas as mulheres devem "fazer um esforço" visível que deve parecer "sem esforço".

A internet está cheia de posts de blogs de mulheres que usam maquiagem para trabalhar porque, caso contrário, ouvem pessoas dizerem que parecem jovens demais, cansadas demais ou "que estão largadas". O *grooming tax*, imposto existente na Austrália, está relacionado às centenas de dólares que são gastos por ano em maquiagem, manicure, sobrancelhas, métodos de depilação, cortes de cabelo e produtos de modelagem.

Alguns locais de trabalho estipulam o uso de maquiagem, outros têm uma política não explícita que é "imposta" por pessoas que dizem "Você parece cansada. Está tudo bem?" caso a mulher esteja sem maquiagem. Estamos tão acostumadas com o uso de maquiagem como um padrão que ao vermos uma

A embalagem glamorosa do pó facial Evening in Paris apresenta pequenas imagens de mulheres jantando, dançando, andando de carruagem e... posando nua para um pintor. (Museu de Artes e Ciências Aplicadas)

mulher com o rímel escorrendo e o batom borrado logo pensamos que ela está bêbada ou não está bem da cabeça.

"APLIQUE SUA MAQUIAGEM EM SEGREDO"

Aplicar a maquiagem em público era considerado vulgar, especialmente porque era um pouco vergonhoso. Isso devia ser feito em segredo, por mais que todos soubessem que você usava maquiagem. "Só preciso aplicar pó no nariz" e "retocar a maquiagem" se tornaram eufemismos para ir ao banheiro.

"SEUS CÍLIOS NÃO TÊM PELOS O SUFICIENTE"

Originalmente, os produtos químicos pretos eram misturados com água e indicados para serem usados como delineador e coloração para os cílios.

No início de 1900, algumas mulheres passaram a colocar cílios postiços em cima de seus próprios cílios. Mais recentemente, temos a tintura de cílios, o permanente de cílios e os cílios postiços criados para durar algumas semanas.

Em algum momento no início dos anos de 1990, notei, durante aparições irregulares para promover livros, que as apresentadoras de televisão haviam começado a usar cílios postiços que pareciam pernas de aranha viradas para cima.

Cílios postiços e um curvex, 1965. (Museu de Artes e Ciências Aplicadas)

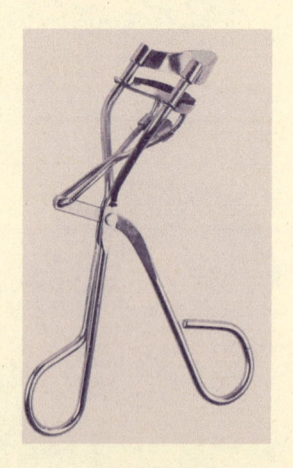

*"Ei, garotinha, penteie seu cabelo, arrume sua maquiagem /
Não pense porque tem um anel no seu dedo que você não precisa mais tentar /
Tem garotas no escritório, e homens sempre serão homens."
– Burt Bacharach, música "Wives and Lovers", 1963*

"USE BLUSH"

À medida que a variedade de maquiagem de que "precisamos" se torna cada vez maior (você precisará aplicar um creme por baixo desse *primer* antes de aplicar a sua base, querida), o blush começou a ser acompanhado por *bronzers* e iluminadores. Originalmente, para manter as bochechas rosadas, as meninas caminhavam rápido ou beliscavam as bochechas. A depender de quem você perguntar, bochechas vermelhas poderiam significar vigor juvenil ou rubor virginal (o blush também era chamado de rouge) ou orgástico (dois dos blushs mais vendidos se chamam "Virgin Blush" e "Orgasm").

O blush era aplicado com um pó de tinta ou em forma líquida. Outros blushs tinham preparação de carmim feitas esmagando cochonilhas. Logo foi recomendado usar giz como base, em vez do perigoso chumbo.

Todas as garotas são uma armadilha, uma armadilha bonita, e os homens esperam que elas sejam.
— Tennessee Williams, *The Glass Menagerie*

"É SEU DEVER COMPRAR CREMES PARA O ROSTO"

Em seu livro *How to Be Beautiful* [Como ser bonita], de 1913, Marie Montaigne ficou aliviada ao saber o que se esperava dela: "Há uma certa satisfação em pensar que, ao conservar e aumentar os atrativos pessoais, a pessoa está cumprindo um dever sagrado, e essa crença dá entusiasmo à prática de massagem facial e aplicação de emolientes embelezadores".

Depois de anos sendo informada de que qualquer maquiagem ou o fato de se arrumar faria de você uma Jezebel assustadora, fazer um esforço se tornara um sinal verde que atraía consultoras de beleza em colunas de jornais e livros, para além de um império capitalista de cosméticos.

Em 1908, em anúncios do creme de beleza Valaze de

Uma lata de "undetectable colliandum", nome chique para o rouge, criado pela empresa Dearborn; século XX. (Museu de Artes e Ciências Aplicadas)

O retrato de Lola Montez foi usado como símbolo de safadeza na capa de um livro de 1979 sobre recreação colonial, chamado *Their Chastity Was Not too Rigid* [A castidade delas não era tão rígida assim]. Por Deus.

Helena Rubinstein (que dizem ser a palavra húngara para "dos céus"), o primeiro hidratante da marca de sucesso, decretou: "O dever da mulher é ser bonita. Esse é o seu lugar na natureza [...]. Vivacidade e charme pessoal não são suficientes".

O lema do dever de ser bonita foi resumido ainda antes por Lola Montez, em 1858: "Toda mulher deve ser tão bonita e encantadora quanto possível, não apenas para si mesma, mas para toda a sociedade". Isso está no livro dela, *The Arts of Beauty or Secrets of a Lady's Toilet* [A arte da beleza ou segredos do banheiro feminino], que incluía uma seção satírica chamada "Dicas para cavalheiros sobre a arte de fascinar", em que ela abordava os eternos problemas de *mansplaining*, *manspreading* e dos olhares maliciosos, isso sem contar com ser "sacana e galanteador".

Lola teve uma vida e tanto: nascida na Irlanda, casada aos dezesseis anos, amante de Luís I, rei da Baviera, que fez dela condessa e baronesa. Ela fugiu de um motim armado contra ela e recomeçou sua vida. Uma década depois, escreveu um livro de beleza, dançou a tarantela de modo atrevido (fingindo procurar por aranhas em sua saia; é possível que tenha dançado sem calças, ou ao menos alguns dos ingressos foram vendidos para aqueles que tinham esperança de que isso acontecesse) e atacou um editor do jornal *Ballarat* com um chicote na rua durante uma turnê por cidades australianas.

Um crítico arrogante da *Argus* zombou de sua apresentação em Melbourne em 1855: "Totalmente subversiva a qualquer ideia de moralidade pública". Ela fez com que uma carta fosse entregue a tempo de ser publicada no *Herald*, um jornal mais solidário, no dia seguinte: "A indelicadeza é deles". Dizia que sua apresentação fora tão boa quanto estátuas nuas. E, além disso, disse que faria tudo novamente naquela noite.

Seu livro *Arts of Beauty* traz as tão comuns exortações a comidas mais simples, exercícios leves e banhos mornos. É inconcebível que Lola não usasse maquiagem no palco — ela gostaria que suas sobrancelhas e lábios fossem acentuados caso ninguém estivesse olhando para seu vestido. Ela dizia que batom era nojento, mas era fã de rouge:

> Esse artifício, que é permitido, deve ser usado com delicadeza e discrição [...] aplicado de forma a ficar sempre mais fraco do que a paleta da natureza permitiria [...]. Uma mulher maquiada demais é uma visão repugnante.

Envolva suas mãos em pele de frango à noite, para mantê-las macias.
— The Ladies Dressing-Room Unlock'd [O camarim feminino revelado], 1690

"COSMÉTICOS FAZEM MILAGRES"

Vou repetir essa afirmação, porque continua sendo verdadeira. Não nos vendem cremes anti-idade porque funcionam, mas porque os compramos. E eles recebem esse nome porque as mulheres não querem ver ou ouvir a palavra *rugas*. O mesmo creme pode ser comercializado separadamente como creme para os olhos, creme para o pescoço, creme para o colo, creme para o dia ou creme para a noite. O meu favorito é um que se chama "creme calmante", que parece não acalmar ninguém.

Os nomes dos produtos refletem o que queremos à medida que envelhecemos: revitalização, efeito antienvelhecimento, reparação, rejuvenescimento. Helena Rubinstein perguntou-se o que as mulheres diziam que não queriam no início dos anos de 1900: narizes vermelhos, rugas, manchas, cravos, sardas, pele seca. Então, ela vendeu produtos que alegava consertar esses problemas.

"OS CREMES FIRMADORES DEIXAM A PELE MAIS FIRME"

Não. O fato de não existir um creme *lifting* e firmador não impede que essas palavras sejam colocadas em anúncios e embalagens.

> *Nenhum esteticista é conhecido por elogiar uma cliente pelo estado de sua pele. Fazer isso seria contradizer a misteriosa aura de cura pela fé que é a essência de seu ofício.*
> — Mary Tuck, *The Intelligent Woman's Guide to Good Taste* [O guia da mulher inteligente para o bom gosto], 1958

Olhe atentamente e você verá que os anúncios evitam problemas legais ao dizerem que "cria a aparência de" ou alguma outra frase sem sentido. Da última vez que estive em uma Sephora, estava à venda um "creme firmador de chá preto para rosto e pescoço" e, tão absurdo quanto, minha farmácia local vende um "creme firmador de busto".

"CREMES ANTIRRUGAS FUNCIONAM"

As rugas são causadas pela idade, pela gravidade, pela mudança dos hormônios na pele, por danos causados pela exposição ao sol e pelas expressões faciais. As rugas são causadas por você estar viva.

Várias celebridades ou pessoas que afirmavam conhecê-las indicam receitas. A receita para combater rugas de Sarah Bernhardt continha alume, leite de amêndoa e água de rosas. (Seu banho de beleza era basicamente um mingau: aveia, arroz, farelo e sementes de tremoço pulverizadas.)

Embora o único redutor de rugas comprovado seja alterar digitalmente uma fotografia, as alegações nos anúncios não fizeram nada além de se multiplicar, sem a adição de novas "provas". Os anunciantes afirmam que pesquisas e testes feitos por eles mesmos provam coisas como "reduz 37% da aparência" de rugas.

"COSMÉTICOS CIENTÍFICOS SÃO OS MELHORES"

Os nomes de cosméticos sempre foram criados para evocar um sentimento: nomes delicados de calcinhas de 1700, como *rosaline*, *blanc de perle*, pó de folha de rosa, magnólia e veludo, que deram lugar aos do tipo "descoberta científica" do início do século XX como *jettoline*, *palerium*, *onalite*, *tennaline* e *collandium*. A falácia dos nomes científicos ainda está em vigor hoje, com soros, peptídeos e marcas como PhytoSpecific e Cellular Swiss sendo vendidas como "cosmecêuticos".

Produtos que soam como produtos científicos geralmente têm truques extras — eles devem ser dispensados em gotas com um conta-gotas ou pequenos rolos, e têm rótulos que gritam "laboratório".

Uma marca de cosméticos da Malásia, entre outras, alegou que contém veneno de cobra sintético e lodo de caracol, "enzimas [...] proteínas, ácido glicólico e elastina". Dizem que o creme "de cobra" ajuda a relaxar os músculos causadores das rugas. Aham, senta lá, Cláudia.

> *A beleza é o direito de toda mulher.*
> — Helena Rubinstein, 1906

"A BELEZA É MÉDICA"

Muitas revistas, sites e jornais adquiriram o hábito de chamar salões de beleza de "consultórios", "clínicas" e "spas médicos", apesar de não possuírem equipe médica qualificada. (Alguns deles possuem um médico no local e enfermeiras qualificadas para injetar preenchimentos e botox.) Se você não gosta dos nomes com inclinação científica, pode frequentar um "centro de bem-estar e estética". Clientes se tornam "pacientes" e serviços são chamados de "tratamentos". Quando se tornou legal que médicos fizessem publicidade, no final do século XX, o número de "clínicas" de cosméticos aumentou exponencialmente.

Helena Rubinstein sendo científica.

"SE É CARO, É PORQUE FUNCIONA"

William Alexander estabeleceu padrões muito altos já em 1700, ao alegar que a imperatriz romana Popeia Sabina "se banhava diariamente no leite de quinhentas jumentas, por acreditar que aquilo fazia com que sua pele adquirisse uma suavidade e um brilho que nenhuma outra mulher tinha".

É possível fazer com que algo pareça exclusivo ao aumentar o preço ou ao usar uma garrafa pequena e pesada, acrescentando algumas expressões como "de luxo", "com infusão de *platinum*" no rótulo e incluir ingredientes como caviar e ouro, mesmo que eles não façam coisa alguma.

Nossa velha companheira, a empresária de beleza polonesa-australiana, Helena Rubinstein, lançou muitos movimentos de marketing geniais e duradouros quando ainda trabalhava em salões, na primeira década de 1900. Ela foi a inventora da ideia de tipos de pele, vendendo produtos para pele seca, oleosa e normal; e mentia a respeito da origem dos ingredientes desses produtos. Mas sua maior jogada foi lançar um creme barato com rótulo chique e, ao perceber que não vendia bem, decidir dobrar o preço dele. De repente, fez com que ele se tornasse um produto *premium*, que apenas pessoas ricas podiam comprar. Tinha prestígio e apelo aspiracional. E tinha também gordura de ovelha.

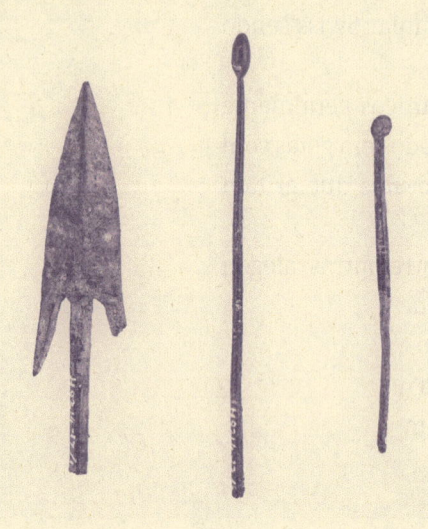

Ferramentas romanas de bronze: uma ponta de flecha para atirar em coisas e colheres pequenas para tirar cosméticos de garrafas. Não tenho certeza qual fazia uma bagunça maior. Antes de 410 a.C. (Museu de Artes e Ciências Aplicadas)

"SE O RÓTULO ESTIVER EM FRANCÊS, O PRODUTO É MELHOR"

La Prairie, De La Mer, *crème hydratante*. Não há nenhum motivo além do marketing para que os rótulos sejam escritos em francês e em inglês. A maioria dos cosméticos é feita na China, com sede na França ou na Suíça (ah, Suíça: é a França, só que mais avançada cientificamente).

"Por que você franze a testa quando está pensando? Nada faz um rosto envelhecer mais do que isso, nem mesmo um chapéu fora de moda."
— Anúncio de uma chapelaria em Brisbane, *The Telegraph*, 1914

"ANÚNCIOS DE BELEZA SÃO VERDADEIROS"

Pode-se imaginar a alegria sem fim da pessoa que colocou algumas pedrinhas e óleo perfumado em um pote e vendeu o produto como uma máscara esfoliante de bunda. Cosméticos costumam ser ingredientes relativamente baratos que são vendidos a preços altos, com uma variedade de palavras-chave e conceitos: novidade, ciência, naturalidade, embalagens bonitas, trocadilhos engraçados e fantasias caras.

Afirmei algo parecido no meu livro de 1994, *Real Gorgeous* [Beleza real], mas faço aqui uma breve recapitulação: nossa pele evoluiu de modo a fazer com que as coisas fiquem em sua camada mais externa, e é por esse motivo que você não se dissolve no banho.

Não se deixem seduzir, jovens e adoráveis mulheres inglesas, pelos anúncios pomposos e muitas vezes mentirosos de compostos químicos que vendedores de perfume enganadores veiculam, apoiados por toda a falsidade deles!
— *"Advice to the Young", The Magazine of Domestic Economy, Inglaterra, década de 1830*

Um creme pode conter óleos com cheiros agradáveis, ou "ervas" e vitaminas, antioxidantes e aminoácidos ou colágeno animal e elastina, mas ele não irá de fato agir na sua pele. Seu corpo precisa *fabricar* a elastina e o colágeno responsáveis por fazer isso.

As moléculas dos ingredientes cosméticos são grandes demais para penetrarem na camada mais exterior da sua pele e entrarem em seu corpo. Seria algo como tentar encaixar uma cadeira em um funil ou em uma jarra. Ela não vai passar. E, mesmo que passasse, não seria capaz de mudar a composição da sua pele. Mas elas não vão passar.

O que é de fato útil na ação de muitos cosméticos é promover a limpeza ao lavarmos o rosto (com um gel ou um sabonete) e, então, usar um creme para criar uma barreira, permitindo que ele seja absorvido um pouco na camada superior e evite que água em excesso evapore da sua pele (um hidratante).

A mesma empresa vai vender algo científico relacionado ao nome da marca e, também, um "creme natural orgânico botânico

Até a menina que ainda está na escola deve pensar em sua beleza futura e tomar medidas para evitar que rugas apareçam.
— Jornal The Land, 1931

não testado em animais" na prateleira do lado.

Alguns vendedores de suplementos afirmam que estão vendendo pós ou cápsulas com elastina e colágeno e vitaminas que tornam a pele macia. E, sim, pode ser que seus produtos de fato tenham essas coisas. Mas isso não significa que ele vá mudar sua pele mais do que uma alimentação normal faria.

"DÁ PARA SENTIR O CREME AGINDO"

Um truque que existe desde sempre na indústria cosmética é o princípio de "sentir o creme funcionando". Os fabricantes usam ingredientes básicos que podem causar formigamento ou sensação de frescor, mas que não fazem nada além disso. Sentimos essa mesma sensação quando terminamos de pintar a casa; a hortelã age de forma semelhante, fazendo a pele formigar e tendo um aroma associado ao frescor, uma vez que as empresas já nos treinaram a fazer essa associação nas pastas de dente. Produtos à base de álcool também causarão formigamento em uma pele levemente esfoliada, sem de fato fazer algo de útil nela.

"PREJUDIQUE A SI MESMA"

Esfregar um pouco de sal ou areia vigorosamente na pele fará com que seu rosto brilhe, porque essa reação química gera a sensação de calor, ou porque a camada superior da pele está desgastada e a camada inferior, inflamada. O inchaço — da pele — é causado por hematomas e pela inflamação de baixo nível à medida que começa a se curar.

Produtos à base de ácido que usam extratos cítricos ou outros produtos químicos também podem descamar a pele, removendo sua camada superior, o que faz com que as linhas faciais se tornem menos óbvias. Isso ocorre porque a pele incha levemente enquanto sua nova camada começa a crescer. Alguns exemplos desse pequeno dano, deliberado e a curto prazo, são os ácidos químicos suaves, as lâminas de agulhas, a massagem vigorosa e os esfoliantes. Muitos preenchedores labiais causam o inchaço ao usar alguns ingredientes conhecidos por gerar irritação, como a canela e a família da menta.

Nos anos de 1700, a poeta Lady Mary Wortley Montagu provocou o crescimento de uma nova camada da pele ao remover a camada superior com uma solução de ácido sulfúrico. "Lady Mary registra que teve que ficar trancada durante a maior parte da semana, e seu rosto se encheu de bolhas."

A pobre mulher fugiu para evitar um casamento arranjado com um homem chamado Clotworthy Skeffington, escreveu uma sátira sobre o duplo padrão sexual imposto que permitia que homens traíssem as esposas e popularizou a vacina contra a varíola, então um viva para ela.

No geral, concluiu outra consultora de beleza para mulheres, Shirley Dare Power, "a febre tifoide é preferível como agente para limpar a tez, sendo talvez menos perigosa e mais eficaz".

"ESPECIALISTAS EM BELEZA RECEBEM TREINAMENTO"

Uma especialista em beleza é, tradicionalmente, qualquer mulher bonita para quem se pergunta seu segredo, e um jornalista que demonstre interesse no assunto. O *Australian Women's Weekly Good Grooming Guide* [Guia semanal de boa aparência para mulheres australianas], publicado em 1963, citou algumas dessas especialistas e as dicas que elas deram, incluindo Eunice Bevege, uma "fashionista de Sydney", que esfregava o rosto com água e sabão "até que ele começasse a arder".

Nos anos 2000, o método de beleza favorito do jornalismo era o "teste gratuito": a colunista de beleza e talvez algumas outras mulheres no escritório experimentavam uma amostra grátis.

"A espécie da beleza mostrando seu sistema de pensamento." (O que ela está pensando é: "Por que esse velho pervertido me desenhou segurando um peito?"); *Beauty*, por Alexander Walker, desenho de Henry Howard, 1836. (Biblioteca Nacional da Austrália)

Outra mulher ilustrativa do mesmo livro (esta está pensando: "Sério mesmo: quando vou parar de segurar o peito?").

Surpreendentemente, algumas até testaram procedimentos estéticos como o "*vampire facial*" e outros tratamentos faciais baseados em perfurar a pele com "microagulhamento", sem falarem a respeito dos possíveis efeitos colaterais, incluindo cicatrizes ou infecção por doenças transmitidas pelo sangue. (Pelo menos duas clientes que fizeram tal procedimento em salões nos Estados Unidos contraíram HIV.)

Se você puder me citar uma escritora de beleza que admita que todos os procedimentos e produtos que "testa" são uma perda colossal de tempo e dinheiro, te compro um daiquiri de banana.

"OS HOMENS DEFINEM O QUE É BELEZA"

Alexandre Walker, esse autor insuportável, ficou furioso quando, em 1836, mulheres foram julgadas apenas por sua atratividade, em vez de também serem levados em consideração "seus conhecimentos anatômicos e fisiológicos" para avaliar seus "sistemas locomotores".

Então ele escreveu um livro, *Beauty: Ilustrated Chiefly by an Analysis and Classification of Beauty in Woman* [Beleza: ilustrada principalmente por uma análise e uma classificação da beleza na mulher], em que ele cita um monte de outros caras que afirmavam a importância da beleza das mulheres, porque os homens levavam isso em consideração. Ele disse que uma mulher bonita era necessariamente boa.

Perpetuou mitos comuns, como o tamanho do quadril ser importante para a fertilidade: "A consequente largura dos quadris é necessária para todas as funções que são essencialmente femininas: gravidez, gestação e parto, para que a criança nasça viva e a mãe sobreviva". Como ele era romântico.

Porque os homens "selecionam" as mulheres com que vão procriar, as mulheres se tornariam mais bonitas com o passar das gerações, ele assegurou aos leitores, esquecendo, por exemplo, o efeito da participação de homens que se pareciam com sapos. Ou com ele mesmo.

Um homem que desenha belas mulheres nuas, ou que olha para suas fotos nuas, se tornará mais moral, dizia ele, embora seja uma moralidade não estendida às mulheres, que não tinham permissão para desenhar uma figura masculina nua nas escolas de arte europeias até apenas cerca de 120 anos atrás.

O livro de Walker tem uma lista dos defeitos das mulheres, que incluem (talvez você precise se sentar): ser muito alta, muito larga, não ser larga o suficiente, ser muito gorda, não ser gorda o suficiente, ter o cérebro maior que o de um homem (não estou inventando isso) e a boca maior que o nariz.

Você não deve beleza a ninguém.
– Erin McKean, 2006

"NASÇA BRANCA"

Pode ser um choque ver cremes para espinha e meias ortopédicas descritos como "cor da pele" — geralmente um rosa medonho. Na década de 1980, os livros de "beleza" e as colunas de revistas apresentavam um nível bastante bizarro de racismo. Meninas e mulheres asiáticas foram instruídas a dar a si mesmas um "olhar oriental", enquanto aquelas com pele escura foram aconselhadas a "domar" seus cabelos "rebeldes" e borrifá-los com "cores divertidas", para um "efeito de selva".

Mais recentemente, muitas fotografias de modelos (para não mencionar atrizes, comediantes e escritoras) que têm herança africana ou asiática são rotineiramente publicadas com nomes errados.

O produto Witchhazel Snow da marca Daintee, o primeiro e não último dos cosméticos que alegavam embranquecer a pele; 1930. (Museu Nacional da Austrália)

"DEIXE SUA PELE MAIS BRANCA"

A ideia generalizada de que a pele mais branca ou mais clara está mais próxima do auge da beleza é baseada no racismo histórico, com algumas doses extras de veneno. Uma teoria é a de que ter um bronzeado, ou sardas, ou um corpo musculoso, forte e saudável, significava que você tinha a aparência de uma pessoa que trabalhava no campo, em vez de parecer uma mulher de classe, que ficava em casa e tinha *status* elevado.

No começo, eram usadas tintas à base de chumbo e minerais calcários: o arsênico e os efeitos da tuberculose eram ambos elogiados por obterem o efeito desejado de pele mais branca, ao menos antes de causarem a morte. As mulheres mais pobres foram instruídas a usar suco de limão e esfoliantes de bicarbonato de sódio para clarear a pele. Alguns cremes corrosivos vendidos sem receita causaram queimaduras e outros efeitos colaterais.

Cremes caros de embranquecimento e clareamento da pele — muitas vezes chamados de iluminadores, clareadores ou radiantes para tentar parecer menos racistas — ainda são uma indústria de bilhões de dólares na Índia, África e Ásia.

"TORNE SUA PELE MAIS ESCURA"

Há um espaço muito estranho em que o diagrama de Venn do racismo se sobrepõe ao diagrama de Venn do bem-estar, sendo colorido por um bronzeado artificial. Em uma versão codificada por cores do jogo "você jamais conseguirá ganhar" para mulheres, algumas de nós somos instruídas a usarmos cremes que nos deixarão mais claras, enquanto outras são instruídas a comprar produtos que escurecem a pele, e todas devem usar protetor solar.

"FAÇA EXERCÍCIOS FACIAIS"

A esplêndida Dorothy Drain discordou dos conselhos de beleza do *Australian Women's Weekly* em 7 de março de 1956, apontando falhas nas dicas para fazer as bolsas abaixo dos olhos sumirem — as dicas diziam para ficar de cabeça para baixo ou deitar-se com a cabeça para baixo na cama.

De forma sensata, ela sugeriu prender prendedores de papel acima da parte frontal das orelhas para manter o rosto erguido. A engraçada Dorothy também foi correspondente de guerra, e eu a adoro.

FROWN LINES

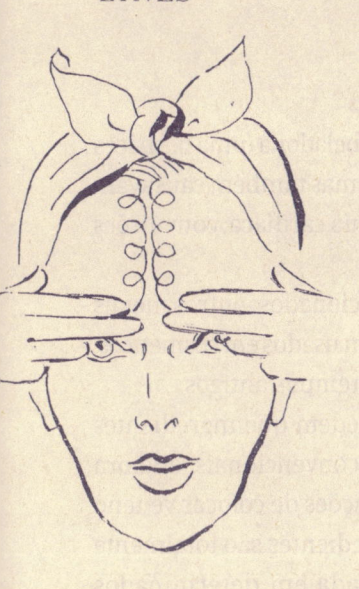

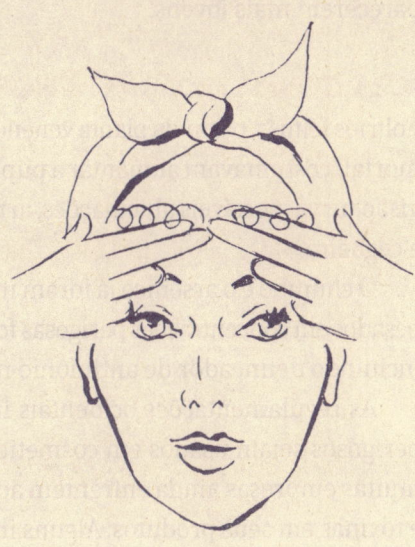

FOREHEAD LINES

Exercícios para se fazer com o rosto em *Be Beautiful: A Complete Guide to Beauty for Women of All Ages* [Seja bonita: um guia completo da beleza para mulheres de todas as idades], por Jean Cleland, 1970. (Isso agora é chamado de ioga facial.) (Biblioteca Nacional da Austrália)

"BOTOX NÃO É NADA DE MAIS"

Tal como acontece com o "rouge indetectável" do passado, a ideia predominante hoje em dia é que é preciso aplicar botox não aparente. Em vinte anos, o botox e outros produtos paralisantes se tornaram algo normal, e hoje em dia nem se fala que o botox, marca registrada da empresa Allergan, é um veneno. Ele é administrado e cobrado em unidades — uma unidade de botox é exatamente o suficiente para matar um rato.

Então, em vinte anos, o argumento mudou de "Por que você injetaria toxinas em seu *rosto*?" para "Certifique-se de procurar um profissional qualificado". Agora, é considerado normal que mulheres paguem milhares de dólares durante a vida para não serem confrontadas com seu rosto verdadeiro.

Todas nós tomamos decisões como se devemos usar batom, se devemos modelar e tingir nossas sobrancelhas com um profissional, e se vamos mudar o penteado em vez de cortar os cabelos; decisões baseadas na autoimagem, na disponibilidade de caixa e nas perspectivas de emprego. Então, não condeno mulheres que fazem botox, mas precisamos ser sinceras. Aquelas que o fazem para dizer que querem parecer "relaxadas" ou "renovadas" estão injetando um veneno relativamente seguro no rosto para parecerem mais jovens.

"USE COSMÉTICOS VENENOSOS"

Colírios feitos a partir da planta venenosa beladona (uma herbácea mortal) costumavam aumentar a pupila, mas também causavam visão turva, possíveis alucinações, arritmia cardíaca, convulsões e cegueira.

O chumbo e o arsênico já foram mencionados; outros metais pesados em concentrações perigosas foram usados em cosméticos, incluindo delineador de antimônio nos tempos antigos.

As regulamentações ocidentais impedem que ingredientes perigosos sejam usados em cosméticos convencionais, embora muitas empresas ainda enfrentem acusações de colocar veneno e toxinas em seus produtos. Alguns ingredientes são totalmente proibidos, ou têm sua dosagem regulada em determinados países, mas não em outros: ftalatos, parabenos, formaldeído e alcatrão de carvão. Muitas pessoas são alérgicas ou têm reações a ingredientes comuns, incluindo canela, fragrâncias e óleos essenciais, entre outros.

Feminol: muito feminino, tirando as queimaduras. (Museu Nacional da Austrália)

Em 1921, Barbara, uma correspondente da revista do mundo do *showbiz Everyone's Magazine,* assim como outras mulheres durante décadas, foi aconselhada a esfregar diariamente um produto popular chamado "cera mercolizada" no rosto e no pescoço. O ingrediente mais importante dele era o mercúrio. Ela também foi aconselhada a tomar pílula laxante para "perder peso" e colocá-la nas raízes do cabelo. Pobre Barbara.

Nas instalações de armazenamento das lojas do Museu Nacional da Austrália que visitei, o pessoal foi terrivelmente obstrutivo: não me deixaram experimentar, nas minhas axilas, um removedor de pelos selado de décadas atrás chamado Feminol (sulfeto de bário, que pode causar queimaduras alcalinas). Aparentemente, ele não é tão perigoso quanto o veneno mortal chamado tálio, que era usado como creme depilatório no final de 1800.

O rádio, elemento químico mortal, era um ingrediente popular em alguns cosméticos, e Lucy Jane Santos escreveu um livro inteiro relacionado ao rádio e outros elementos semelhantes chamado *Half Lives* [Meia-vidas]. Várias empresas australianas solicitaram permissão para patentear e importar cosméticos contendo rádio, mas — depois de testar o "Radema", em 1939 — o físico encarregado do laboratório de raios X da Commonwealth disse que não havia vestígios de rádio no produto.

Diversos outros documentos nos Arquivos Nacionais da Austrália também mostram que, após testes, os possíveis importadores de Kemolite, "plasma de beleza radioativo genuíno da própria natureza dos poços vulcânicos dos Cárpatos", e a mais prosaica "máscara radioativa para pele oleosa, pálida e enrugada" também foram proibidos de anunciar que seus produtos continham rádio.

"OS CONCURSOS DE BELEZA SÃO PERFEITAMENTE SENSATOS"

A ideia dos concursos de beleza vem diretamente dos desfiles de gado nas feiras agrícolas, durante os quais os animais mais gordos ou cheios de lã desfilavam e eram julgados. Os vencedores recebiam uma medalha, que era pendurada em seu pescoço, depois uma faixa com espaço para o nome do prêmio. Em 1968, feministas protestaram no Miss América, segurando cartazes dizendo que as mulheres estavam sendo julgadas como animais de fazenda. Em uma excelente sacada, elas coroaram uma ovelha.

O concurso de beleza, impedido pelo decoro de fazer as mulheres desfilarem nuas, acrescentou saltos altos, tiaras e maiôs tão reveladores quanto o permitido pela convenção da época.

O concurso Miss Mundo afirma ter arrecadado centenas de milhões para a caridade desde que foi estabelecido em 1951, mas não é uma empresa pública com registros transparentes.

As alegações do Miss América de ter concedido 45 milhões de dólares em bolsas de estudo foram desmascaradas.

As mulheres foram forçadas a se retirar de concursos caso se tornassem mães, se casassem ou já tivessem posado para fotos "reveladoras" no passado, ainda que as próprias organizações fossem... questionáveis. Em 2017, e-mails entre o CEO da organização Miss Mundo dos Estados Unidos e outros funcionários chamaram as concorrentes de "vad..." e "cobras", o que é estranho, mas, para ser sincera, ainda assim desrespeitoso.

O Miss Universo dos Estados Unidos agora é administrado por uma agência de talentos, mas por duas décadas foi propriedade de um corretor imobiliário de Nova York chamado... Donald Trump. A competição Miss Universo Austrália é dirigida por um promotor de lutas de boxe da Austrália Ocidental e é parcialmente patrocinada por uma empresa de peças de reposição de equipamentos de minas.

O concurso Miss Austrália não existe mais e o concurso Miss Mundo Austrália tem critérios que não permite a entrada de mulheres trans, além de outros critérios estranhos, como "nunca ter dado à luz uma criança". Então tudo bem se fosse um coelho?

Acredita-se que todas as candidatas ao Miss Universo Venezuela tenham feito cirurgias plásticas faciais e cirurgia nos seios. Durante quarenta anos, a organização do concurso no país foi dirigida por um homem que tinha cirurgiões-dentistas e cosméticos na equipe para alterar a aparência das mulheres e exigia que as competidoras se submetessem a dietas restritivas. Ele explicava que garotas de pele mais escura precisavam ter "as feições de uma garota branca" para avançar. Em 1994, dezessete das vinte e seis candidatas fizeram cirurgia gengival para que seus dentes se destacassem. O ortodontista oficial descreveu que seu objetivo era que os dentes fossem como "os de Farrah Fawcett, que são tão brancos quanto uma privada".

Quando surgiu uma coletânea de fotos oficiais das competidoras de 2013 do concurso Miss Daegu, que garantia o direito de participar do Miss Coreia, as pessoas ficaram chocadas com a semelhança de todas elas, e acusações de cirurgia plástica circularam nas redes sociais. As mulheres foram assediadas, mas, após publicarem as fotos que haviam tirado, descobriu-se que as fotografias do concurso haviam sido alteradas digitalmente por outra pessoa. E aqui faço uma pausa respeitosa, enquanto repito minha velha piada dos anos 1980 (e quem de vocês tentará me impedir?).

Miss Universo é sempre melhor que Miss Mundo porque pessoas de outros planetas podem entrar.

O colo do astro do pop Ross D. Wylie é um lugar perfeitamente normal para as adolescentes serem convidadas a sentar, pensou um fotógrafo em 1968. (Biblioteca do Estado de Victoria)

SEU CORPO NÃO TEM O FORMATO CERTO

8

O QUE HOJE CHAMAMOS DE CORPO JÁ FOI CHAMADO DE SILHUETA ou forma. À medida que a moda da "silhueta perfeita" mudava, precisávamos mudar nosso corpo. Quando a carne e os ossos não se ajustavam, roupas, aparelhos e implantes cirúrgicos eram usados para tentar espremer as mulheres nos moldes da época.

Eu me lembro de uma manchete de moda na década de 1980: "Os seios estão na moda de novo". Ótimo, eu disse, acho que deixei os meus na gaveta dos talheres, vou pegá-los de volta.

Há décadas que, ainda que o tamanho médio das mulheres no mundo "desenvolvido" esteja aumentando, as modelos de marcas caras permanecem perigosamente magras, muitas vezes tornando possível ver as costelas na frente e atrás.

Já vi algumas jovens e belas designers gráficas apagarem os ossos salientes nas clavículas e também das costas das modelos, para que elas não parecessem tão assustadoras. E então as ouvi desabafar como aquilo as deixava confusas a respeito de seu próprio corpo.

Se você está convencida de que só a aparência do seu corpo é importante, está esquecendo de perguntar do que o seu corpo realmente precisa; de maravilhar-se com sua própria força e o mistério do funcionamento do seu corpo. Distraem-nos do que nosso corpo pode realmente fazer — marcar gols, criar vidas ou dançar.

"SEU CORPO É SEU INIMIGO"

No quinto livro de sua série Fit Self-Improvement, *Waist and Stomach* [Cintura e estômago], de 1983, Dorothy Herman escreveu que era importante ter uma dose extra de autoaversão:

> Ser crítica nos ajuda a alimentar aquele fogo dentro de nós mesmas que nos ajuda a mudarmos aquilo que vemos, a nos esforçarmos durante os exercícios ou a levantarmos da mesa do restaurante [...]. É uma batalha constante para manter a cintura fina e o estômago duro.

Quando você tem dezessete anos e é uma garota, o mundo inteiro vai dizer o que você deve fazer com seu corpo.
— *Tayarisha Poe, diretora e roteirista, 2020*

A pobre Dorothy escreveu que mantinha a capa da revista *Time* de 1982, cujo título era "Body of the 80s" [Corpo dos anos 1980], em sua geladeira como forma de inspiração. A capa, emblemática da era da aeróbica, trazia uma modelo desconhecida de *collant* vermelho com polainas combinando, porque se há uma coisa que você quer usar durante exercício intenso são roupas de malha.

Dorothy menosprezava mulheres que não usavam roupas íntimas de borracha restritiva após terem filhos e que, em vez disso, frequentavam saunas em um esforço para parecer menores por meio da desidratação. Os principais conselhos incluíam uma série de exercícios de Jane Fonda (isso ocorreu anos antes de Jane Fonda explicar que era bulímica, sentia-se miserável e se exercitou com frequência excessiva durante anos) e de uma patinadora artística olímpica.

"SAIBA DISFARÇAR O FORMATO DO SEU CORPO"

Toda mulher recebe rótulos ofensivos para seu corpo. Todo valentão na escola já tentou fazer uma menina sentir vergonha ao chamá-la de "gorda" ou de "pau de virar tripa". Disseram-nos para nos categorizarmos como ectomorfas ou endomorfas, ou ampulhetas, ou curvilíneas, ou de acordo com o número em uma balança de banheiro, ou tamanho médio, ou tamanho 42.

No início dos anos 2000, o conselho de "se vestir de acordo com o formato do seu corpo" estava na moda. As aves de rapina da transformação Trinny e Susannah, do programa de TV inglês *Esquadrão da Moda*, infelizmente, antecederam a bondade inclusiva do programa de mudança visual pós-2018 *Queer Eye*. Elas submetiam as mulheres a inspeções e avaliações severas, iluminadas pela luz de um estúdio. O livro delas, *The Body Shape Bible* [A Bíblia do formato do corpo], explicava como as mulheres podiam mudar o formato de seus corpos por meio das roupas.

Ilusões de ótica funcionam ao usar fotos inteligentes e ilustrativas de si mesma vestindo roupas no estilo "errado" e no estilo "certo" (e expressões adequadamente sombrias ou emocionadas) para disfarçar "falhas na silhueta". Trinny e Susannah diziam que as mulheres deviam passar por transformações de maneira brutal, ainda que dissessem que só estavam sendo honestas: algumas mulheres choraram na televisão. Os livros empregavam frases indelevelmente dolorosas como "sem peitos", "barriga flácida", "circunferência enorme", "panturrilhas criminosas" e "pochetes".

Para minimizar ou camuflar bochechas [inferiores] fartas [...] use sapatos com saltos.
— Penelope Jane Whiteley, *Hot Stuff: The Ultimate Guide to Style for Women of a Certain Age* [Gostosona: o melhor guia de estilo para mulheres de uma certa idade], 2008

Anúncio de meias para mulheres "difíceis de caber em alguma coisa". Elas não eram isso, é claro. Sempre culpe a si mesma e não às suas roupas, mulheres. (Biblioteca Nacional da Austrália)

Os padrões de costura da marca Madame Weigel mostravam formas corporais por excelência, 1870-1960. (Biblioteca Nacional da Austrália)

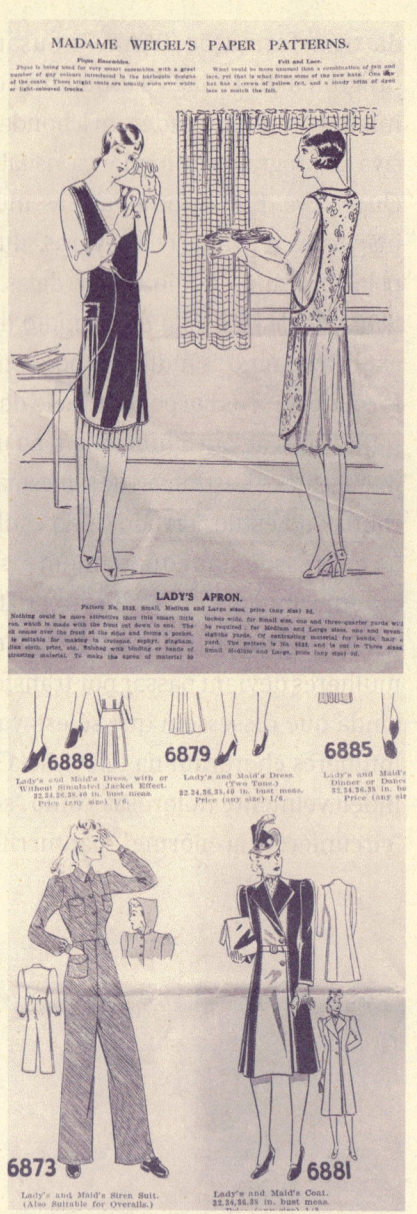

E a *pièce de résistance*: "Se você é solteira, pode ser animador pensar que os homens são mais propensos a falar com um par de peitos do que com uma barriga lisa". Esses são os caras que você deveria apresentar para sua mãe. O *Esquadrão da Moda* foi um sucesso porque estavam certos a respeito das muitas ilusões de ótica que poderiam ser criadas. Mas devemos nos perguntar quantas mulheres tiveram a autoconfiança destruída em vez de aumentada durante esse percurso, e porque era necessário criar essa ilusão de ótica.

As mulheres usavam a engenharia da moda para alterar a forma de seus corpos: gaiolas de ferro em forma de quadris e calcinhas amarradas à cintura, drapeados para aumentar as ancas, bumbum falso. Também colocamos *vertugados* — saias de argola e anáguas em camadas, crinolinas em forma de gaiola do tamanho de tendas. Dispositivos e roupas que modelam o corpo ajudavam a suportar o peso de saias bastante pesadas ou vestidos com contas maciças. Espartilhos foram usados para diminuir a cintura e levantar os seios. Tivemos cintas de borracha, sutiãs acolchoados, cirurgias estéticas e, em seguida, "cintas modeladoras" e "filtros" digitais para alterar fotografias. (Há mais sobre esse papo de crinolina no capítulo Seja formal, seja casual.)

A forma ideal da década de 1890 foi exemplificada nas proporções exageradas do *Principal Boy*, papel masculino em uma pantomima que era sempre feito por uma mulher com coxa e quadris fartos, usando espartilho e cheia de enchimentos e mangas e chapéus volumosos. Marie Luella, que estrelou como o príncipe Lionel em *A Bela e a Fera* em 1895, foi universalmente considerada como detentora de um "físico esplêndido"; um repórter disse que ela tinha "a facilidade e a graça não estudadas de uma mulher perfeitamente desenvolvida", em outras palavras: fiu-fiu.

Enquanto as mulheres agora alteram digitalmente suas fotos nas mídias sociais para aumentar o "espaço entre as coxas", as atrizes do Music Hall costumavam encher suas meias para preencher esse espaço, acolchoando seus quadris e traseiros. Dizia-se que a forma ideal da década de 1960 era a de um menino (não a de um homem), e as mulheres "amarravam" seus seios para achatá-los.

Se as fotos [pinturas] são o suficiente para julgar, vemos que as mulheres tinham, em geral, uma boa silhueta, apesar das muitas gestações.
— *Richard Winston, Life in the Middle Ages [Vida na Idade Média]. (Não, você não pode julgar, cale a boca.)*

Duas silhuetas "ideais": Marie Luella como príncipe Lionel na década de 1890 e a silhueta que estava "na moda" nos anos 1960, personificada por Lesley Hornby. (Biblioteca do Estado de Victoria, coleção Victoria e Bettmann/Getty Images)

"FAÇA SUA CINTURA PARECER PEQUENA"

Agora estamos vendo uma versão moderna de espartilhos chamada "cinta modeladora": um cinto de bandagem restritivo e superelástico. A maioria das cintas modeladoras é apenas uma faixa simples fabricada com o mesmo material que as roupas de mergulho e que nos deixam suadas e desconfortáveis. Ao retirá-la, sua cintura voltará a ser o que era. Essa cinta não serve para fazer com que a cintura de fato fique menor, a não ser que danifique suas costelas ou seus órgãos. No entanto, as pessoas que lucram com elas sugerem que você as use por longas horas: se você seguisse o conselho de uma Kardashian, que ganha dinheiro com isso, usaria essa cinta o dia inteiro, até na hora de dormir. Devido ao seu efeito de deslocamento, enquanto estão no corpo, elas podem fazer com que uma mulher perfeitamente normal pareça um bisão usando uma lata em volta do corpo.

Um artigo copiado e colado diversas vezes em sites de mulheres no final dos anos de 2010 dizia: "Você provavelmente já viu todo tipo de celebridade [...] ostentando as cintas modeladoras, além de uma infinidade de mulheres jovens e velhas, todas esperando mijar suas cinturas". (É isso que acontece quando você passa tempo demais usando palavras chiques como "abundância" em vez de "muito": não percebe que escreveu *mijar* em vez de *modelar*.)

"ROUPAS MODELADORAS SÃO MODERNAS"

A onipresença das "roupas modeladoras" significa que está acontecendo uma situação semelhante à daquelas bonecas russas. Para poder argumentar, vamos usar aqui tamanhos norte-americanos e fingir que estamos no Oscar — uma mulher tamanho 10 usa calças desconfortáveis para parecer que seu tamanho é 8, e uma mulher tamanho 6 usa calças desconfortáveis para parecer que seu tamanho é 4, e assim por diante, até chegarmos à situação igualmente absurda de uma mulher "tamanho 0" vestindo calças desconfortáveis para parecer que ela não existe.

Da mesma forma, se as mulheres com 1,62 metro de altura usarem salto para parecerem que têm 1,68 metro, e as mulheres com 1,68 metro usarem salto para parecerem que têm 2 metros de altura, e as mulheres com 2 metros usarem um degrau de escada de biblioteca, então… Perdi a linha de raciocínio.

As roupas modeladoras costumam ser apenas espartilhos e calcinhas apertadas feitas com tecidos novos, mais sofisticados e, em alguns casos, com uma etiqueta com o nome de alguma celebridade. Mas elas fazem a mesma coisa, pelo mesmo motivo: modificar o formato natural do corpo.

Corpos modelados com espartilhos recebem interações nas mídias sociais exatamente porque ninguém tem aquele corpo naturalmente. Mas alguns desses espartilhos não apertavam a cintura porque não era considerado um visual elegante

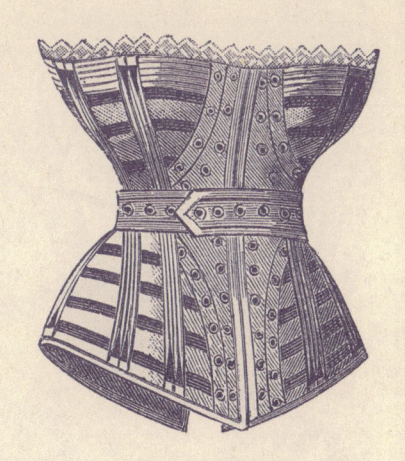

Formato típico dos espartilhos do século XIX; de *Corsets and Crinolines*, por Norah Waugh, 1954.

Teria sido indelicado chamar de bunda presa em fios. *Crinolines and Corsets*, de Nora Waugh, 1954. (Biblioteca Nacional da Austrália)

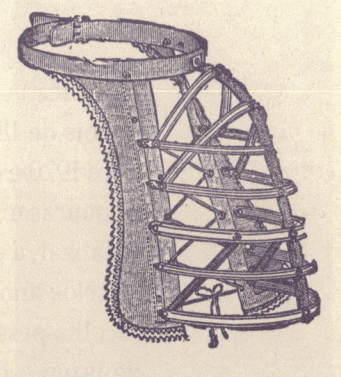

98 "Canfield Bustle"—One of the last bustles to be advertised (1887)

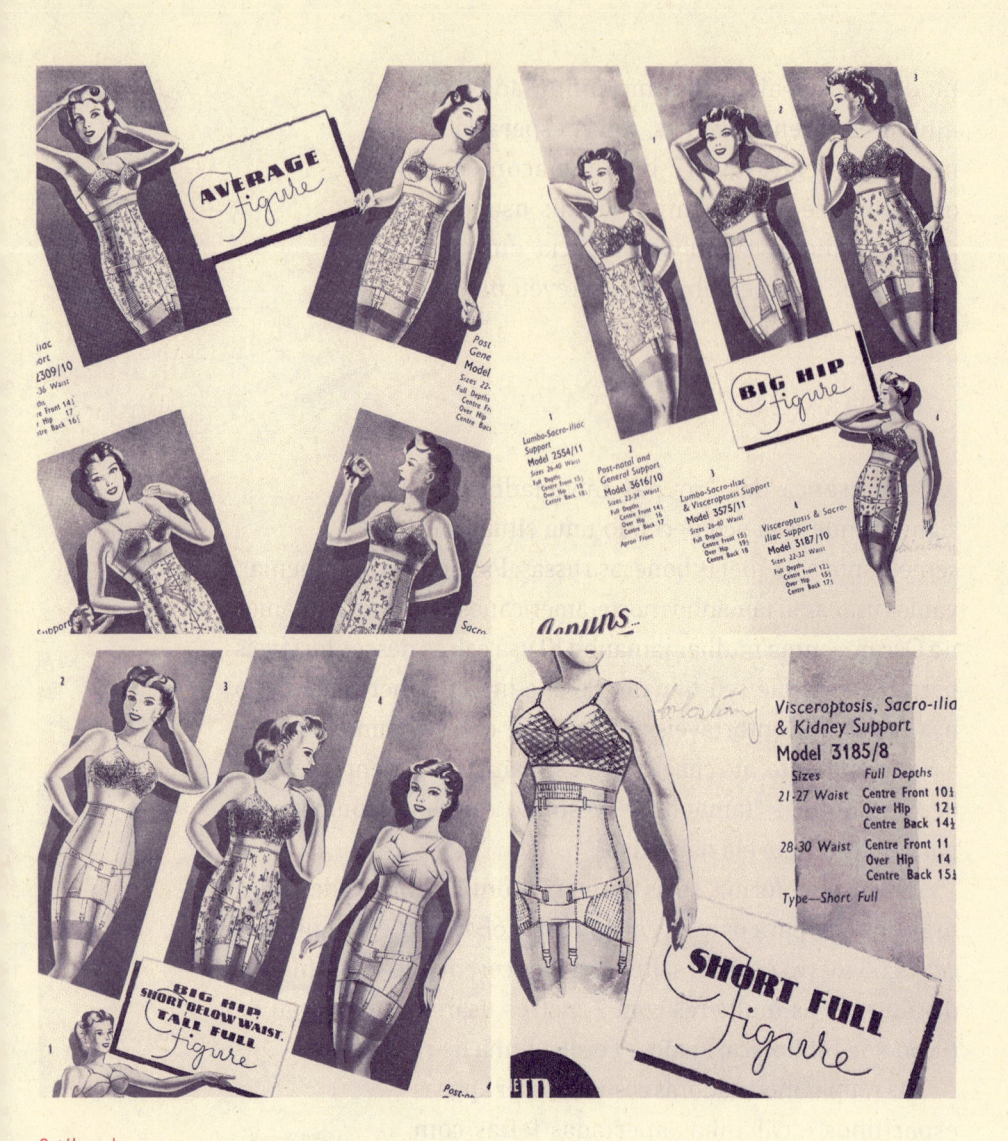

Catálogo dos espartilhos de Jenyn com duas finalidades: necessidades médicas e mudar o corpo das mulheres; 1950. (Biblioteca Nacional da Austrália)

na época. A cintura alta usada na era da Regência (um pouco depois de 1800), os vestidos melindrosos de cintura baixa dos anos 1920 e os vestidos com a saia rodada dos anos 1960 foram as poucas modas breves na história que disfarçaram, em vez de enfatizar, a cintura.

Nos anos 2000, a moda foi dissolvida em um mosaico de escolha pessoal, na produção em massa e ascensão das roupas de lazer, o que significa que as eras da moda, assim como as cinturas, talvez não venham mais a ser tão definidas.

"OS ESPARTILHOS SÃO NECESSÁRIOS"

Ainda que haja razões médicas para usar alguns tipos de espartilhos, essa não era a principal motivação para seu uso. Meninas e mulheres eram consideradas frágeis e defeituosas, pessoas que necessitavam de apoio. Além disso, os espartilhos impediam que os seios parecessem soltos e reais. Os seios não deveriam se mover de forma independente. Houve um momento na história da moda em que os seios só podiam aparecer como um "busto" em uma prateleira. Consultores de dieta em revistas femininas da década de 1970 aconselhavam as mulheres a verificar se partes do corpo delas balançavam conforme elas se moviam. Em caso positivo, havia então um problema. (Se nenhuma parte do seu corpo balançar conforme você se move, pode ser que você esteja morta.)

Em 2019, o site Mothercare, no Reino Unido, anunciou um espartilho pós-parto, retratado com uma mulher que usava salto alto.

Lembra-se de Alexander Walker, o fisiologista do século XIX, aquele babaca descartável? Espero que não. Em seu livro sobre beleza, ele aconselha claramente as mulheres a se utilizarem da arte de enganar.

> Aquelas que têm os seios muito pequenos devem aumentá-los usando vestidos com dobras. Aquelas que têm a parte inferior do corpo mais proeminente na frente devem salientar a parte de trás, amarrando a saia.

Na frente o caramba.

"TODOS OS ESPARTILHOS SÃO PERIGOSOS"

Como muitos historiadores da moda serão capazes de dizer — de forma

O cartaz publicitário do espartilho E.E.E., da Troedel Company; década de 1890. (Biblioteca do Estado de Victoria)

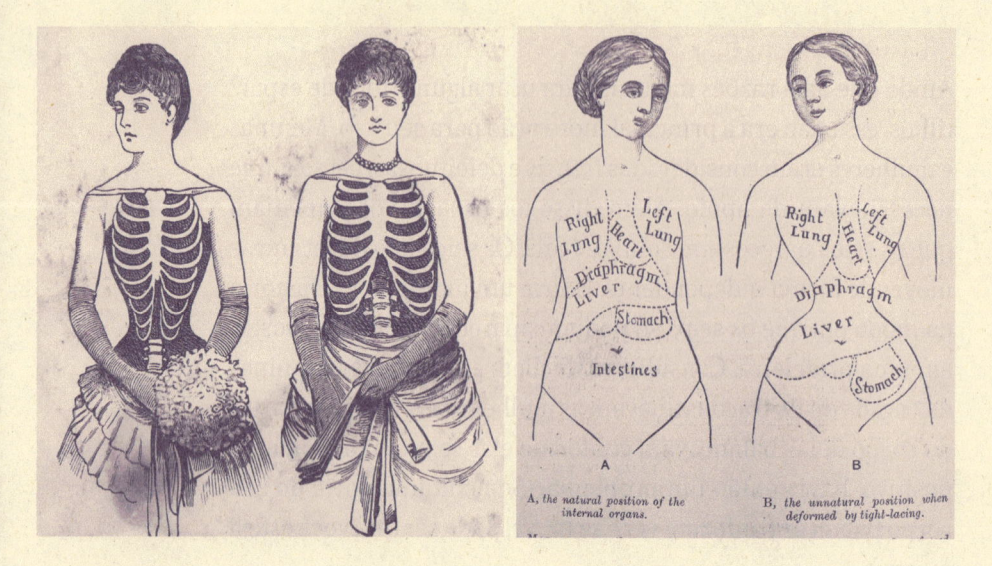

Danos que se imaginava que os laços apertados causariam: E. W. Cole, dono do *Cole's Book Arcade*, publicado em muitos livretos de advertência; década de 1890. (Biblioteca Nacional da Austrália)

bastante entusiasmada se tiverem tomado algumas taças de champanhe —, espartilhos históricos não eram todos feitos com laços apertados que causavam desmaios. Alguns proviam um suporte de fato útil, enquanto outros eram apenas uma calcinha em um formato diferente.

Assim como há 120 anos, exageros no uso desse acessório podem causar falta de ar, dor, sudorese, erupções cutâneas, distúrbios digestivos e, com o tempo, órgãos internos deslocados, músculos desgastados e um eterno desconforto. Mas quase ninguém exagera. Uma comentarista on-line relatou, irritada, que estar grávida também causava essas mesmas sensações, então, tanto faz se a cintura modeladora causasse tudo isso.

Acima de tudo, as mulheres se adaptavam da mesma forma que fazem agora: encontravam o limite entre o conforto e a aparência que queriam ter. Muitas mulheres trans e outras usam uma versão do espartilho para mudar sua silhueta, enquanto outras pessoas o faziam por diversão ou como parte de um *cosplay*. Poucas levam a cinta modeladora para o triste extremo da absurdamente milionária Kim Kardashian, que teve de ficar em pé em um carro especial, sem cinto de segurança e sem um lugar em que pudesse se segurar, para poder comparecer ao Met Gala em 2019, em seu estranho vestido de espartilho, desidratada para que não precisasse fazer xixi, já que não conseguia sentar.

Quando a Kim Kardashian se tornou famosa, era uma inspiração muito bem-vinda para muitas garotas cujos corpos tinham formatos diferentes das convencionais modelos brancas. Infelizmente, a aparência alterada tanto digitalmente quanto por meio de cirurgias dela e de sua família, além da lucratividade ao promover produtos como chás laxantes inúteis e instrumentos para aumentar os lábios que só servem para machucá-los, serviu para removê-la da arena de pessoas úteis.

Em um curta-metragem de 1914 escrito e dirigido por Mabel Normand, estrelado por ela e Charlie Chaplin, chamado *Bobote em apuros*, há uma mulher no fundo de um café que se move até o centro da tela e faz algo chocante. Ela está obviamente envolta em um espartilho rígido que vai do busto à coxa, por baixo do vestido. Mas está dançando livremente, tão alegre e expansiva quanto qualquer garota que poderíamos encontrar em uma boate na sexta-feira, balançando os braços, o bumbum, dando passos rápidos e girando.

Anúncios do espartilho da Berlei da segunda metade do século XX mostravam mulheres dançando ou jogando golfe para ilustrar a liberdade que se tinha com as cintas (um grande número de anúncios de absorventes internos dos anos de 1980 e de 1990 tentavam evocar a mesma ideia).

"VOCÊ SEMPRE CONSEGUE PERCEBER QUEM ESTÁ USANDO UM ESPARTILHO"

A autora do suntuoso livro *Dress in the Age of Jane Austen* [Vestidos na época de Jane Austen], Hilary Davidson, revelou um pequeno segredo que se escondia por baixo daqueles vestidos supostamente esvoaçantes da época da Regência. Provavelmente havia um espartilho por baixo, que servia para apoiar um tecido transparente. É o que ela chama de "ilusão de naturalidade" — um decote grande e dois seios claramente definidos, mas que não podem se mexer. A ideia era parecer uma estátua clássica flutuando em um vestido diáfano, enquanto era invisivelmente içada por baixo.

Eram maravilhas criadas pelo design, que serviam como forma de disfarce. Diferentes formas exigiam mudanças de estratégia. A principal estilista da Berlei, Desolie Richardson, disse em 1955: "É como construir uma ponte [...] existem tensões [...] e o estresse. E é preciso saber exatamente de onde eles vêm, caso contrário sua ponte — ou aquilo que dá sustento à sua roupa — vai desmoronar". Em uma entrevista de 1961, ela acrescentou: "Meu trabalho é como contabilidade e engenharia, com uma pitada de moda".

"VOCÊ É O TAMANHO DAS SUAS ROUPAS"

Você nem *tem* um tamanho de roupas. Apenas se encaixa em coisas que os fabricantes colocam em uma etiqueta: originalmente, essa era uma maneira mais fácil de decidir o que experimentar, e depois se tornou cada vez mais imprevisível, pois um vestido que já foi tamanho 44 tornou-se tamanho 38 porque as empresas de roupas chegaram à conclusão de que todo mundo quer usar "tamanhos menores".

As roupas femininas não eram vendidas por número até a década de 1950. Antes disso, as mulheres ricas tinham roupas feitas sob encomenda e muitas mulheres de classe média e pobres faziam suas próprias roupas ou alteravam roupas de segunda mão. O padrão de tamanhos de roupas para mulheres foram originalmente apoiados por um sistema de medidas aprovado pelo governo. Seriam alguns tamanhos gerais, além de variações de tamanho para a área dos quadris, cintura e busto: a mesma roupa pode ter quadril tamanho 42, peito tamanho 38 e cintura tamanho 40, além de diferentes comprimentos de ombro a ombro e do braço até a perna.

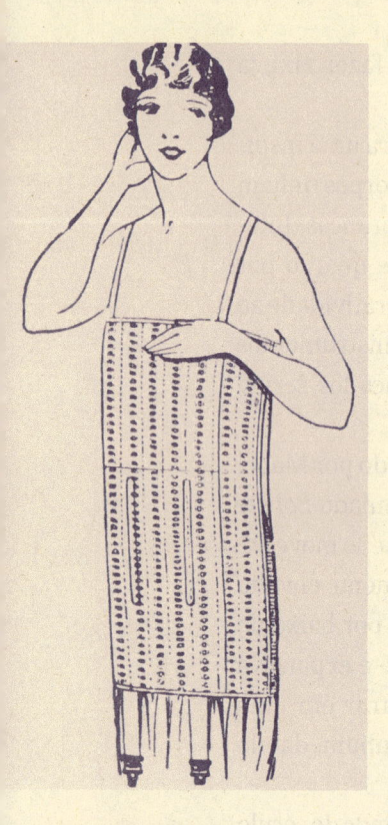

Não é possível perceber a engenharia desses "espartilhos" dos anos 1920; do livro de Norah Waugh, *Corsets and Crinolines*, 1954.

Kim: Eu não uso tamanho 44, mãe, eu uso tamanho 38.
Kath (em tom zombeteiro): Talvez dez anos atrás.
— Série de televisão *Kath & Kim*, de Gina Riley e Jane Turner, 2002

A padronização que se seguiu, entretanto, não correspondia ao corpo da maioria das mulheres. Uma modelo tamanho 38, por exemplo, pode ser trinta centímetros mais alta do que outra mulher que tenha tamanho 38. Nos Estados Unidos, os tamanhos foram calculados com base em pesquisas anteriores e por adivinhação. Na Austrália, eles foram definidos depois de terem sido combinadas pesquisas dos Estados Unidos e medições da década de 1920 feitas por representantes da empresa Berlei trabalhando em conjunto com pesquisadores científicos da Universidade de Sydney, que passaram um verão medindo seis mil meninas e mulheres em fábricas e praias.

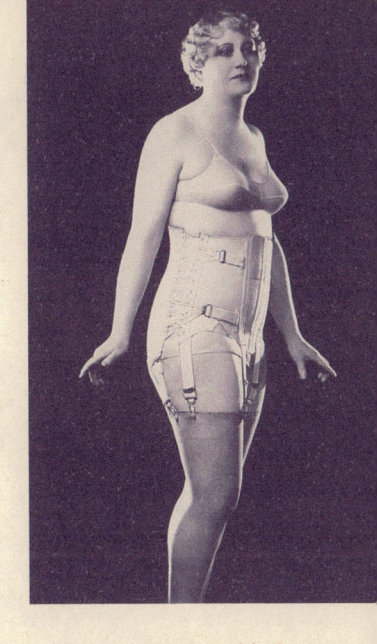

A partir das medidas, a Berlei começou a fabricar instrumentos para calcular esses tamanhos, dispositivos planos de papelão com cerca de meio metro de altura. Com um *corsetiere* que fazia com que círculos de posição girassem, contendo medidas diferentes, era possível alinhar diferentes cores que indicavam um dos cinco formatos diferentes que o corpo poderia ter: magro, normal, quadris largos, abdômen grande, mais curta abaixo da cintura. De 1930 a 1960, dezenas de milhares de mulheres foram avaliadas e ajustadas de acordo com esses dispositivos.

As medidas da indústria da moda foram definidas para que os tamanhos-padrão fossem 36, 38, 40 e assim por diante, mas como nenhuma mulher era exatamente "normal" e a altura — ou, digamos, o tamanho da coxa — não foi levada em consideração, os fabricantes começaram a criar de forma livre e, pelo final do século XX, tudo já havia virado uma grande bagunça. A criação de termos como "tamanhos grandes" e "tamanho único" (haha) não ajudou em nada.

Um grande número de mulheres tem no guarda-roupa roupas com o mesmo tamanho, mas com números diferentes em suas etiquetas. O uso publicitário de etiquetas de tamanhos diferentes do padrão fez as mulheres sentirem-se imediatamente culpadas. Em vez de serem chamados de tamanhos predatórios do marketing, eram chamados de tamanhos de "vaidade".

Outra modelo elegante exibe a engenharia da roupa íntima da Berlei, 1930. (Museu de Artes e Ciências Aplicadas)

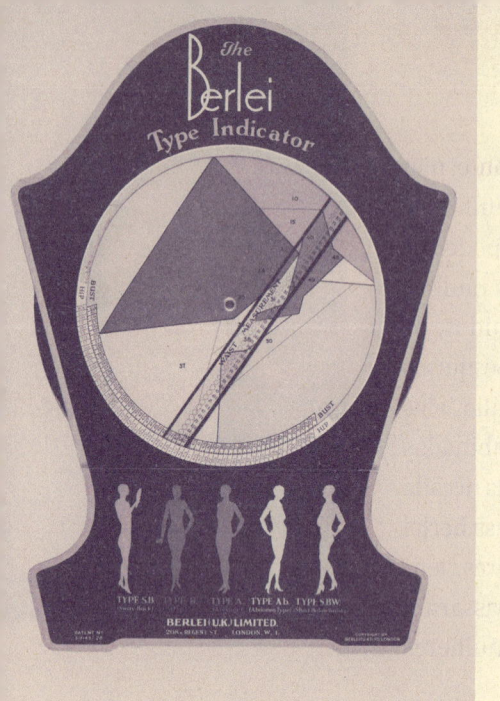

> Não acho que isso seja corajoso. Acho que é algo normal. É verdadeiro. É saudável [...]. Nossa aparência representa uma porcentagem muito pequena de quem somos, e "body shaming" e "vida saudável" estão sendo vendidos para nós como se fossem a mesma coisa. Eles não são a mesma coisa.
> — Celeste Barber, citada em *Embrace Yourself* [Seja gentil consigo mesma], escrito por Taryn Brumfitt, 2018

Apenas cinco tipos possíveis de mulheres são mostrados na calculadora de formatos da Berlei: magro, normal, quadris largos, abdômen grande, mais curta abaixo da cintura; 1930. (Museu de Artes e Ciências Aplicadas)

"SEJA MAGRA"

Em seu livro de 2019, *Fearing the Black Body: The Racial Origins of Fat Phobia* [Medo do corpo negro: as origens raciais da gordofobia], a professora assistente de sociologia, Sabrina Strings, escreveu que a magreza entrou e permaneceu na moda por volta de 1800, muito antes de os conselhos médicos convencionais a conectarem à saúde. Em muitas culturas, o gordo era frequentemente visto como mais saudável, mais forte e mais protegido. Strings aponta que corpos maiores, muitas vezes com pele mais escura, eram comumente vistos por colonos racistas como ligados à sensualidade e ao "apetite sexual".

Na colônia australiana, as mulheres aborígenes e nativas das ilhas do Estreito de Torres, embora fossem, em geral, magras, eram erroneamente vistas como fortes por causa de questões apenas raciais (sendo mais aptas a realizar tarefas domésticas e pesadas), com corpos que produziam filhos com mais facilidade (ajuda médica e cuidados materno-infantis eram serviços a que tinham direito e que lhes foram negados). Não havia lógica ou verdade nas avaliações dos corpos das mulheres indígenas, porque os pressupostos subjacentes não eram a respeito de saúde, mas de exploração e crueldade.

Rosie Waterland diz, na antologia de 2016 *Better than Sex* [Melhor do que sexo], que, se mostrasse a quantidade de pele que outras mulheres mostram no *feed* do Instagram, seria chamada de corajosa — "porque sou gorda". Ela identifica alguns dos preconceitos profundamente enraizados na sociedade: as mulheres não magras são muitas vezes consideradas corajosas por usar roupas bonitas, ter um emprego e uma vida sexual. Somente por ousarem existir.

"SER MAIS MAGRA É SEMPRE MELHOR"

Nada é tão louco quanto a história dos conselhos que foram dados às meninas e mulheres a respeito do que deveriam comer. Nem mesmo o Chapeleiro Maluco. O inquietante negócio dos distúrbios alimentares e os danos que causam aos corpos e mentes são agora tão normalizados que é impossível não serem absorvidos por jovens meninas, não importa quanto tentemos mitigá-lo.

Algumas pesquisas e análises mostram que programas mal planejados para combater distúrbios alimentares podem até mesmo fornecer novas ideias e métodos que essas jovens meninas não haviam pensado. Professores e pais podem enviar mensagens confusas, incluindo "A alimentação saudável serve para você não engordar", se não forem capazes de reconhecer que os transtornos alimentares são problemas complexos de saúde mental e se não forem treinados a respeito das questões culturais relacionadas a tamanho e peso.

O que de fato ajuda é aprender a ver o próprio corpo como aliado, apreciá-lo pelo que ele pode fazer, e não apenas por sua aparência; aprender sobre nutrição e alimentação sem ênfase no peso e, acima de tudo, questionar as mídias sociais, as atitudes e as declarações familiares e as imagens e mensagens publicitárias.

Dieta do leite e banana: durante três dias, coma apenas seis bananas maduras e beba duas xícaras e meia de leite por dia.
— Marjorie Bligh

Em algum momento de 2019, as meninas que procuravam *hashtags* no Instagram que encorajavam distúrbios alimentares viram um *pop-up* que perguntava: "Podemos ajudar?". O Instagram estava respondendo a duras críticas que diziam que as mensagens que incentivavam as meninas a machucarem a si mesmas, à ortorexia e a fazer jejuns estavam prejudicando-as, levando-as a distúrbios alimentares e encorajando-as a não receber tratamento. Essa é a beleza e o horror das mídias sociais — você pode encontrar qualquer conselho que quiser e filtrar o resto.

Após o *pop-up* do Instagram perguntando se você gostaria de ver postagens que pudessem ajudar em casos de distúrbios alimentares e de ser redirecionada, aqueles que procuravam postagens pró-anorexia recebiam a pergunta: "Deseja ver os posts mesmo assim?"

"SER MAGRA NÃO É FEMININO O SUFICIENTE"

"Homens gostam de mulheres com mais curvas." "Homens gostam de ter onde pegar." (Por que não colocar alças no corpo?) Esta é a única vez que você vai me ouvir dizer a frase "nem todo homem". Esse é o tipo de declaração usada para garantir às mulheres "curvilíneas" que os homens querem estar com elas. Isso não é verdade, e ainda por cima é uma grosseria com as mulheres magras, que são tão "mulheres" quanto as outras e que podem trocar carícias tanto quanto qualquer outra pessoa.

Café da manhã: dois ovos cozidos. Almoço: seis ameixas secas. Jantar: bife – quanto quiser comer, contanto que seja grelhado.
— Marjorie Bligh

"FAÇA DIETAS MALUCAS"

Todas as dietas a curto prazo durante centenas de anos afirmavam que dessa vez iria "funcionar" e que eram diferentes das outras porque: grupos sanguíneos, ovos mágicos, fazer coisas depois das onze da manhã, suco, como visto na TV, foi criada por um médico-autor best-seller, veja estes gráficos aqui. Repito: está provado que dietas restritivas de curto prazo não funcionam a longo prazo; elas, inclusive, podem estragar seu metabolismo e ainda fazer com que você fique irritada, cheia de gases e sinta-se infeliz.

"HÁ UM PESO PERFEITO, E ELE É VARIÁVEL"

Há muitas fórmulas populares para julgar qual o "peso ideal" — e todas são inúteis. A maioria foi criada com base em homens jovens, cujas proporções de músculo e gordura são diferentes.

O *The Ladies' Handbook of Home Treatment* [Manual de tratamento doméstico para mulheres], publicado pela primeira vez em 1905, dizia às mulheres que, se tivessem 1,70 metro de altura, elas deveriam pesar 65 quilos; e se tivessem 1,58 metro, deveriam pesar pouco menos de 50 quilos.

A fórmula de Guthrie, dispensada aos membros do Exército dos Estados Unidos durante a Segunda Guerra Mundial e mais tarde recomendada às mulheres, consistia em subtrair sessenta polegadas da altura total, multiplicar a diferença por 5,5 e então adicionar 110. Esse número seria o seu peso ideal em libras. (Milagrosamente, fazer *hokey-pokey* não era mais um requisito para o cálculo.)

O cálculo do Índice de Massa Corporal foi popular por um tempo na década de 1980, mas não levava em consideração a diferença entre a gordura e o músculo no peso, ou a idade da pessoa. Suas categorizações incluíam palavras que podiam magoar, como obeso, e suas imprecisões causavam muitos mal-entendidos e muito alarde.

Os gráficos médicos que relacionam altura e peso agora carregam a nuance mais sensata de uma faixa saudável possível,

Quando consegui o emprego dos meus sonhos em uma revista, uma das minhas primeiras tarefas foi organizar o Diet Special que ocorria todos os anos. Isso envolvia vasculhar edições antigas da revista e escolher as dietas que faziam as maiores promessas [...].
– Mia Freedman, no prefácio de The Lazy Girl's Guide to Losing Weight and Getting Fit [O guia da garota preguiçosa para perder peso e entrar em forma], escrito por A. J. Rochester, 2005

em vez de um número-padrão de quilos a ser atingido.

"EXISTE UM CORPO PERFEITO E NÃO É O SEU"

Um idiota chamado Félibien, historiador oficial da Corte de Luís XIV da França em 1600, publicou uma longa lista de requisitos para uma mulher: um tamanho específico de cabeça e testa, sobrancelhas bem desenhadas, bochechas pequenas, orelhas "com um agradável tom de vermelho", uma boca pequena como um botão de rosa prestes a desabrochar, dentes de "tamanho médio", mãos que se "unem de forma imperceptível com o braço" (em vez de ter... Uma dobradiça?), "colo branco" com "seios [...] que se erguem com suavidade e são distintamente separados", joelhos "uniformes" e quadris mais largos que os ombros.

O fisiologista do século XIX, Alexander Walker — mais uma vez esse idiota —, tinha as mesmas e impertinentes opiniões:

Uma mulher com um corpo bonito deve ter a cabeça, os ombros e o peito pequenos e compactos; braços e membros relativamente curtos; quadris largos e altos; abdômen grande e coxas volumosas [...]. Ser curvilínea é essencial para a beleza [...] mas deve-se evitar a gordura em excesso. Mulheres jovens que são muito gordas são frias e propensas à esterilidade.

Absurdamente, a Wikipédia o chama de "esteticista" — uma palavra chique para *misógino babaca*.

"ANNETTE KELLERMANN TINHA O CORPO PERFEITO"

Uma das mulheres mais fotografadas de sua época, Annette Kellermann se promoveu com sucesso como tendo "o corpo perfeito" e viveu para se arrepender disso.

Quem era ela? Quem a amava? No que ela era boa? Ah, quem se importa – nós temos suas "estatísticas vitais". Modelo Leah McCartney, 1952. (Biblioteca do Estado de Victoria)

BUST--35 in.
WAIST--24 in.
HIPS--35 in.
HEIGHT-- 5 ft. 6 in.
WEIGHT-- 9 stone

A carreira de Annette como artista do Music Hall lhe ensinou valiosos truques de marketing. Ela andava no arame e fazia comédias cantadas, tendo evoluído para a natação e o mergulho em tanque e, depois, a carreira de "sereia" em filmes mudos.

Ela era uma jovem adolescente robusta quando foi fotografada pela primeira vez, por volta de 1900, em trajes de banho de uma peça e meia-calça preta, e muito mais magra em 1905, depois de treinar para nadar distâncias semelhantes ao comprimento dos rios Yarra e Tâmisa; ela tentou atravessar o Canal da Mancha três vezes. Dizia que tinha a resistência, mas não a "força bruta", perdendo três quilos de uma vez. Em 1907, tornou-se mundialmente famosa após um truque inteligente perto de Boston, onde foi presa por atentado ao pudor por usar um maiô justo, com repórteres por perto para registrar a cena. Annette imediatamente começou sua própria linha de roupas de banho, um trabalho que durou mais tempo do que sua carreira no cinema e nos livros.

Postal comparando as medidas do pulso de Annette Kellermann com a estátua da *Vênus de Milo*, que não tinha braços; 1914. (Biblioteca Nacional da Austrália)

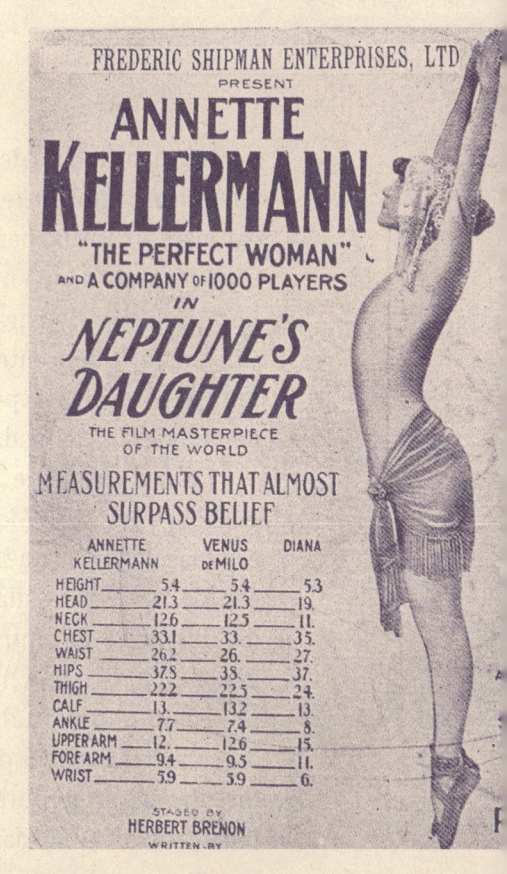

Ela foi avaliada pelo instrutor da academia da Universidade Harvard, um homem esquisito que era "subprofessor" e visitou escolas de meninas para fazer três mil medições de comparação (ou talvez dez mil: as alegações mudaram). O nome dele era Dudley Sargent. Ele concluiu que as proporções de Annette eram tão semelhantes às da estátua da Vênus de Milo que seu corpo poderia ser considerado perfeito. Annette pegou para si a história e o título.

Um cartão-postal promocional para anunciar o filme *A filha de Netuno*, de 1914, mostra Annette em posição de mergulho ao lado de uma lista exaustiva de medidas que quase superam a crença.

Além de algumas filmagens de Annette Kellermann fazendo balé aquá-

O traje de banho com estampa de hibisco de Annette Kellermann, feito sob medida para seu "corpo perfeito"; data desconhecida. (Museu de Artes e Ciências Aplicadas)

Annette Kellermann equilibrada entre o céu e o mar, com cerca de dezoito anos; Inglaterra, 1905. (Álbum do jogador de críquete Frank Laver, Museu do Clube de Críquete de Melbourne)

tico em uma fantasia de bolha, o Arquivo Nacional de Filme e Som da Austrália também tem uma filmagem sem som de 1912 em que ela aparece com um penteado no estilo *Gibson-girl*, mergulhando com um maiô e uma meia-calça, enquanto os espectadores são informados da comparação de suas medidas com a Vênus de Milo. Um trecho de uma entrevista dada em 1974 revela que enquanto um repórter fala a respeito dela, ela diz: "É a coisa mais medonha do mundo ser chamada de mulher perfeita".

Em seu ensaio de 2007, *The Transit of Venus* [O trânsito de Vênus], na *Southerly Magazine*, Anita Callaway discute diferentes estátuas de Vênus que personificavam o "corpo perfeito" ou os padrões de beleza. Callaway aponta que a Vênus de Milo tem mais de 1,80 metro de altura, então as medidas parecem um pouco distorcidas, isso sem mencionar os pulsos.

Como muitas mulheres e médicos de sua época, Annette desconhecia o papel dos hormônios na massa muscular e na distribuição de gordura. Seu livro *Physical Beauty, How to Keep It* [Beleza física: como mantê-la], de 1918, era uma estranha mistura de ideias da supremacia branca, do feminismo que estava nascendo e de conselhos para "manter a forma" usando dieta e exercícios. Ela disparou:

> Seus tornozelos devem ser finos, assim como seus pulsos, e a cintura, flexível. Nada de músculos em excesso nessas áreas. E seu peito deve ser farto, seus braços, definidos e suas panturrilhas, cheinhas — ou você deveria querer que eles fossem — e o desenvolvimento muscular fará com que você tenha tudo isso na medida certa [...]. Se as mulheres reconhecessem a plenitude de seu direito e seu dever de serem permanentemente atraentes para a humanidade como reconhecem a necessidade imediata de higiene pessoal, não seria necessário escrever este livro.

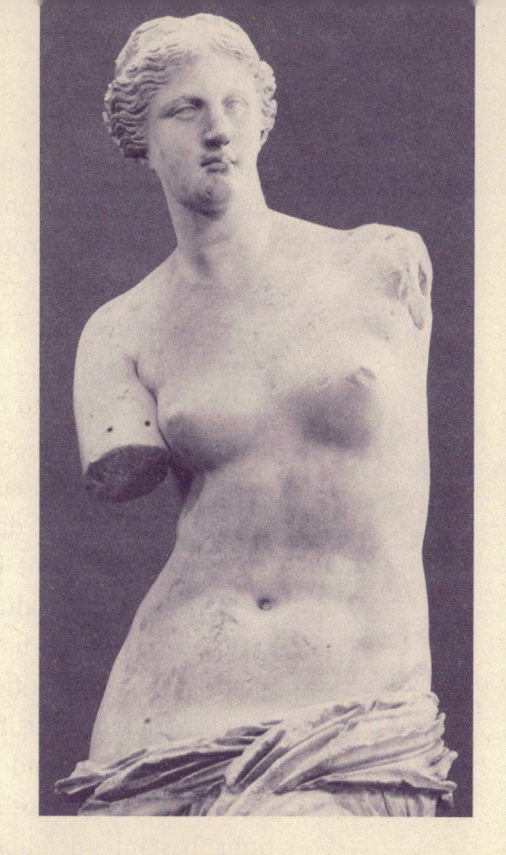

Viu? Totalmente sem braços.

"NÃO, PANSY E MURIEL É QUE TINHAM O CORPO PERFEITO"

Algum tempo atrás, a bibliotecária da Biblioteca do Estado de Victoria, Katie Flack, me alertou de seu trabalho sobre Pansy Montague, também conhecida como a Vênus de Milo moderna. Na primeira década de 1900, Pansy posou nos palcos do Music Hall como estátua humana, com pintura corporal branca, iluminação *blackout* e longas luvas pretas (para dar o efeito de não ter braços).

Anita Callaway encontrou as supostas proporções de Pansy em um programa de teatro: altura, 1,72 metro; busto, 93 centímetros; cintura, 66 centímetros; quadris, 106 centímetros.

Outras opções foram apresentadas para definir o corpo perfeito, incluindo aquela do cirurgião de Londres, Forbes-Ross, que disse que a mulher perfeita tinha "tamanho médio" de 1,50 metro a 1,70 metro de altura, um vão entre as pernas, quadris mais largos que os ombros e um nariz "simétrico".

O assustador garoto da fita métrica de Harvard, Dudley Sargent, surgiu novamente em 1912: ele disse que a mulher deveria caminhar de dez a onze quilômetros por dia e comer apenas duas vezes ao dia para manter "a boa forma". Ao publicar as opiniões de Sargent, o *Evening Journal*, de Adelaide, lamentou que as meninas não esfregassem o chão o suficiente ou tivessem que subir e descer as escadas dos empregados em uma casa grande.

Muriel Cadogan, da Dupain's School of Physical Culture, em Sydney, entrou na briga, teorizando que Kellermann era mais baixa do que a altura perfeita de 1,65 metro, tinha braços maiores por culpa da natação e que a medida mais larga de seus quadris podia ser justificada por uma redistribuição da gordura devido à constrição artificial da cintura — palavras usadas para provocar, considerando que Kellermann declarou ser contra espartilhos "diabólicos". Além disso, ela disse que Kellermann tinha "bastantes defeitos" em comparação com a perfeita Vênus de Milo. Você é terrível, Muriel.

"ESTUDOS MOSTRAM O QUE É ATRAENTE"

Departamentos de psicologia de universidades ao redor do mundo produzem o que são, na minha opinião (oi de novo, advogados), estudos ruins em revistas médicas e comportamentais,

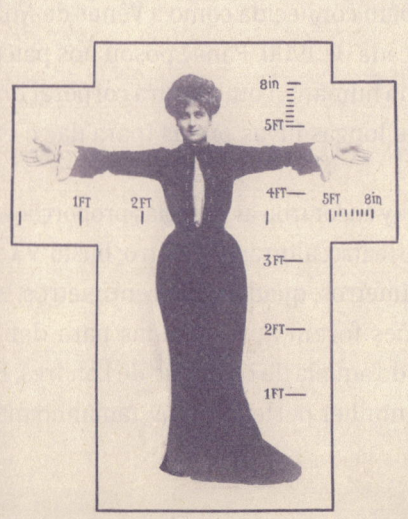

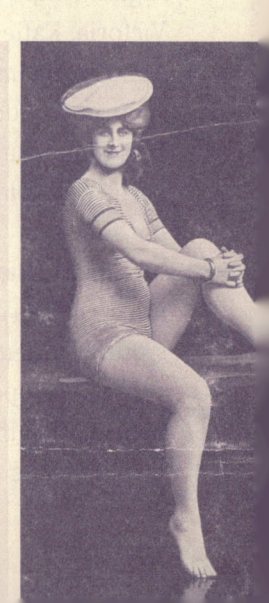

Pansy posando como uma estátua; uma foto mostrando suas "proporções", que foram alteradas com tinta branca; e com uma linda barriga aparente em um postal publicitário; 1905. (Biblioteca do Estado de Victoria)

muitas das quais agora são órgãos a que se deve pagar para ter um artigo publicado. Muitos desses pesquisadores citam seus próprios estudos em estudos subsequentes, dando mais citações a si mesmos.

David Lewis, da Universidade Murdoch, na Austrália Ocidental, foi pesquisador e o principal autor de diversos estudos com teorias falsas para chamar a atenção, como aquele publicado em 2016, que sugeria que mulheres "fisicamente atraentes" tinham amigos gays para evitar a atenção de homens heterossexuais predadores ou a "competição" de outras mulheres.

Em outra, homens "julgavam" a "atratividade" de mulheres pelo ângulo que suas costas formavam ao usarem sapatos de salto alto. O mundo está repleto de estudos que têm a "atratividade" como ideia central da pesquisa.

Para um estudo, os pesquisadores transformaram 68 mulheres (estudantes da universidade) em "estímulos de estudo". "Elas foram convidadas a ir ao laboratório vestindo roupas justas [...] e sem maquiagem." Foram fotografadas. Em seguida, essas fotografias foram julgadas por estudantes do sexo masculino "em uma escala de dez pontos (1 = pouco atraente, 10 = muito atraente)".

Lewis foi o principal autor do estudo de 2017, *Why Women Wear High Heels: Evolution, Lumbar Curvature and Attractiveness* [Por que as mulheres usam salto alto: evolução, curvatura lombar e atratividade], que dizia testar a "hipótese" de que mulheres são mais "atraentes" em saltos altos devido ao ângulo formado pela coluna, por causa da evolução. Puta merda. Mais uma vez, fizeram com que homens avaliassem a "atratividade" das mulheres olhando fotos. Ele usou fotos de celebridades e de estudantes que foram recrutadas e fotografadas usando "roupas justas"; então, 126 homens foram instruídos a "classificar" a "atratividade" delas na escala de 1 a 10. O estudo diz que encontrou "evidências documentadas da influência do uso de salto alto na atratividade das mulheres". Discordarei eternamente.

Esse estudo citou um outro estudo, de um tal de Lewis e outros sobre "a evolução das preferências de parceiras", sugerindo que o interesse dos homens pelas mulheres "aumenta" quando o ângulo de sua curvatura lombar é de aproximadamente 45,5

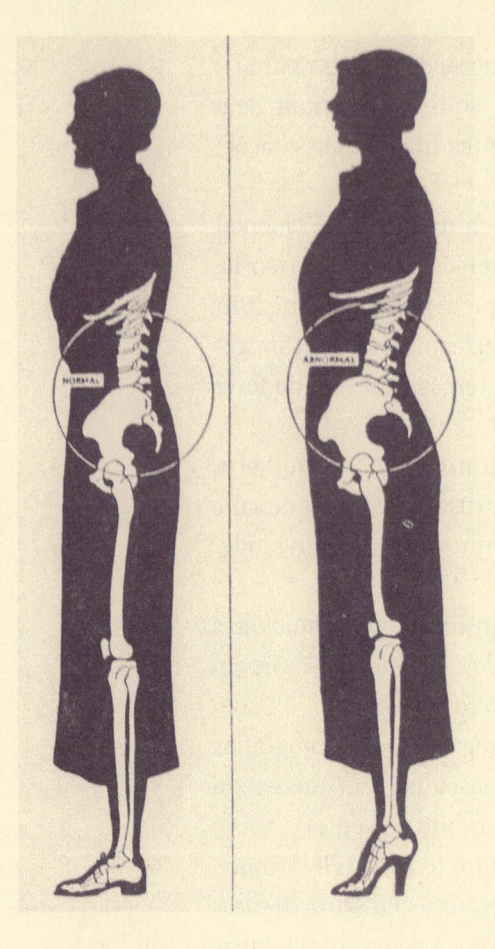

Os saltos altos tiram a graciosidade e desequilibram a pélvis, de acordo com o *The Ladies' Handbook of Home Treatment* [Manual de tratamento doméstico para mulheres], de Eulalia Richards, edição de 1912.

graus — o que explicaria todos os homens não evoluídos correndo em direção a nós com transferidores. Você conhece o tipo.

Lewis concluiu:

> Esta estrutura espinhal permitiria que as mulheres grávidas equilibrassem seu peso sobre os quadris [...]. Essas mulheres seriam mais eficazes na busca por alimentos durante a gravidez e menos propensas a sofrer lesões na coluna vertebral. Por sua vez, os homens que preferiam essas mulheres teriam companheiras mais adaptadas para sustentar o feto e a prole, e que seriam capazes de ter diversas gestações seguidas sem ferimentos.

Ah, meu Deus. Que buscar o quê. E também: que afirmações de merda.

Há muitos diagramas e conversas científicas sobre "colunas vertebrais" e "saliência das nádegas", o que fez com que, em 2015, o *The Washington Post* fizesse uma matéria falando a respeito das pesquisas da chamada "ciência do bumbum". Leitora, isso não é uma ciência.

Como uma jornalista comentou a respeito da pesquisa: "Mas talvez o mais problemático de tudo seja que a condição frequentemente classificada como mais atraente é a média, ainda que não esteja claro o significado disso". Quando jovens estudantes do sexo masculino são instruídos a escolher o que é atraente, e tudo o que têm para se basear são formatos de corpos, e as estudantes do sexo feminino são convidadas a aparecer vestindo roupas apertadas para serem fotografadas, você está apenas reforçando um monte de idiotices que são um insulto tanto para homens quanto para mulheres. E para gays. E, possivelmente, para papagaios.

Estudos como esses tendem a ter algumas coisas em comum: uma amostragem não muito grande, o objetivo de provar uma teoria, nenhum elemento duplo-cego, são conduzidos por pesquisadores essencialmente pervertidos e todos me irritam.

Um estudo seminal (desculpe), *Adaptive Significance of Female Physical Attractiveness: Role of Waist-to-Hip Ratio* [Significado adaptativo da atratividade física feminina: papel da relação cintura-quadril], de Devendra Singh, publicado no *Journal of Personality and Social Psychology* em 1993, pretendia mostrar que homens julgam mulheres com base na relação do tamanho entre a cintura e o quadril, por ser um indicador de fertilidade (o que não é).

Nesse estudo, jovens de uma universidade julgaram fotos de "vencedoras do Miss América", "modelos de revista de moda" e o "miolo [sic]... da *Playboy*". Descobriu-se que as mulheres só são atraentes se parecerem "férteis" e propensas a amamentar (que diabos), e é dessa forma que os homens escolhem suas namoradas (acho que não). As vencedoras do concurso são listadas de acordo com as medidas de seus peitos, sua cintura e seus quadris.

O estudo conclui: "Seria necessário realizar estudos transculturais para testar a validade dessas sugestões". Hahahahaha.

Mas quem entre nós não foi persuadida pela ciência do estudo chamado *What Makes Buttocks Beautiful? A Review and Classification of the Determinants of Gluteal Beauty and the Surgical Techniques to Achieve Them* [O que torna as nádegas bonitas? Uma revisão e classificação dos determinantes da beleza glútea e as técnicas cirúrgicas para alcançá-la], publicado na revista *Aesthetic Plastic Surgery* em 2002.

Os autores (cirurgiões cosméticos) analisaram 1.320 fotografias de mulheres nuas e mediram 132 pacientes do sexo feminino com idades entre dezesseis e sessenta e dois anos. O estudo "descobriu" que, na ausência de padrões reconhecidos globalmente para julgar o tamanho das nádegas, os cirurgiões de implantes de nádegas, como eles mesmos, deveriam julgar o que era necessário em uma nádega falsa.

[Os críticos] sempre disseram que temos bundas grandes. E temos mesmo bundas grandes. A questão é: Quem se importa?
— Mark Morris, coreógrafo e diretor de grupo de dança

> *Os seios artificiais de borracha da Índia não são apenas artifícios ridículos, mas arruínam completamente a beleza da peça.*
> — Lola Montez, em *The Arts of Beauty*, 1858

O estudo concluiu: "O mais importante é que o cirurgião consiga criar nádegas com projeção e volume". Por favor, vamos todas aspirar a termos nádegas audíveis.

Um estudo publicado em 2013 na, então respeitada, revista médica *Fertility and Sterility* pretendia medir a "atratividade de mulheres com endometriose retovaginal". O estudo não foi retratado até 2020, após anos de fúria de pesquisadores médicos, especialistas e pacientes. A revista não se desculpou e os autores do estudo disseram, mal-humorados: "Conduzimos o estudo de boa-fé e seguindo a metodologia correta".

As mulheres do estudo não foram informadas de que seriam classificadas de acordo com sua "atratividade" e o conceito não contribui em nada para o conhecimento médico. Parem. De. Nos. Julgar.

"MESMO QUE VOCÊ SEJA LINDA, ODEIE PARTES DO SEU CORPO"

Mesmo as mulheres consideradas mais bonitas — modelos — são autoconscientes a respeito de algo que lhes disseram que era errado. Mulheres foram encorajadas a se sentirem mal por todas as partes de seu corpo e inventaram problemas como dobras feias nos cotovelos (causadas pelo fato de o seu braço se mover), rugas nas axilas, gordura nas costas e nos tornozelos, joelhos enrugados, celulite (o surgimento de covinhas nas coxas, de acordo com anunciantes na década de 1920) e dedos dos pés com o comprimento errado quando expostos em sandálias.

Os requisitos de beleza são como se fossem as exigências de um agressor — uma mulher nunca sabe se será considerada aceitável ou condenada por algo que ela não conseguiria acertar, por mais que ela tentasse. Muitas modelos afirmaram que, no auge de sua beleza, agentes, clientes e fotógrafos as faziam se sentir esquisitas e pensar que determinadas partes de seu corpo eram feias.

"SEUS SEIOS SÃO PROPRIEDADE PÚBLICA"

Em algum momento nas décadas de 1980 e 1990, cirurgiões cosméticos se aproveitaram da liberdade dos regulamentos de publicidade de serviços médicos para concentrarem-se no termo "realçar os seios" e, então, deram o fora. Desde então, mulheres foram atormentadas pelos efeitos colaterais e pelos danos das cirurgias estéticas (e, é claro, muitas mulheres ficaram gratas por terem feito cirurgias reconstrutivas após passarem por uma mastectomia).

Mulheres com seios pequenos são confrontadas por estranhos: quando o jogador de futebol Wayne Carey atacou aleatoriamente uma mulher na rua em 1995, ele disse a ela: "Por que você não aumenta esses peitos?". Mulheres com seios grandes, mesmo quando ainda estão no início da adolescência, são alvo de olhares e toques insultantes.

"VOCÊ NÃO PODE SER BONITA DE ROSTO E DE BUNDA AO MESMO TEMPO"

A atriz Courteney Cox, da série *Friends*, lamentou: "Em Hollywood, para ter o quadril do tamanho certo, seu rosto pode acabar

Sabrina, também conhecida como Norma Sykes, pobrezinha, fez carreira devido aos seus seios enormes: estava constantemente cercada de homens que a cobiçavam durante sua turnê de 1958-1959 pela Austrália. (News Ltd/Newspix)

O sutiã inflável da norte-americana La Resista Corset Company foi lançado no início dos anos de 1950 com o slogan "Eles inflam! Para ficar do tamanho que você quiser". (Biblioteca do Estado de Victoria)

ficando um pouco esquelético". O site Mamamia perguntou em 2010: "Qual você escolhe, rosto ou bunda?"

A sugestão feita para as mulheres era passar fome e colocar preenchimentos faciais. As pessoas abordadas para tecer comentários e fazer recomendações nas histórias são médicos e dermatologistas que ganham dinheiro com procedimentos estéticos. Nenhuma das pessoas que lucram com esse tipo de coisa é citada dizendo que é tudo besteira, que você deveria comer um bolo e passear com alguém que te faça rir.

Os quadris das mulheres estão descendo e os bustos estão mais altos, para abrir caminho para a redescoberta da barriga feminina.
— Relatório de moda do jornal *Kalgoorlie Miner*, 1952

"SEUS LÁBIOS SÃO MUITO FINOS. OU MUITO GROSSOS"

Seja qual for o tamanho dos seus lábios, acho que você descobrirá que precisa de truques de maquiagem ou cirurgias para fazer com que pareçam maiores ou menores. Ou siga o conselho de

Pernas da moda, 1900.

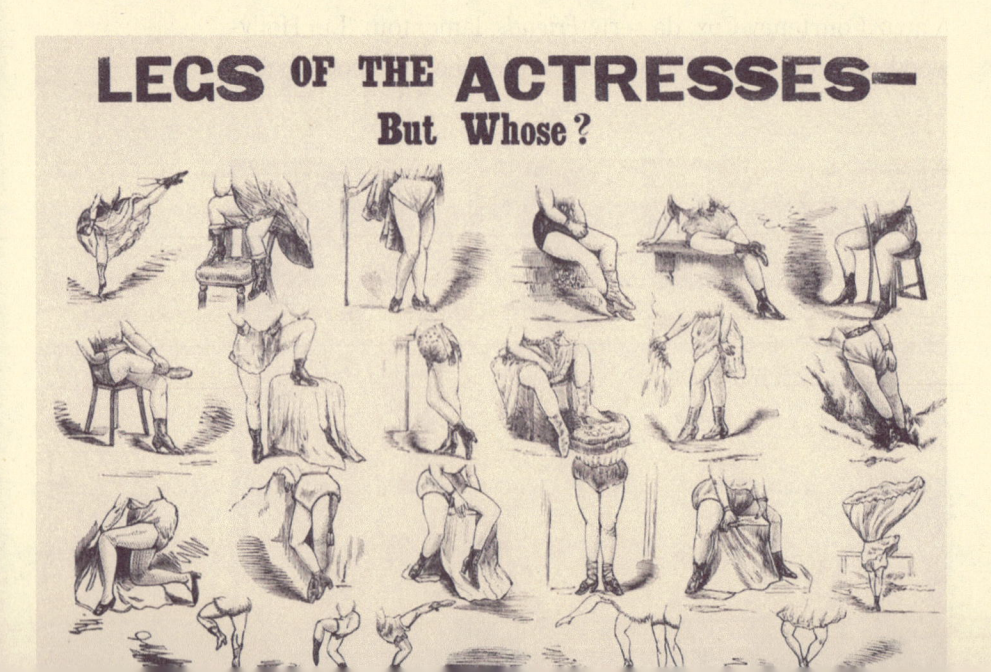

Marie Montaigne, na edição de 1913 de *How to Be Beautiful* [Como ser bonita] e "diga as palavras *ervilhas*, *papai*, *ameixas*, *prismas*" assim que você entrar em uma sala de estar, para fazer com que seus lábios fiquem no formato certo.

"HÁ ALGO ERRADO COM SEU NARIZ"
Para começar, ele está bem no meio do seu rosto.

"SEU PESCOÇO É INACEITÁVEL"
Um conceito que aparece repetidamente nos textos sobre beleza há um século é o do pescoço escuro, que foi substituído pelo pescoço enrugado.

Em 1934, quando a Europa estava à beira da guerra, as mulheres foram instruídas a se preocuparem com seus pescoços sujos. Um pescoço deve ser embranquecido — sim, com água sanitária — para que seja "verdadeiramente mais atraente, e não apenas aquilo que liga a cabeça ao corpo", disse o *Charleville Times* às mulheres de Brisbane.

Em outros artigos, as mulheres eram aconselhadas a exercitar o pescoço: "Balance a cabeça em círculo quantas vezes puder, tomando o cuidado, claro, de não ficar com tontura".

"AH, SEU CABELO"
Será crespo demais, macio demais, "preto" demais, não loiro o suficiente, muito grisalho, muito liso, encaracolado demais, e você precisará de um arsenal de coisas para combater a forma horrorosa dele, como bobes, chapinha, spray, mousse, lama, máscaras e um permanente.

Além disso, ele está curto demais, ou longo demais, é duro ou não é duro o suficiente, muito volumoso ou pouco volumoso.

> *Mais de trinta anos? Pare de parecer mais velha do que você é.*
> *— Manchete do site* NBC News, *2010. (Além disso, pare de ser você ou de parecer com você. Apenas pare de ser.)*

> *Mulheres com cabelos crespos ou cacheados não devem ser tratadas como um problema [...]. Aquelas que desejam alisar suas madeixas naturais devem poder fazer isso. A opinião de outras pessoas não deve contar.*
> *— Lauren McEwan, site* The Tempest, *2015*

"MULHERES NÃO DEVEM TER PELOS NO CORPO"

A verdadeira loucura pela depilação corporal só começou quando as empresas passaram a fabricar cremes depilatórios e produtos de barbear. No início dos anos 2000, a empresa Nair começou a comercializar esses produtos diretamente para meninas de dez anos.

A mania ou a expectativa de remover os pelos pubianos não começou até que a pornografia estivesse disponível on-line, de forma instantânea. Antes disso, as atrizes de filmes sexuais eram mais propensas a usar *merkins* — perucas púbicas, bem como perucas de cabelo — para aparecerem como personagens diferentes.

As empresas de produtos para depilação têm relativamente pouco sucesso de marketing entre as mulheres na menopausa, que costumam estar tão dominadas pela raiva que não querem sucumbir à dor da depilação nas pernas, mas também porque a falta de estrogênio tende a fazer com que a maioria dos pelos das pernas desapareça, fazendo-os surgir em seu queixo, podendo ser trançados à vontade.

As estátuas femininas começaram e a indústria pornográfica ajudou a popularizar a ideia de que os corpos das mulheres não tinham pelos pubianos. No caso das estátuas, isso ocorria porque era difícil esculpir pelos pubianos em mármore. Já no caso da indústria pornográfica, isso ocorreu para tornar mais fácil visualizar a vagina na área da vulva, a fim de filmar o pênis entrando nela.

Ainda que, na verdade, seja o contrário, muitas mulheres mais jovens acreditam que remover os pelos pubianos é sinal de higiene. Infelizmente, o processo de remoção dos pelos é responsável por muitas infecções na região da vulva, irritações da pele, pelos encravados e reações alérgicas.

Algumas mulheres são afetadas por uma quantidade não natural de pelos no rosto, nas mãos e nos braços. Como a presença deles transmite certa ideia de masculinidade, sua remoção é sempre desejável.
— The Art of Dress [A arte de se vestir], 1839, que recomenda não usar ácido sulfúrico

Em alguns casos, a depilação a *laser* levou a queimaduras, cicatrizes e infecções mais graves.

"SEUS PÉS SÃO GIGANTESCOS"

Pés pequenos são gigantes há séculos, se você entende o que quero dizer. Por mais que os pés fossem, em média, alguns tamanhos menores há uma ou duas gerações, ainda não eram pequenos o suficiente. A história original da Cinderela mostra as meias-irmãs cortando pedaços de seus pés para tentar encaixar nos sapatos perfeitos para a Cinderela.

Inúmeras comparações foram tecidas entre o salto alto e a antiga prática cultural chinesa de enfaixar os pés para forçá-los a se deformarem e dobrarem ao longo do tempo usando os "pés de lótus", com os quais é impossível andar corretamente. Mais tarde, as chinesas foram informadas por nacionalistas de que deveriam participar de esportes e atividades físicas para se tornassem mães mais fortes.

Uma notícia de jornal que relatava a performance de Nellie Stewart em 1903, em que ela interpretava Nell Gwynne, avaliou seus pés como "grandes demais", enquanto a avaliação de outro repórter sobre a apresentação de Nell Fleming como Bo Peep na Opera House, em Sydney, em 1923, começou com "Ninguém [...] conseguirá esquecer os pés delicados de Nell Fleming". Suas habilidades de canto foram colocadas em segundo

Tornozelos grossos podem ser reduzidos com massagem cuidadosa. A menos que os pés e os tornozelos sejam finos e delicados, a mulher deve usar apenas meias pretas.
— The Leader, Orange, Nova Gales do Sul, 1915

Estas botas foram feitas para machucar. "March of the Amazons" de uma pantomima de Natal; xilogravura de 1875 por Hugh George, *The Australasian Sketcher*. (Biblioteca do Estado de Victoria)

lugar nas duas matérias. Em 1915, as leitoras de jornais de todo o país, incluindo o *Gippsland Independent* e o *Buln, Warragul, Berwick, Poowong and Jeetho Shire Advocate*, foram repreendidas por não terem pés "suficientemente franceses", que deveriam ser disfarçados por sapatos que provocavam a ilusão de ótica, com "pontas arredondadas [...] sem tiras".

"POSE"

Tradicionalmente, meninos e homens fazem poses para parecerem maiores nas fotos. Mas, desde o advento da fotografia, mulheres a usam para parecerem menores.

Posar de lado é sempre uma das formas favoritas. Dorothy Woolley, uma "garota" que o *Sydney Sun* disse que poderia ter um corpo melhor do que a "garota" que apresentaram na semana anterior, Carmel de Smythe, porque o busto de Smythe era 1,5 centímetro menor (é, é sério).

As mulheres não devem ocupar espaço — cotovelos na mesa, disse June Dally-Watkins, e nunca sente com as pernas afastadas —, não apenas porque você corre o risco de deixar a

Uma profissional em uma roupa da Balmain de 1956 com uma saia bastante justa, usando a clássica pose perfeita de colocar um dos pés na frente. Se mover um músculo sequer, ela cairá escada abaixo. (*The Argus*, Biblioteca do Estado de Victoria)

Soldados que fazem mergulho de exposição são fotografados fazendo poses bobas, ao lado de "Hazel, uma linda bailarina aquática". Espetáculo das águas de Leon Marco no Morecambe Baths, Lancashire, 1950. (Biblioteca do Estado de Victoria)

calcinha aparecer (isso não era tão preocupante quando, por exemplo, estrelas da década de 1990 começaram a ser fotografadas saindo de carros e fotógrafos praticamente focavam no períneo delas), mas também porque mulheres não devem ser largas, nem ocupar espaço.

Todos os dias no transporte público, milhões de homens sentam-se com as pernas bem abertas, ocupando mais de um assento, enquanto as mulheres, de joelhos juntos, são esmagadas no que sobra do espaço. Sei que você não precisa que eu explique que isso se chama *manspreading*.

Uma pose-padrão para as mulheres ocuparem menos espaço e parecerem mais magras foi inventada por modelos de moda, adotada por modelos de exibição e ensinada em escolas de comportamento: um pé na frente do outro para fazer o corpo parecer menor — e menos estável —, como se estivesse dando um passo à frente.

As variações modernas de poses em mídias sociais incluem "a corda bamba invisível", com os dois pés virados para a frente, um pé na frente do outro, cruzando os tornozelos; o "triângulo da Beyoncé"; a "panturrilha flexionada"; a mão apoiada do lado do corpo; a "jogada de cabeça"; e o "abacaxi desaparecido"... Tudo bem, essa pose eu inventei.

PEOPLE

A man is a person.
A child is a person.

Mesmo que você não exista, mulher, certifique-se de ocupar menos espaço. Muito bem, mulher fictícia do desenho. Livro didático de aprendizado de idiomas produzido pelo governo australiano, 1970. (Biblioteca Nacional da Austrália)

O oposto de posar: fotografia de Janina Green e outras mulheres nuas no banho, "Collingwood", 1989. (Cortesia do artista e da M.33, Melbourne)

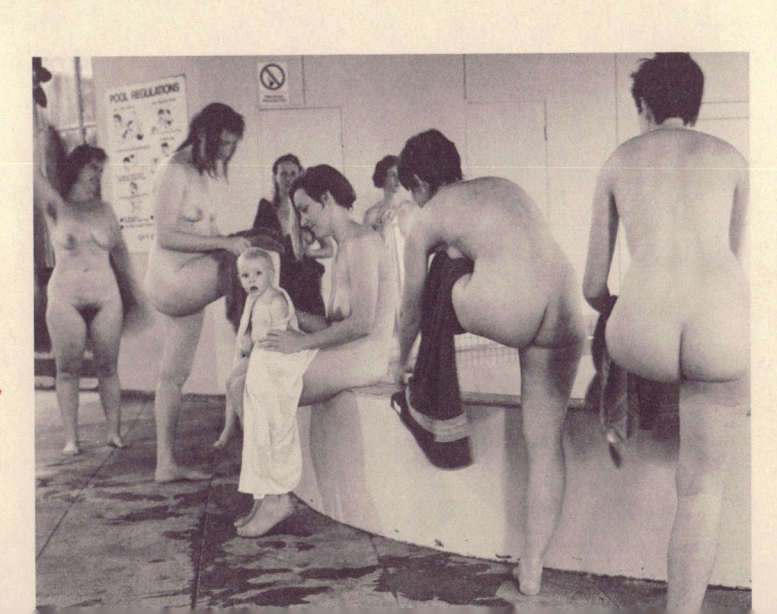

SEJA FORMAL, SEJA CASUAL

9

HÁ SÉCULOS, GRITAM PARA NÓS QUE O AMOR PELA MODA E POR acessórios faz com que pareçamos triviais, orgulhosas e cheias de vaidade, o que é um pecado. A moda deveria nos tornar peças de decoração. Roupas mais simples e saias mais complicadas, que permitissem maior liberdade de movimento, fariam com que, no fim das contas, parecêssemos criadas. As roupas eram um marco instantâneo da sua classe social.

Da mesma forma que agora devemos ser boas em fazer sexo, sem expressarmos nosso interesse nisso, somos obrigadas a ter interesse o suficiente na moda para parecermos suficientemente elegantes, mas sem sermos elegantes demais, o que deve ser feito sem gastar muito dinheiro e sem parecer preocupada com esse assunto.

A sociedade ainda está lutando para fazer a transição de dizer o que devemos usar, fazendo com que todos usem a mesma coisa, para uma maior liberdade no vestuário. Enquanto algumas de nós ainda querem seguir regras e tendências, agora pensamos mais em nós mesmas — usar roupas de acordo com nossas próprias razões espirituais ou religiosas, para expressar nosso posicionamento político ou então nosso humor, para fazer um *cosplay* desafiador, para desenvolver nosso próprio estilo e ignorar novas tendências sazonais baseadas no que a indústria da moda deseja vender.

"SÓ IDIOTAS SE INTERESSAM POR ROUPAS"

Um livro que dizem ter sido escrito por um cara chamado Stephen Gosson em 1595 censurava com ferocidade mulheres que se importavam com roupas, dizendo que elas tinham um "desejo ganancioso [por] brinquedos infernais". Isso foi escrito em seu livro maluco, *Pleasant Quippes for Upstart New-Fangled Gentlewomen: A Glasse (Mirror) to View the Pride of Vanglorious Women Containing a Pleasant Invective against the Fantastic Foreigne Toyes Daylie Used in Womens Apparell* [Dicas agradáveis para cavalheiros novos e inovadores: um copo (espelho) para ver o orgulho de mulheres vangloriosas contendo uma invectiva agradável contra os fantásticos brinquedos estrangeiros usados diariamente em roupas femininas].

As roupas da moda, Gosson dizia, prenderiam homens jovens que, então, pegariam "varíola e cólera" de "prostitutas", e ele ficava *muito* irritado com saias grandes que escondiam "pecados", ou, em outras palavras, a gravidez. Ele não parecia ser uma pessoa muito legal.

A UK Costume Society republicou um poema satírico escrito na década de 1680 por Mary Evelyn, que morreu aos vinte anos de varíola, chamado *The Ladies Dressing-Room* [O camarim das

A sociedade exigia crinolinas; cartunistas as ridicularizavam. Esta simulação de uma gaiola inflável é um detalhe de "Follies of the Year" de John Leech; década de 1860. (Biblioteca Nacional da Austrália)

mulheres]. Seu querido pai o publicou, tendo uma vez a descrito em uma carta como "meu fardo cheio de impertinências".

A lista cômica de acessórios que um homem deve fornecer à esposa inclui quatro anáguas, um vestido de seda preto chique, três pares de sapatos bordados, várias roupas de baixo, ligas, fivelas de diamante, batas de doze dias, batas noturnas de renda, uma dúzia de lenços de renda, uma dúzia de chinelos lisos de veludo bordado, cinto com fivela de rubi, anéis de diamante, três leques pintados e perfumados, zibelinas (capas de pele), enfeites de cabelo de diamantes e safira, brincos de diamantes e pérolas, colares, pulseiras, punhos, *manteaux* no pescoço, medalhão de rubi, fitas e doze pares de luvas.

As mulheres têm sido muitas vezes ridicularizadas por presumivelmente seguirem a moda ou por a apreciarem. São frequentemente retratadas como "vítimas da moda" em vez de pessoas tentando se divertir.

A crinolina, inegavelmente absurda, fez com que essa ironia aumentasse: deviam estar na moda, mas eram ridicularizadas por isso. Em seu ensaio de 2014, *(Ad)dressing Women: Fashion and Body Image in Punch, 1850s-1860s* [Roupas femininas e a propaganda: moda e imagem corporal em Punch, décadas de 1850-1860], Shu-Chuan Yan cita o diário satírico de Charles Dickens, *All the Year Round* [O ano inteiro] de 1863, em que ele diz: "As senhoras são vistas fazendo o melhor que podem para se parecerem com colmeias e árvores".

Estranhamente, a crinolina era mais fácil de ser usada do que diversos estilos antigos de anáguas e saias: mais leves, muitas vezes em uma armação dobrável. Debaixo da saia, as mulheres podiam usar calcinhas grandes e largas — na verdade,

Crinolina como gaiola, por John Leech, 1857.

303

Uma mulher não deve se orgulhar de suas roupas bonitas.
— George Lord Saville, falecido marquês e conde de Saville, *The Lady's New Year's Gift or Advice to a Daughter* [Presente de Ano-Novo para mulheres ou conselhos para uma filha], 1688

Joan, acredito que você esteja certa. Todo homem admira a personalidade e o charme que apenas quem se veste corretamente pode ter.
— Anúncio da McCabe Academy of Dressmaking, Australian Woman's Mirror, 1929

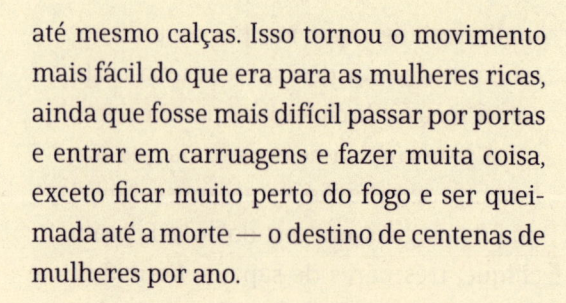

até mesmo calças. Isso tornou o movimento mais fácil do que era para as mulheres ricas, ainda que fosse mais difícil passar por portas e entrar em carruagens e fazer muita coisa, exceto ficar muito perto do fogo e ser queimada até a morte — o destino de centenas de mulheres por ano.

"SÓ AS DESLEIXADAS IGNORAM A MODA"

Até hoje fico de dentes cerrados quando ouço a palavra *mãezona* ser usada como insulto. Uma mulher exausta que usa roupas confortáveis e de baixa manutenção e pode ter um sanduíche de Vegemite em sua bolsa transversal não deve ser atacada. E você não precisa ser mãe para se envergonhar de não ser um ícone de estilo.

Quando faço pesquisas, detesto olhar para microfilmes, com seus carretéis enrolados, sendo projetados em uma tela leve; é uma tecnologia tão antiquada. Não consigo sentir que é pitoresco e encantador, apenas irritante. Mas valeu a pena quando, na

Padrão de saias "faça você mesma" em *The Cutters' Practical Guide to the Cutting of All Kinds of Ladies' Garments Including Bodices, Habits, Jackets, Coats, Ulsters, Vests, Blouses, Skirts, Equestriennes, Cycling and Walking Skirts, Trousers, Breeches, Knickers, Leggings, Gaiters Underclothing, etc.* [Guia prático dos Cutter para cortar todos os tipos de vestuário feminino, incluindo corpetes, hábitos, jaquetas, casacos, sobretudos, coletes, blusas, saias, roupas equestres, saias de ciclismo e caminhada, calças, calções, calcinhas, leggings, polainas, roupas de baixo etc.], por William Vincent, 1900. (Biblioteca do Estado de Victoria)

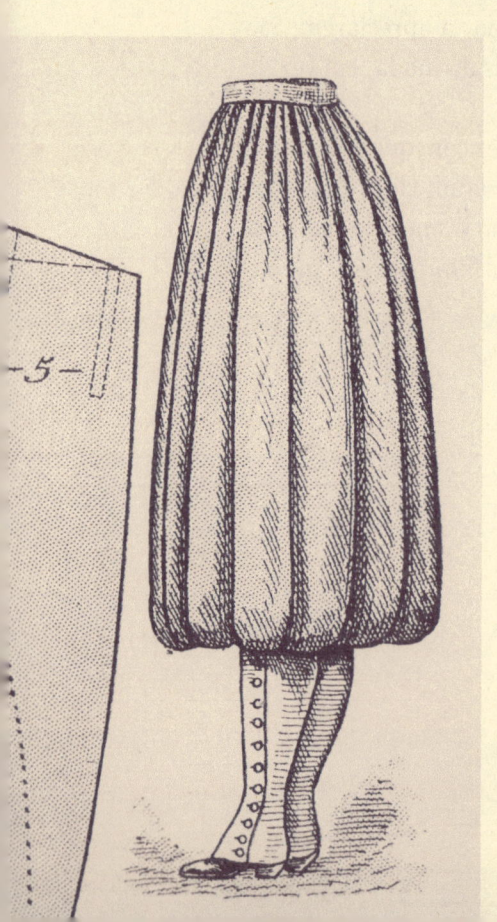

Biblioteca Nacional, dei uma olhada no livro de 1839, *The Art of Dress; or Guide to the Toilette: with Directions for Adapting the Various Parts of the Female Costume to the Complexion and Figure, Hints on Cosmetics & etc.* [A arte de se vestir ou guia para o toalete: com instruções para adaptar as várias partes do traje feminino à pele e à figura, dicas sobre cosméticos etc.].

"Com que frequência", ele perguntava, "observamos os rostos mais bonitos serem estragados pela ignorância e pela falta de bom gosto na escolha da cor e do estilo do adorno de cabeça, e figuras que [...] são tudo menos charmosas, distorcidas e destruídas por uma fantasia mal pensada!" E, então, passa a recomendar a anquinha.

"SUAS CALÇAS SÃO ULTRAJANTES"

É difícil imaginar, hoje em dia, que já foi ilegal que mulheres usassem calças e, depois, se tornou algo extremamente raro. Antes de as calças adquirirem um contexto mais formal, eram chamadas de roupas bifurcadas ou vestido livre.

O movimento organizado para buscar roupas mais adequadas para as mulheres surgiu por volta da década de 1850, depois da moda de alforjes malucos e fundos falsos, além das gigantes crinolinas dobráveis. Era tanto uma reação contra todas aquelas roupas largas e com múltiplas camadas quanto contra os laços apertados dos espartilhos.

Também era um recurso para novas campanhas de saúde como as de vegetarianos, clientes de hotéis de hidroterapia, entusiastas de educação física, entusiastas de ginásios, *cosplayers* de calistenia, entusiastas de bicicletas e médicos antiespartilhos. Ser saudável era outra maneira de exigir que as pessoas fossem religiosas e cumprissem seu dever.

Na América, as mulheres organizaram a National Dress Reform Association. O livro de 2001 de Gayle Fischer, *Pantaloons and Power* [Calças e poder], sugere que as calças também conhecidas como "calças turcas" foram adotadas por mulheres europeias e norte-americanas primeiro como fantasias para serem usadas por baixo da saia, bem como turbantes. A mulher-propaganda dos vestidos turcos (*bloomers*), em inúmeras gravuras na imprensa,

Eu não uso roupas masculinas, eu uso minhas próprias roupas.
— Maria Walker

era a homônima Amelia Jenks Bloomer. Ela encurtou a saia até o meio da panturrilha e usava calças com babados até o tornozelo por baixo. As mulheres que seguiram o exemplo eram chamadas de *bloomerites*, e praticavam o *bloomerism*. Na Inglaterra, a ideia desse vestuário foi tão ridicularizada quanto as gaiolas de crinolina pelo motivo oposto — elas eram muito práticas.

Bloomer era uma ativista política aliada de Elizabeth Cady Stanton, e elas relacionavam a liberdade de vestir a algumas das questões femininas do dia — a liberdade das mulheres de votar, o direito de ter uma voz igual em sua família — e à proibição do álcool e à emancipação dos escravizados.

Os vestidos turcos foram tratados pelo mundo como outra moda passageira. Muitas mulheres voltaram para as saias, ou porque as calças eram consideradas estrangeiras ou associadas ao trabalho manual e masculino, ou para evitar os abusos que sofriam em público, ou porque não queriam que solicitassem que fizessem declarações políticas. Muitas mulheres rurais usavam calças para trabalhar nas fazendas. Mas os vestidos turcos provaram que a bifurcação era possível e abriram um precedente que tornou as calças menos chocantes em décadas posteriores. A noção de "Quem veste as calças nessa família?" ainda é um lembrete reconhecível do que as calças podem sinalizar: poder.

"AS SAIAS SÃO OBRIGATÓRIAS"

Quando eu era uma adolescente trabalhando como repórter na bolsa de valores de Melbourne na década de 1980, as mulheres não tinham

Geraldine Hargrave, dezessete anos, uma adolescente vestida como uma "*masherette*", uma mulher imoral, no Children's Fancy Dress Ball em Adelaide, 1887. (Biblioteca Estadual do Sul da Austrália)

permissão para usar calças na sala. A maioria das escolas ainda exigia que as meninas usassem saia de uniforme, nunca calças. As escolas públicas finalmente entraram no novo século e a maioria agora permite calças para meninas.

Embora as políticas escritas que obrigam as mulheres a usar saias (e saltos altos) no trabalho estejam se tornando anacrônicas, muitas mulheres relatam que as regras não escritas ainda exigem isso, especialmente em ambientes legais e políticos.

"VOCÊ PARECE UM ARISTOCRATA. OU UMA *STRIPPER*"

Depois de uma grande noitada em um baile do século XIX, os apetrechos necessários usados por uma duquesa inglesa eram gentilmente devolvidos às suas gavetas perfumadas por sua "dama de companhia" ou enviados de volta ao cofre do banco da família: uma tiara, um grande brinco e colares brilhantes, um leque extralongo de penas de avestruz com uma borla na alça que podia ser aberta para um efeito completo, talvez um boá de penas e luvas brancas compridas com muitos botões. E, no entanto, os mesmos acessórios, na década de 1950, estavam todos firmemente associados a apresentações de *striptease*.

As *strippers* tiravam o último equipamento respeitável para fazer com que suas apresentações exibicionistas e lascivas fossem ainda mais impertinentes. As meias arrastão não foram amplamente adotadas, provavelmente porque, até a década de 1920, não eram fáceis de fazer. Elas eram o cruzamento prático entre um acessório que permitia espreitar a carne, uma peça removível e o respeitável prestígio das meias adequadas. De longe, elas

Lola Montez (em meias arrastão da era errada) interpretada por Mary Preston, peça do Elizabethan Theatre Trust, 1958. (Biblioteca Nacional da Austrália)

Lady Tweedsmuir está simplesmente furiosa porque seus acessórios se tornaram um marco no circuito burlesco. Seu marido superexcitado concorda; década de 1930. (Arquivos da Cidade de Vancouver)

podem parecer pretas ou cinza, mas sob uma luz de teatro, segundo a teoria, centenas de vislumbres de pele apareciam. Os matemáticos apontaram que a mudança geométrica no tamanho da malha acentuava as curvas onde a perna muda de forma.

O *Rocky Horror Show* deu um toque extra às meias arrastão, ao rasgá-las no estilo *punk rock*, e o *roller derby* acrescentou perigo e velocidade.

Lola Montez, o protótipo de mulher escarlate, e sua dança escandalosa, com a propensão de chicotear editores (eis uma boa ideia), antecedeu a moda das meias arrastão em décadas, mas ela é sempre retratada usando o acessório em produções teatrais do século XX. À sua maneira, era uma forma de aconselhar mulheres respeitáveis a não usá-las.

Quando a cantora de ópera inglesa Suzanne Steele chegou ao aeroporto de Essendon em meados da década de 1960 para interpretar Lola Montez em um musical, ela foi fotografada por um fotógrafo da imprensa. As fotos receberam a seguinte legenda: "Suzanne Steele [...] 1,54 metro e ruiva, chegou a Essendon usando um vestido curto — sem meias".

"USAR SAIAS SEM MEIAS É UM ESCÂNDALO"

Em 1965, Jean Shrimpton, uma famosa modelo londrina de 22 anos, foi às corridas do Derby Day em Melbourne usando um minivestido branco, sem mangas, cerca de doze centímetros acima do joelho, fornecido pela empresa de tecidos que patrocinou sua viagem, a Orlon.

A falta de luvas, meias e chapéu se tornou um escândalo de primeira página nos jornais, e ela foi descrita como uma vergonha. Ficou abalada ao ser vaiada por vários homens e sofrer abusos de mulheres no hipódromo de Flemington. Seu companheiro, o ator Terence Stamp, não provocou ira com seu terno de veludo.

Tiaras, leques de penas, "diamantes", luvas compridas, sapatinhos de salto e cílios postiços: dançarinas burlescas no Tivoli Theatre de Melbourne, 1960. (Harry Jay, Biblioteca do Estado de Victoria)

Jean Shrimpton disse mais tarde que não lhe disseram que luvas, meias e chapéus eram necessários. Uma porta-voz do Departamento de Meteorologia de Melbourne confirmou recentemente que a temperatura máxima naquele atípico dia quente de outubro em Flemington estava entre 32 ºC e 35 ºC, e acrescentou que odiava meias.

Se os habitantes de Melbourne tivessem absorvido o que todos os livros de etiqueta diziam que devíamos ter, o grupo social deveria ter refeito as bainhas e tirado as meias para fazer Shrimpton se sentir bem-vinda. Em vez disso, a brigada das senhoras elegantes foi impiedosa em seus ataques. A esposa do prefeito, Lady Nathan, sibilou para um jornal: "Esta Shrimpton é uma criança que mostrou ser muito mal-educada [...] isso não deve acontecer aqui. A srta. Shrimpton não tem muito juízo [...] todos nós nos vestimos corretamente aqui".

Como a maioria dos livros de etiqueta do século XX, as edições de 1950 de *Everyday Etiquette* [Etiqueta do dia a dia] de Amy Vanderbilt dizem que uma "menina" empregada deve usar meias mesmo no clima mais quente, mas não fornece nenhuma razão. É basicamente isso. Ninguém nem sabia por quê.

"VOCÊ SE VESTE COMO UMA PROSTITUTA"

Roupas que revelam a forma do corpo de uma mulher têm sido ao mesmo tempo requisitadas e denunciadas, desde os corpetes usados acima de espartilhos com pouco espaço sobrando até os vestidos justos de malha elástica que abraçam a barriga de uma grávida. Roupas apertadas foram primeiro acusadas de restringir a respiração, depois de serem indecentes. Mais recentemente, mulheres foram presas no Egito, apesar de estarem totalmente vestidas nas postagens do Instagram.

Mulheres grávidas, meninas da escola primária e mulheres mais velhas de biquíni foram repreendidas, pública ou privadamente, por usarem "roupas reveladoras". Muitas escolas dos Estados Unidos têm regras que proíbem meninas, mas não meninos, de mostrar a perna "em demasia" ao usarem shorts. Por vezes, a razão apontada é de que isso não é elegante, ou que "distrai os meninos".

Trajes de banho do pescoço ao joelho foram denunciados como "indecentes". Os homens ingleses de 1800 que vieram para a Austrália ficaram escandalizados com as cores vivas dos vestidos femininos. O site de um tabloide contemporâneo diz constantemente que as celebridades estão "exibindo" suas pernas, braços ou "corpo".

Minha vó me disse que eu parecia uma "prostituta" quando usei um vestido de renda preto para o baile do 12º ano. Quase três décadas depois, passei de carro com minha filha de dez anos por duas mulheres vestidas com saias curtas e botas de salto alto em uma conhecida esquina de profissionais do sexo. Minha filha olhou pela janela e me perguntou: "Mãe, o que é uma mulher da rua?", e eu passei vinte minutos falando sobre a história socioeconômica de trabalhadoras do sexo, sobre como devemos respeitar as mulheres que fazem esse trabalho e como algumas delas tiveram uma infância difícil e problemas com drogas, e outras não, e talvez nenhuma capacidade de ganhar um salário mais alto (diferença salarial) e que o que elas vestem não muda o fato de que devemos vê-las como pessoas. Minha filha então olhou para a janela de novo. "Sério? Então por que elas não estão de perna de pau?" Ela estava falando das apresentações de rua que os circos fazem.

"USE *LINGERIE*, NÃO CALCINHA"

Um sutiã de renda enfeitado com pele de *vison* verdadeira e um bustiê de pele estão aninhados em suas caixas de arquivo sob medida na Biblioteca Estadual de Nova Gales do Sul. Eles foram desenhados por Desolie Minnie Richardson (mais tarde Lady Hurley), designer-chefe da empresa, de 1954 a 1970. Em 1962, ele foi usado como item promocional para a empresa Berlei.

Ao pesquisar o livro *Out of Shape, Debunking Myths About Fashion and Fit* [Fora de forma: desmascarando mitos sobre moda e corpo], Mel Campbell descobriu que a chefe de treinamento da Berlei, Clare Stevenson, ocupava um posto equivalente a um general britânico como oficial de grupo da Força Aérea Auxiliar Feminina da Austrália [Faafa] de 1940. O *Sydney Morning Herald* publicou um artigo sobre ela: "Diretora da Faafa aprova o uso de batom. E também é liberado fumar".

Mas voltando ao sutiã: o catálogo da biblioteca diz que ele nunca foi usado — mas aposto que foi usado pelo menos uma vez, mesmo que tenha sido apenas por diversão, para dançar no estúdio de design. Em 1952, foi pendurado na frente de um colunista do *Daily Telegraph*, que gentilmente publicou uma história em que dizia: "Deve ser usado por cima" (isto é, por fora da blusa); e criou um preço fictício de cinquenta guinéus, que, no mercado de hoje, seria algo acima de mil e quinhentos dólares.

Os métodos de confecção usados, de overloque com costura à máquina e fecho com "ganchos" de metal perduram até hoje — nenhuma esperança ou velcro os superou. O que torna o sutiã

Aposto que isso fazia cócegas: o sutiã com acabamento de vison de Desolie Richardson – uma visão aérea. (B. VanOver, Biblioteca do Estado de nsw)

glamoroso? O uso de *vison*, mas não furão. Bege, e não renda vermelha. E, no entanto, todos esses anos depois, não parece o mesmo aos olhos modernos. Agora, é um item divertido de *lingerie* de segunda mão, em vez de glamoroso.

"NÃO SAIA COM SUAS ROUPAS DE TRABALHO"

Nanna, a mãe da minha mãe, trabalhava muito e por duras horas em uma fazenda, geralmente com um macacão jeans robusto, grande o suficiente para não precisar de roupas quentes para uma ordenha de inverno às quatro da manhã. Quando o marido estava fora, ela os usava por semanas para trabalhar, mas nunca os usava fora da fazenda ou para receber visitas.

Uma rara roupa de trabalho em jeans colonial que sobreviveu: uma camisa costurada à máquina com botões de concha e uma saia esfolada com bolso e cinto combinando; década de 1890. (Museu de Artes e Ciências Aplicadas)

Suas filhas lembram que as roupas que Nanna usava quando não estava trabalhando, na década de 1950, eram itens emblemáticos, frugais, discretos, elegantes e respeitáveis: um conjunto e uma saia ou uma calça sob medida em cores outonais pálidas que não mostravam a sujeira. Ela tinha um vestido preto com um chapéu combinando para "eventos". Perdera todas as suas joias em incêndios florestais.

Aos setenta anos, Nanna ficava perplexa com qualquer uma que usasse jeans em público, porque ela o via como roupa de trabalho. Tecidos duráveis eram considerados de classe baixa, ou para serem usados apenas em casacos, e tinham nomes como *fustian* ou *dreadnought*. As mulheres abastadas e suas costureiras encontraram maneiras de projetar e empregar tecidos leves e de aparência efêmera, *voile* e musselina leves e tecidos parecidos, que recebiam nomes como *tissue* e *zephyr*, que depois passou a significar "brisa" em inglês.

"USE COISAS QUE PODEM TE MATAR"

Muitas mulheres morreram quando suas saias compridas encostavam no fogo e, por causa das roupas apertadas, não

Caricatura "The Arsenic Waltz" sobre corantes mortais em vestidos e flores falsas, *Punch*, 1862. (Wellcome Library)

No estilo vitoriano das atrizes cheias de roupa e de entusiasmo ao se enfeitar, a atriz Edna May vestiu tudo menos a pia da cozinha. Cartão-postal, início de 1900. (Biblioteca do Estado de Victoria)

conseguiam despir-se rapidamente. A rainha Vitória instruiu os químicos a realizarem experimentos para descobrir tecidos que não fossem tão inflamáveis: não passou pela cabeça deles não usar saias pesadas. (Na primeira década do século XX, meninas de quinze a vinte anos morriam de queimaduras com uma frequência oito vezes maior do que os meninos.)

No século XIX, mulheres e crianças (principalmente) foram envenenadas com os corantes verdes feitos de arsênico usados em vestidos, em jaquetas, em grinaldas de flores falsas e até em papéis de parede. A equipe da Delta Airlines processou uma empresa de roupas em 2018 porque seus uniformes foram tratados quimicamente para resistirem a manchas, serem à prova d'água e não ficarem amassados. Eles causaram erupções cutâneas, dores de cabeça, fadiga e outros problemas de saúde.

"VISTA-SE COM BABADOS POMPOSOS"

As atrizes de palco em cartões-postais que são lembranças das eras vitoriana e eduardiana vestem "uma pilha" de chapéus, joias, tranças, enfeites, lantejoulas, xales, borlas, rendas e tudo o que pudessem encontrar. Exibição e abundância eram tudo.

"OLHE NO ESPELHO E TIRE ALGUM ACESSÓRIO"

Parte de um aforismo de moda, essa citação é supostamente da estilista Coco Chanel. Ela exemplifica os requisitos para a elegância do século XX: cortes limpos e poucos acessórios. Lembre-se, ela andava com nazistas, então isso é o suficiente.

"AS ROUPAS DEVEM SER LISONJEIRAS"

Muitos anos atrás, quando eu era uma satírica colunista de etiqueta e escrevia o *Keep Yourself Nice* no *The Age*, uma reclamação constante aparecia semana sim, semana não. Um homem que tinha papel e caneta comprava um selo e ia até o correio me enviar uma carta furiosa falando de mulheres que usavam calças jeans, que para ele não era nada feminino e além disso faziam os quadris da mulher parecerem maiores. Ken, de Glen Iris, não pensava que as mulheres que usavam jeans não se importavam nem um pouco que seu traseiro parecesse grande o suficiente para sufocar ele (e todos de sua laia) na porta traseira.

Entende-se que a "roupa certa" é aquela que fará você parecer menor e mais magra, ou, de alguma forma, menos você mesma.

"CRIE UMA ILUSÃO DE ÓTICA"

Na Primeira Guerra Mundial, a Marinha britânica pintou seus navios com listras e padrões arrojados e ousados para confundir o inimigo, que achava difícil estimar o tamanho e a forma deles a distância. Da mesma forma, as mulheres foram aconselhadas a evitar ou adotar certos padrões e usar engenharia inteligente e arte visual para "remodelar" a si mesmas.

O mesmo princípio básico de roupas que disfarçam e distraem tem sido usado por mais de um século: chapéus, ombros, mangas, quadris e bumbum grandes fazem a cintura parecer menor. A fotografia de uma mulher chamada Lillian May Bruce, em 1904, mostra seus esforços multifacetados: as linhas anguladas da lapela e do vestido criavam setas apontando para sua cintura espartilhada; as mangas bufantes deixavam seus ombros mais largos para minimizar ainda mais a cintura; e ela ficou com a parte superior do corpo afastada da câmera para parecer mais estreita.

"OS CHAPÉUS SÃO OBRIGATÓRIOS E TAMBÉM RIDÍCULOS"

Era considerado falta de respeito se uma mulher saísse de casa sem chapéu. Mas ela também não podia esperar ser aprovada se usasse um chapéu: seria considerado muito chique, muito frívolo, muito pequeno ou muito grande, ou muito revelador de seu caráter ou sua idade.

Ainda podemos mostrar um pouco de quem somos por meio dos chapéus e acessórios de cabeça, mas isso nem sempre é fácil de ser desvendado. Há pouca diferença entre o lenço amarrado no queixo da rainha Elizabeth II e um *hijab*, pelo menos em termos de aparência, mas a rainha nunca foi abusada na rua por usar um.

Em 1910, a colunista do *Punch*, "Sibil", registrou os chapéus que informavam a idade de seus usuários: um "chapéu de princesa" significava "tenho dezessete anos", uma boina era o uniforme de "matronas ou solteironas".

Na virada da década de 1900, os respeitáveis pequenos chapéus cônicos da década de 1880 deram lugar à elegância extravagante dos grandes chapéus, que bloqueavam a visão de qualquer pessoa sentada atrás deles no Music Hall.

Tentativas de última hora foram feitas na década de 1950 para atrair as mulheres de volta aos chapéus com acessórios de cabeça inovadores, mas no final da década de 1960, a chapelaria estava

A artista de cabaré Jane Morgan, com um chapéu chamado "Ruined"; chapéu de praia Schiaparelli, década de 1950. (*The Argus*, Biblioteca do Estado de Victoria)

Lillian May Bruce (acima) insiste que você *veja* a cintura dela; 1904. Lillian novamente (terceira foto à direita) com mangas bufantes, e algumas outras senhoras americanas não identificadas que podem estar contrabandeando abóboras. (Mark Daniels, Biblioteca do Estado de Victoria)

Grandes damas literalmente fazendo um *shade* em um comitê de senhoras elegantes, Government House, 1906. (Biblioteca do Estado de Victoria)

firmemente fora de moda para a maioria das pessoas, exceto para desempenhar funções nas Governments Houses, participar de um casamento real europeu e encher a cara nas corridas.

"OS ALFINETES DO CHAPÉU VÃO ESPETAR VOCÊ"

No início dos anos de 1900, os jornais chamavam as mulheres de demônios com alfinetes nos chapéus e publicavam histórias dizendo como tais alfinetes eram ameaçadores. A solução: que os chapéus deixassem de ter alfinetes. Multas de dez libras foram emitidas para mulheres que eram pegas em público com chapéus presos ao cabelo com um alfinete longo, fino e afiado enfiado no chapéu e no coque (o coque era frequentemente preenchido com uma almofada feita de seus próprios cabelos cortados, chamada de "rato").

As mulheres foram instruídas a usar acessórios menores com um protetor de metal na ponta. Enquanto isso, o conselho que corria entre elas era de furar a mão ou a coxa de assediadores no transporte público.

A House of Duvellroy, uma fabricante de leques que vendia para os mercados de Paris e Londres no século XIX, criou uma inteligente peça de marketing — uma lista de gestos secretos para fazer com o leque: mexê-lo com a mão significava "eu te odeio", coloca-lo atrás da cabeça significava "não se esqueça de mim" (ou, certamente, "estou parecendo uma doida com esse leque"). Qualquer pobre mulher sentada ali mexendo no leque poderia estar gritando, acidentalmente: "Eu te amo, te odeio, sim, não, você é cruel, me beije, sou casada, quero me livrar de você, mas me siga".

Alexandra Starp declarou que o código secreto dos leques é um mito, em um artigo chamado *The Secret Language of Fans* [A língua secreta dos leques], para os leiloeiros da Sotheby's em Londres, em 2018. É preciso concordar com ela que, mesmo que uma mulher faça uma série complicada de mais de duas dezenas de movi-

As novas leis exigiam alfinetes menores para o chapéu: não tão bons para furar os outros; início de 1900. (Coleção Beyer, Biblioteca do Estado de Victoria)

mentos de leque, que tipo de homem heterossexual provavelmente perceberia ou seria capaz de interpretá-los? Não, os leques, como a maioria dos outros acessórios e roupas, deixavam as mulheres dizerem coisas umas às outras que não eram muito mais complicadas do que "estou me esforçando", "tenho muito dinheiro" e "caramba, estou sentindo um calor intenso".

"SALTOS ALTOS SEMPRE FICAM MELHORES"

Os saltos altos podem ser o emblema mais tenaz e cotidiano da ideia de que as mulheres devem "sofrer pela beleza". As salas de emergência dos hospitais têm um grande aumento nas lesões no tornozelo e no pé causadas por saltos altos durante as noites de fim de semana — em parte por causa das torções e quedas ao dançar e andar, em parte porque as mulheres tiram os sapatos no final da noite, quando os pés estão doendo, e pisam em cacos de vidro.

Jogadores de futebol confusos com os saltos; cartaz de 1994 de Carol Porter, Red Planet Posters. (Biblioteca do Estado de Victoria)

Algumas feministas adoram usar salto alto, porque são bonitos, ou porque "me fazem sentir poderosa". Outras os usam como uma espécie de uniforme de trabalho — chutando-os por cima da mesa e colocando sapatos esportivos assim que voltam para casa.

Embora os organizadores do festival de cinema de Cannes tenham negado uma política oficial, muitas mulheres continuam tendo a entrada recusada nas estreias de filmes porque não usam salto alto. Em muitos locais de trabalho no Japão, os saltos ainda são obrigatórios, com estipulação de altura (entre cinco e sete centímetros). O ministro do Trabalho japonês respondeu a uma petição que recebeu em 2019, pedindo que esses regulamentos fossem considerados ilegais, dizendo que os saltos altos eram "necessários" para as mulheres. Espero que pisem nele.

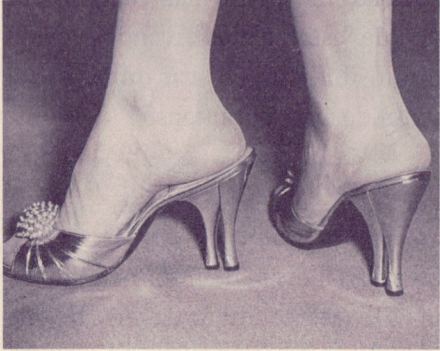

No sentido horário a partir do canto superior esquerdo, mulheres usando salto alto e meias no mato, década de 1920. (Biblioteca do Estado de Victoria.)
Pobres pés: "Sketches on the Block" ilustrou os desfiles de moda não oficiais de mulheres na Collins St. de Melbourne, 1881. (May and Ebsworth, *The Australasian*, Biblioteca do Estado de Victoria.)
O sapato de salto duplo nunca pegou. *Fashions in Footwear Exhibition*, Londres, 1955. (*The Argus*, Biblioteca do Estado de Victoria.)
Jovens mulheres da Autoridade de Trânsito Rodoviário em Nova Gales do Sul tiraram seus sapatos de plataforma para descer vários lances de escadas durante uma simulação de incêndio, 1975.

"MULHERES NÃO USAM CINTOS DE FERRAMENTAS"

Antes de pochetes e bolsas transversais e das coleções de bolsas de celebridades que, supostamente, valiam centenas de milhares de dólares, as mulheres usavam bolsos que podiam ser colocados e tirados, bolsas estilo canguru e *chatelaines*, um cinto em que se guardava acessórios, especialmente usado por governantas, enfermeiras e mulheres ricas, sendo, nesse caso, feitos de prata. Foi nomeado em homenagem à palavra francesa para "dama da casa".

O *chatelaine* de uma criada era adornado com coisas necessárias como chaves, um apito para chamar os outros criados, talvez uma agulha, um estojo de dedal e linha, um lápis e um bloquinho de notas e tesouras pequenas. Uma dama da moda podia guardar um relógio, um frasco de perfume, um aplicador de pó, um leque e até mesmo uma pequena paleta de pintura e pincéis nele — daí os desenhos satíricos de senhoras com *chatelaines* gigantes. A primeira artista colonial Georgina MacCrae tinha um recipiente de noz-moscada com uma tampa ralada, gravado com suas iniciais. Cheirei-o na Biblioteca do Estado de Victoria, mas o cheiro havia sumido.

Um adorável *chatelaine* está aninhado em seu entalhe personalizado em espuma dentro de uma caixa de papelão cinza escuro, no arquivo da biblioteca. Pertencia à família Beyer de St. Kilda, que possuía salões de chá no final da Acland Street com mesas em uma plataforma em uma árvore. O *chatelaine*, provavelmente de propriedade de Janet Beyer, tem uma pequena foto de suas filhas, as patinadoras campeãs Hilda e Ruby, bem como um pequeno frasco de perfume, uma colher de chá, um estojo, um pequeno aplicador de pó de lã com um espelho na tampa, uma bolsa de malha de metal, um relógio, um estojo de agulha e uma chave.

"MULHERES NÃO PRECISAM DE BOLSOS"

Não há maneira mais rápida de induzir a fúria incandescente em uma mulher do que quando ela experimenta uma roupa apenas para descobrir que ela tem um bolso "falso" — uma aba ou fenda decorativa inútil. Fotos de um vestido com bolsos amplos, por outro lado, ou jeans femininos com um bolso frontal profundo o suficiente para colocar um celular, são compartilhados como um triunfo (#bolsos, #mulheresprecisamdebolsos).

Mulheres e outros comentaristas da sociedade se irritam com a história machista dos bolsos há muito tempo e cuidam do assunto com as próprias mãos: quando podem, mulheres sempre se certificam de terem muitos bolsos.

O cartunista da revista *Punch*, John Leech, ridicularizou os *chatelaines*, mostrando uma mulher pendurada com um bule, uma chaleira, um saca-rolhas e vassouras de tapete, 1849.

THE CHATELAINE; A REALLY USEFUL PRESENT.

Laura. "Oh! Look, Ma' dear; see what a *love* of a Chatelaine Edward has given me."

Há muitas patentes de formas de colocar mais bolsos no Arquivo Nacional em Camberra. Em um envelope, está o design criado por Esther Noble em 1900, *Improvements in Garment Pockets* [Melhorias nos bolsos da roupa]. A estilista vitoriana Ellen Caroll solicitou, em 1909, a patente de uma saia com doze bolsos, cuja ilustração não foi encontrada. Se isso não é uma teoria da conspiração, então não sei o que é.

The Pocket: A Hidden History of Women's Lives [O bolso: uma história oculta da vida das mulheres], de Barbara Burman e Ariane Fennetaux, tem muitas fotos belas e coloridas de "bolsos portáteis" de por volta dos anos de 1700, alguns maravilhosamente bordados para carregar tesouros, alguns lisos e brancos para se esconderem sob a musselina transparente. Eram como saquinhos que as mulheres amarravam na cintura, por baixo ou entre camadas de saias e anáguas, que tinham fendas para poder alcançar as camadas inferiores. As pessoas colocavam seus bolsos portáteis, e todo seu conteúdo, em seus testamentos.

Posteriormente, as mulheres que podiam pagar alfaiates encomendavam trajes de montaria — jaquetas justas com bolsos e grandes saias rodadas fáceis de vestir. Uma fã desses hábitos era Sarah Sophia Banks, colecionadora de moedas e cartões, entusiasta de balões de ar, irmã do botânico e saqueador racista e depravado do Pacífico: o aproveitador Joseph Banks.

Banks foi uma daquelas mulheres que tiveram o privilégio de quebrar muitas regras sociais predominantes, protegidas pelo dinheiro de um pai ou de um marido morto (ou, no caso de Banks, de seu irmão). Essas mulheres ricas podiam escolher seus cocheiros, seus motoristas ou seus pilotos. Banks dirigia sua própria carruagem com quatro cavalos.

As memórias de um curador de galeria da época de Banks lembram que ela usava a saia para carregar coisas, além de ter vários macacões justos no estilo de uma roupa de montar, que ela mandava fazer três de cada vez. Ela os chamava de *hightem* (para ocasiões formais), *tightem* (para o dia) e *scrub* (o equivalente a roupas de ficar em casa).

Ela também tinha anáguas acolchoadas feitas com bolsos especialmente grandes e resistentes o suficiente para carregar vários livros. Para complementar os bolsos, ela era frequentemente seguida por um lacaio que carregava pacotes extras. (Annette Kellermann havia observado que a geração de sua avó tinha anáguas que podiam "ficar em pé sozinhas".) Alguns dos livros que Banks poderia ter carregado em seus bolsos eram

Se as mulheres mudassem a posição e o plano de seus bolsos, não sofreriam com tanta frequência as depredações de ladrões de dedos leves.
— *Resposta de um magistrado de Londres para uma mulher que havia sido roubada, conforme relatado em The Fitzroy Mercury, 1877*

os manuais de conselhos da época, vários dos quais ela tinha em sua coleção, agora mantida no Museu Britânico e na Biblioteca Britânica, que foi estudada por Arlene Leis. Estes eram literalmente chamados de "livros de bolso" e continham calendários com feriados marcados, modas para o ano, como atualizar chapéus e vestidos com novos enfeites, listas de preços médios, gorjetas frugais e jogos de salão.

A escassa papelada para patentes de bolso ambiciosas, 1900. (Arquivos Nacionais da Austrália)

Em um pungente apêndice de seu maravilhoso livro *The Five: a história não contada das mulheres assassinadas por Jack, o Estripador*, que reexamina a vida das mulheres assassinadas por "Jack, o Estripador", Hallie Rubenhold lista o conteúdo dos bolsos de cada uma delas, registrado pela polícia. Sendo mulheres sem-teto ou em grande parte indigentes, talvez tudo o que elas tivessem fosse seus bolsos e um pequeno pacote, escondido sob várias camadas de roupas. Seus pertences no bolso incluíam lenços de pano (também usados no pescoço), "pedaços de espelho", pedaços de pente e uma faca.

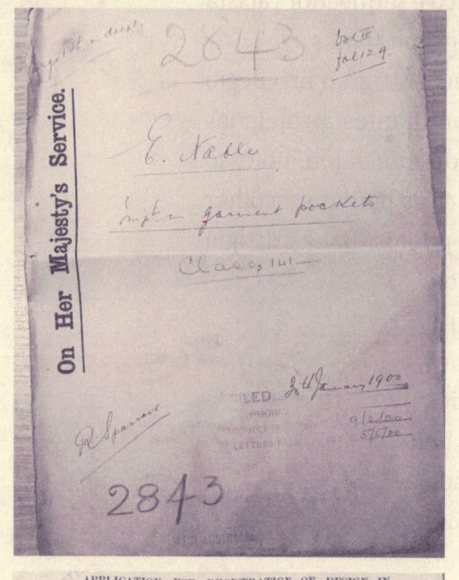

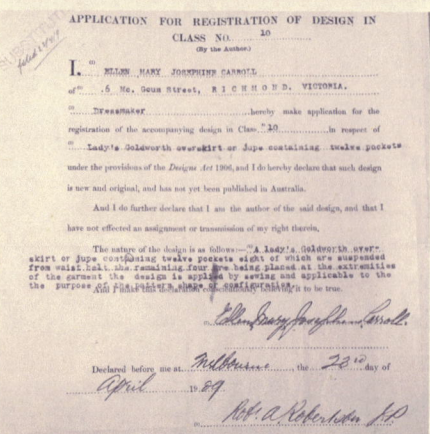

Em seu livro satírico *Are Women People?* [Mulheres são pessoas?], publicado em 1915, a nova-iorquina Alice Duer Miller escreveu um poema bastante plagiado em que comparava os argumentos contra as mulheres terem o direito de votar com a permissão de ter bolsos. Dizia-se que as mulheres não precisavam de bolsos, porque seus maridos tinham, e, se as mulheres os tivessem, elas não os usariam com sabedoria. Mais ou menos na mesma época, o *The Globe and Sunday Times War Pictorial* de Sydney fez campanha: "Como as mulheres estão fazendo o trabalho dos homens, elas devem ter um dos privilégios do homem — ou seja, bolsos".

O *Wagga Advertiser* afirmou, em 1906, que os vestidos das mulheres costumavam ter bolsos, por vezes até três. As mulheres eram aconselhadas a pedir às costureiras que adicionassem bolsos aos vestidos, "bons e fundos". Por volta de 1920, as mulheres usavam ligas elásticas com um pequeno bolso preso na parte de trás do joelho. Em 1923, o *Adelaide Chronicle* relatou que, pela primeira vez em vinte anos, as roupas femininas tinham bolsos. As mães modernas relatam regularmente nas mídias sociais que os uniformes escolares de seus filhos homens vêm com bolsos, mas os das meninas não.

A falta de bolsos tornou-se um incômodo emblemático para as mulheres. Durante séculos nos disseram que não deveríamos querê-los, e, se os quiséssemos, não poderíamos tê-los. É o conselho ruim e maluco por excelência.

Se dermos bolsos às mulheres, elas podem abusar de seu uso [...] enchendo-os de todo tipo de coisas e criando protuberâncias feias.
— Gerente de uma loja de costura de Londres citado no *Daily Mail*, Brisbane, 1923

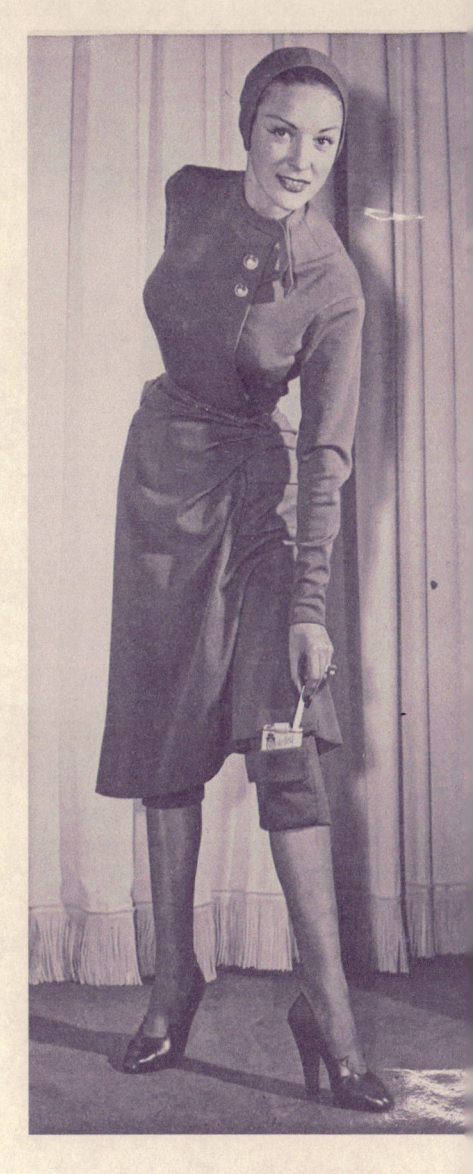

Um terno de 1950 da Pierre Balmain em tecido violeta tinha um bolso para guardar o pacote de cigarros. (*The Argus*, Biblioteca do Estado de Victoria)

ISSO É TUDO, POR ENQUANTO...

SABEMOS QUE CADA TÍTULO DESTE LIVRO É UMA MENTIRA. SABEMOS que muito do que nos foi dito é apenas conselho maluco ou ruim. Sabemos que muito tempo foi desperdiçado enquanto éramos envergonhadas, menosprezadas e atormentadas por essas suposições e regras erradas, cujo único objetivo era nos manter "em nosso lugar".

Fomos repreendidas por pais, namorados e maridos, e depois panfletos, e todo tipo de policiais, governos, médicos e vários vigaristas de "bem-estar" e outros anunciantes. Durante séculos, ouvíamos essas mensagens, as absorvíamos e as repetíamos para nós mesmas, nossas amigas, filhas e sobrinhas.

Refutamos a inferioridade das mulheres em todos os domínios, e ainda recebemos versões centenárias de conselhos errados com novas roupagens e entregues por meio de novas tecnologias. A mensagem ainda é a mesma: sente-se e fique quieta, pare de ser histérica a respeito de sua saúde, você precisa de um homem, faça todo o trabalho doméstico, pense menos nas mulheres desfavorecidas, finja que as mulheres brancas são melhores que as outras mulheres, receba menos pelo trabalho mais duro, seja uma boa mãe cujos padrões são impossíveis de alcançar, compre roupas apesar de nunca ficar bem nelas, sinta-se mal com o formato de seu corpo, sinta-se ainda pior com seu rosto. E, além disso, finja que nada disso está acontecendo.

Então, a partir de agora podemos murmurar, da mesma forma que murmurou uma menina do século XIX: "Não vamos mais tolerar essa situação absurda"; ou podemos, de forma indelicada, levantar e gritar "Bobagem!".

Você decide.

SISTERHOOD IS POWERFUL

A irmandade é poderosa.

AGRADECIMENTOS

NOTA ÀS ABORÍGENES E NATIVAS DAS ILHAS DO ESTREITO DE TORRES

Obrigada a todas que me ajudaram a tentar encontrar pessoas que pudessem falar pelas aborígenes em fotos da estação Cullinlaringo e da missão Koonibba, incluindo Lenore Blair do Woorabinda Shire Council em Queensland, a Koonibba Community Aboriginal Corporation no sul da Austrália e Marcus Hughes, diretor de engajamento indígena na Biblioteca Nacional da Austrália.

Obrigada às aborígenes que falaram comigo a respeito do conteúdo da seção de "trabalho doméstico". Como elas sabem, não as citarei aqui, para evitar qualquer inferência de que endossam algo no livro.

Como um gesto para refletir alguns dos conteúdos deste livro, e para honrar a memória do povo aborígene em algumas fotografias, a autora fez uma doação para o site da Aboriginal and Torres Strait Islander Healing Foundation, disponível em healingfoundation.org.au.

Da próxima vez que você ler que um autor "descobriu" ou "desenterrou" algo em um "arquivo empoeirado", faça um esforço para ouvir os gritos distantes de milhares de doadores,

Agradeço a todos eles por tornarem mais fácil para mim — e também para você — a entrada em uma instituição pública, permitindo que eu visse livros surrados com bordas empoeiradas com centenas de anos, ou óculos de aviadoras, ou um antigo e imaculado pôster dos anos de 1980 de combate ao assédio sexual.

Biblioteca Nacional da Austrália: uma bolsa intensiva de doze semanas em 2019 foi a responsável por formar o núcleo de pesquisa. A bolsa foi financiada pela família Ryan Stokes. Obrigada à diretora-geral Marie-Louise Ayres, aos bibliotecários e à equipe especializada; Catriona Anderson, Catherine Aldersley, Andrew Sergeant, Damian Cole, Fiona Milway, Shirleene Robinson, Marty Spencer, Michael Herlihy, Nat Williams, Narelle Marlow, Kevin Bradley e Elizabeth Robinson. Obrigada a Rebecca Bateman, à curadora indígena, e Eileen Schmitt, líder da equipe de catalogação de materiais especiais, por falarem comigo sobre a história das meninas aborígenes que foram sequestradas e mantidas em missões ou "casas" estaduais e "colocadas para trabalhar".

Obrigada a Di Pin Ouyang, Bing Zheng, Rika Wright e Mayumi Shinozaki, da saudosa Sala de Leitura Asiática. Obrigada a Jessica Coates, conselheira de leis e políticas de direitos autorais do Comitê de Direitos Autorais das Bibliotecas Australianas, que me ajudou em questões de direitos de reprodução e domínio público; a Susan Newberry, a administradora do Sistema Integrado de Gerenciamento de Bibliotecas, que criou magicamente uma planilha com cerca dos duzentos livros que consultei; às bibliotecárias voluntárias Suzanne Morris e Regina Scanlon, que filtraram arquivos relevantes de recortes de jornais.

Sou grata às colegas com quem compartilhei um escritório, especialmente Ellen Smith, Andrea Gaynor e Ashley Barnwell, por sua camaradagem.

Museu de Artes Aplicadas e Ciências: a Powerhouse em Sydney generosamente me permitiu mostrar objetos de sua coleção. Quando minha visita ao museu para tirar fotos foi impedida pela pandemia, a equipe providenciou um profissional para tirar as fotos, uma tarefa gigantesca e delicada em um momento difícil, e ajudou a encontrar os proprietários dos direitos autorais. Eu ainda fico emocionada ao pensar nisso. Dê uma voltinha, Harry Rees, oficial de direitos e permissões.

O curador sênior Roger Leong tirou um grande número de itens do armazenamento (e fez uma inspeção forense no traje de banho de Annette Kellermann). Agradecimentos à fotógrafa Marinco Kojdanovski, à equipe de digitalização e a Kathy Hackett.

Artistas e outros detentores de direitos autorais: obrigada a todos que deram permissão para que seus trabalhos fossem exibidos. A linogravura *Wawulak Wulay Ga Wititji* foi usada com a permissão do escritório de Banduk Marika, Sênior do Ano no Território do Norte em 2020, artista e consultor cultural e de gestão de terras indígenas, e da galeria de arte de Nova Gales do Sul; Alison Alder por *Women Workers* [Mulheres trabalhadoras]; Marie McMahon por *Sexual Harassment Is Not a Compliment!* [Assédio sexual não é um elogio!]; Toni Robertson, que era da ex-Universidade de Feministas de Sydney de 1974, por *Hire Him He's Got Great Legs* [Contrate-o, ele tem ótimas pernas], Shine SA (anteriormente Family Planning SA) e Victoria Paterson por *Do You Know about the Emergency Contraception Pill* [Você conhece a pílula anticoncepcional de emergência]; Louise Mayhew (pelo passe de mão) e a propriedade de Frances Phoenix e sua irmã Sally Cantrill por *Dig For Victory* [Cave para a vitória]; e o Serviço de Informações de Mulheres Wollongong e Anne Jarvis por *End the Silence about Domestic Violence* [Fim do silêncio sobre violência doméstica]. Obrigada a Ann Stephen e ao falecido Di Holdway por doar pôsteres. Obrigada à Berlei da Austrália e a Andrea Mitchell pela permissão para usar a calculadora da Berlei e as fotos da década de 1930. Fotografias de Janina Green e Peter Milne aparecem como cortesia dos artistas e da agência fotográfica M.33.

Biblioteca do Estado de Victoria: uma bolsa de 2013 produziu algumas ideias úteis, que tiveram continuidade graças a imagens e a amigos inteligentes. Obrigada à curadora sênior, Carolyn Fraser, e ao bibliotecário especialista em coleções de fotografias, Gerard Hayes, a quem bombardeei com muitas perguntas difíceis, muitas vezes respondidas apenas com o conhecimento dentro de sua cabeça. Imagino que, dada a vasta seleção de imagens e legendas para este livro, terei cometido alguns erros. Gerard vai fingir não os notar, ou ser terrivelmente diplomático a respeito disso, e seguiremos em frente.

Obrigada a toda a equipe de recuperação, curadoria e direitos do Instituto Australiano de Estudos Aborígenes e das Ilhas do Estreito de Torres (especialmente Lisa Marcussen e Kylie Moloney); ao Museu Nacional da Austrália (Sarah Streatfeild e Sharon Goddard), aos Arquivos Nacionais da Austrália; ao Cartório de Registros Públicos de Victoria e aos Arquivos da Universidade de Melbourne (Georgina Ward). Obrigado a Vanessa Fleming-Baillie, coordenadora executiva do Centro de Estudos Indígenas Monash, que ajudou a localizar recursos de mulheres *gurindji*.

Família: meu tio Terry Wills Cooke, autor de *The Currency Lad* [O cara do dinheiro], que coletou e catalogou papéis e objetos relacionados à história da família Wills ao longo de décadas; agora na Biblioteca Nacional. Suas "traduções" de diários e documentos manuscritos ao longo de gerações são inestimáveis. Ele muito gentilmente respondeu minhas perguntas, sabendo que minhas conclusões, ênfases e opiniões podiam diferir bastante das dele. Obrigada à minha mãe, Linda, e suas irmãs Glenda e Wanda, pelas histórias da família e pela foto de Nanna com seu chicote.

Consultores científicos e médicos: incluindo a autora e professora de História e Filosofia da Ciência, doutora em Psicologia e especialista em Neuroética, Cordelia Fine; Susan Davis; Gemma Sharp, Kate Young e Monica Cronin, do Museu de História Anestésica Geoffrey Kaey, que me apresentaram o "rosto de bicicleta". À funcionária do Serviço de Dados Climáticos do Departamento de Meteorologia de Melbourne, Cathy Toby, confirmou que era um dia quente em 30 de outubro de 1965 na pista de corrida de Flemington e compartilhou sua opinião sobre o uso de meia-calça.

O pessoal da livraria Kay Craddock Antiquarian Bookseller, que me deixou fotografar uma página de significados de flores na primeira edição do livro *Bridal Souvenir* [Lembrança nupcial] de 1857, porque eu não tinha dinheiro para comprá-lo. Um açafrão telepático para eles. Denise Scott e Sue Ingleton responderam a perguntas impertinentes. A figurinista Kitty

Stuckey e a família Clarke permitiram a inclusão da foto de John Clarke. Wendy Harmer recuperou algumas bobagens de seus arquivos para mim.

Dicas de chapéus: Gideon Haigh ofereceu a foto inédita de 1905 de Annette Kellermann, do álbum de fotos privado do jogador de críquete Frank Laver, no Museu do Clube de Críquete de Melbourne. Ele também me colocou em contato com John Pyke, um membro da família de Lillian Pyke, que forneceu a única fotografia conhecida dela. Geoffrey Blainey confirmou uma citação em seu livro de 1994, *A Shorter History of Australia* [Uma breve história da Austrália], que é comumente deturpada. A empresa Pental elucidou a história comercial de lavagem de lã Martha Gardener. Eu peguei a fotografia da bicicleta tandem de um tuíte de Bob Nicholson.

Ortografia: nenhuma correspondência será recebida sobre a ortografia de Annette Kellermann, pois ela é objeto de uma disputa imprópria entre as instituições nacionais e seus catálogos. Se quiser falar, fale com eles.

Publicação: é um privilégio ter um bom editor. Obrigada, Brandon VanOver, por me ajudar a transformar um saco de biscoitos quebrados em um bolo decente — e por concordar em entrar em um grande prédio público para fotografar um sutiã peludo. Agradecimentos ao diretor de publicação da Penguin Random House, Justin Ractliffe; ao gerente de produção, Nikla Martin; aos especialistas em marketing e publicidade, Heidi Camilleri, Hannah Ludbrook e Bec Howard; à diva dos dados, Charlotte Saunders; aos colaboradores da capa, Sandy Cull e ao sempre paciente, Adam Laszczuk. As tipógrafas da Post Pre-Press que enlouquecemos são as fabulosas Renée Bahr, Julian Mole e Ann Wilson.

Flotilha de acompanhamento: Lucy, Maver, Davidson e Riley; Kevin Whyte, Georgina Ogilvie e Claire Harrison; Gabrielle Coyne; prima Suze, irmão John; Jane Nicholls, Lily Brett, Mercydashers Audette & Anna; Lorin Clarke; Philippa Hawker, Fiona Wood e as outras mulheres do clube de leitura; Kay Hartley; Mark Parry; Penélope Durston; Lyndal Thorne; Sonia; Anyez e Clare Lindop; e o necessário e salvador de computadores, Kai Howells.

ATRIBUIÇÃO E DISPONIBILIDADE DE FOTOS

Muitas fotos neste livro ainda não foram digitalizadas ou catalogadas individualmente pela Biblioteca Nacional da Austrália ou pela Biblioteca do Estado de Victoria, incluindo aquelas relacionadas aos arquivos de moda Argus, à família Wills, aos cartões-postais teatrais, à Emily McPherson College of Domestic Economy e ao Tivoli Theatre.

Se houver um objeto, uma fotografia, uma obra de arte ou uma imagem que você acredite que não tenha sido creditada corretamente neste livro, entre em contato com a editora ou com a Copyright Australia, para que possamos corrigir edições futuras.

Cartão-postal teatral, Biblioteca Nacional da Austrália.

KAZ COOKE É UMA MULHER.

VOCÊ É BOA O BASTANTE

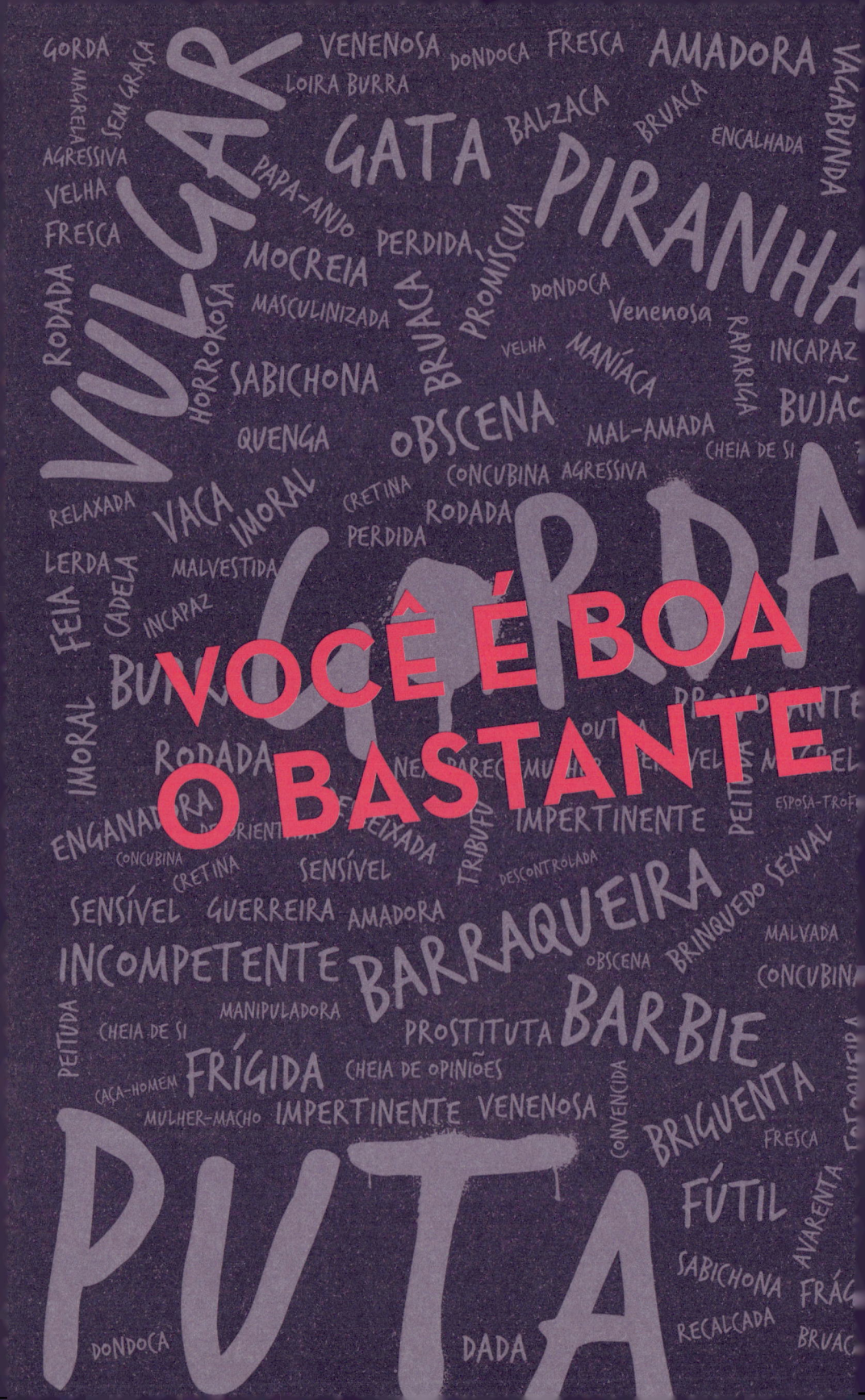